Reise Know-How im Internet

Aktuelle Reisetipps und Neuigkeiten
Ergänzungen nach Redaktionsschluss
Büchershop und Sonderangebote

www.reise-know-how.de
info@reise-know-how.de

Wir freuen uns über Anregung und Kritik.

Pressestimme zum Buch:
„Wer dieses Buch einmal zur Hand genommen hat,
legt es so schnell nicht wieder weg."
(Almanach Spanien)

Weitere KulturSchock-Titel:

Ägypten, Afghanistan, Argentinien, Australien, Brasilien, China/Taiwan, Cuba, Ecuador, Finnland, Frankreich, Indien, Iran, Irland, Japan, Jemen, Kambodscha, Kaukasus, Kleine Golfstaaten/Oman, Laos, Marokko, Mexiko, Pakistan, Peru, Polen, Rumänien, Russland, Thailand, Thailands Bergvölker und Seenomaden, Türkei, Ukraine, Ungarn, USA, Vietnam, Vorderer Orient

KulturSchock – Familienmanagement im Ausland
KulturSchock – Leben in fremden Kulturen

Andreas Drouve

KulturSchock Spanien

*„Spanien ist noch nicht Europa,
aber es hat - im Bösen wie im Guten -
aufgehört, Spanien zu sein."*

(Juan Goytisolo,
katalanischer Essayist und Romancier,
zu *Francos* Zeiten erklärter Regimegegner)

Impressum

Andreas Drouve
KulturSchock Spanien

erschienen im
REISE KNOW-HOW Verlag Peter Rump GmbH
Osnabrücker Str. 79
33649 Bielefeld

© Peter Rump 2002, 2004
3., komplett überarbeitete, ergänzte und aktualisierte Auflage 2008

Alle Rechte vorbehalten.

Gestaltung
Umschlag: Günter Pawlak (Layout und Realisierung)
Inhalt: Günter Pawlak (Layout), Anna Medvedev (Realisierung)
Fotos: der Autor (ad), pixelio.de (S. 171), Titelfoto: A. Drouve

Lektorat: Liane Werner
Lektorat (Aktualisierung): Dhaara P. Volkmann

Druck: Fuldaer Verlagsanstalt GmbH & Co. KG

ISBN 978-3-8317-1066-9
Printed in Germany

Dieses Buch ist erhältlich in jeder Buchhandlung Deutschlands,
der Schweiz, Österreichs, Belgiens und der Niederlande.
Bitte informieren Sie Ihren Buchhändler
über folgende Bezugsadressen:

Deutschland
  Prolit GmbH, Pf 9, D-35461 Fernwald (Annerod)
  sowie alle Barsortimente
Schweiz
  AVA-buch 2000, Postfach, CH-8910 Affoltern
Österreich
  Mohr Morawa Buchvertrieb GmbH,
  Sulzengasse 2, A-1230 Wien
Niederlande, Belgien
  Willems Adventure,
  www.willemsadventure.nl

Wer im Buchhandel trotzdem kein Glück hat,
bekommt unsere Bücher auch über unseren
Büchershop im Internet:
www.reise-know-how.de

Wir freuen uns über Kritik, Kommentare und Verbesserungsvorschläge.

Alle Informationen in diesem Buch sind vom Autor mit größter Sorgfalt gesammelt und vom Lektorat des Verlages gewissenhaft bearbeitet und überprüft worden.

Da inhaltliche und sachliche Fehler nicht ausgeschlossen werden können, erklärt der Verlag, dass alle Angaben im Sinne der Produkthaftung ohne Garantie erfolgen und dass Verlag wie Autor keinerlei Verantwortung und Haftung für inhaltliche und sachliche Fehler übernehmen.

Der Verlag sucht Autoren für weitere KulturSchock-Bände.

Andreas Drouve

KULTURSCHOCK
SPANIEN

Inhalt

Vorwort ... 10

Der kulturhistorische Rahmen ... 15

Fiestas – Bräuche – Traditionen ... 15
Reigen der Feste – Spiegelbild der Seele
  mit reichem Kulturschock-Potenzial ... 16
Ein Dank den Schutzpatronen – Festrausch ohne Ende ... 19
Giganten- und Großkopfpuppen ... 20
Knalleffekte im Zeichen des Kreuzes ... 21
Lukullische Allround-Freuden ... 22
La Rioja – von Stelzenläufern und gespenstischen Geißlern ... 24
Moros y Cristianos – häppchenweise Historienschinken ... 26
Fiestas mit Problemcharakter ... 26
Die Welten des Flamenco – baile, cante, toque ... 27
Tänzer in Röckchen und Strickstrumpfhosen ... 29
Das Wassergericht von Valencia ... 31
Brutalste Bräuche ... 32
Stierkampf – blutiges Schauspiel in drei Akten ... 33
Encierro in Pamplona – Stierhatz mit Adrenalinstößen ... 39
Vaquillas – Jungrinder gegen Greenhorns ... 41
Andere Tierfeste mit Pferden ... 42

Spaniens größte Fiestas ... 44
Die Fallas von Valencia ... 44
Semana Santa ... 47
Feria de Abril in Sevilla ... 49
Pfingstwallfahrt nach El Rocío ... 50
Fiestas de San Fermín in Pamplona ... 51

Folklore als Ausdruck von Regionalpatriotismus ... 55
Bräuche und Fiestatraditionen im Baskenland ... 56
Bräuche und Fiestatraditionen in Katalonien ... 61
Bräuche und Fiestatraditionen in Galicien ... 63

Weihnachts- und Neujahrszeit ... 67
Die frohe Botschaft vom „Dicken" ... 67
Fiesta an Heiligabend ... 70
Cagón, das Krippen-„Scheißerle" ... 71
Geschenke ... 71
Leibliche Genüsse und Anspruchsdenken ... 72

Aprilstreich, Wein- und Sangesfreuden 74
Krippenspiele, Wunschbriefe und Königsumzüge 76
Glückliches Neujahr 77
Fastnachtstreiben am Neujahrstag in Pamplona 77

Wichtige Termine in Spaniens Festjahr 78
Fiestakalender 78
Feier-, Fest- und Patronatstage – ein Überblick 89

Glaube und Aberglaube 96
Marienkult mit Opfer- und Dankesgaben 97
Die unendlich gesplittete Maria als Basis von „Lokalreligion" 98
Land der protzigen Kirchen und Klöster 100
Galicien – kultische Stätten der Kelten
   und symbolische (Aber-)Glaubensbekenntnisse 102
Die galicische Anderswelt –
   Reich der meigas und der Santa Compaña 105
Baskenland – Hexenland und
   Schauplatz der unseligen Inquisition 107
Überkommene Zeiten und Moderne 110
Amtskirche im Dauerdilemma 111
Das Opus Dei – dubiose Kirchenmacht mit Keimzelle Spanien 113

**Legenden, Schauermärchen, Mythen
und der heilige Jakobus** 116
Die rastlos wandernden Seelen von San Andrés de Teixido 118
Die Legende vom Jakobus und der Camino de Santiago 120
Übersinnliche Phänomene
   und die Entstehung des Monte Perdido 124
„Miserere de la Montaña", der Bußpsalm im Gebirge 124
Auftritte des Herakles 126
Rosige Zeiten in Katalonien und eine Region voller „Jordis" 126
Das gewendete Erdreich von Montserrat 127
Tapfere Helden vom Schlag eines Cid und eines Roland 129
Liebe in den Zeiten der Reconquista 131
Die „Liebenden von Teruel" und der triefende Kitsch 132
San Isidro, der wundersame madrilenische Schutzpatron 133
Ein Geisterhaus in Madrid 134
Schreckenskammer und Blutreliquie –
   Grüße aus dem Jenseits 135
Einige unheimliche Legenden 135

Die spanische Gesellschaft – Staat, Politik und Wirtschaft

Spaniens jüngere Geschichte	**147**
Schwerer Weg ins 20. Jahrhundert – ein zerrissenes Land	148
Bürgerkrieg und Franco-Regime	149
Moderne Zeiten – von der transición bis ins dritte Jahrtausend	153
Die Ära Zapatero 2004–2008	157
Spanien heute	**158**
Konjunktureller Höhenflug	158
Wettbewerbsgesellschaft mit Mängeln	160
Einwanderungsland mit Konfliktpotenzial	162
ETA-Terrorismus	165
Vier-Sprachen-Nation	169
Das Königshaus	171

Der spanische Alltag A–Z   175

Begegnungen – Wangenküsse und Duzfreundschaften	175
Despedida de soltero – frivoler Ledigen-Abschied	176
Domingueros – die seltsame Gattung der Sonntagsausflügler	176
Einkaufen	177
Familie und Gesellschaft	178
Gesundheit – die verkrustete Seguridad Social	181
Häusliche Gewalt	183
Kinder	183
Korruption	184
Mode und Zeitgeschmack	185
Natur- und Umweltschutzdenken	187
Politikverdrossenheit	189
Rollenverhalten – starke Frauen, schwächelnde Machos	190
Schmutz und Pflege	192
Sexualität	194
Siesta	196
Spielsucht	197
Sport – mobile Spanier und der Aufbruch in die Zukunft	197
Sprache I – mit Huren und Hoden durch den Alltag	202
Sprache II – von rauen Tönen, Dezibellduellen und peinlichen Verwechslungen	205
Stadt- und Landleben	206
Stolz	207
Treffpunkte	207
Tuna – die spanische Studentenkapelle	208

Überschuldung	209
Wohnen	210
Zahlungsmoral	211
Zigeuner	212

Fremd im Kulturkreis – Tipps A–Z 215

Adressensuche – Zeichen- und Zahlendschungel	215
Ausgehen – nachts geht's richtig los	216
Drogen und Beschaffungskriminalität	217
Essen und Trinken I – Tapas, Kneipen und Mittelmeerdiät	218
Essen und Trinken II – salzarme Kost und klassische Speisen	221
Essen und Trinken III – Wein und anderer Alkohol	224
Immobilien – Hinweise und Tipps für Käufer	226
Lärm und Nachtruhe	231
Medien – Sensationsgier auf geschmacklosem Höchstniveau	232
Namen – Namensbandwürmer und Spitznamen	233
Polizei – auf der Hut vor Gesetzeshütern	235
Post – der ganz normale Wahnsinn	236
Pünktlich- und Zuverlässigkeit und Mañana-Mentalität	237
Rauchen – Nikotinfreunde in Not	238
Schlange stehen und Nummernspender	239
Sicherheit – Vorsicht muss sein	240
Steuern und Steuerhinterziehung	240
Straßenkampf – Autofahren und Verkehr	241
Sympathien und Ressentiments	244
Telefon und Telefónica	245

Anhang 247

Glossar	247
Literaturtipps	250
Internettipps	262
Register	268
Übersichtskarte Spanien	274
Der Autor	276

Vorwort

Stierlauf durch die Altstadtgassen, warum? Weshalb eine galicische Sargprozession mit offenen Kisten und quicklebendigem menschlichem Inhalt, der in Leichentüchern ein fröhliches Probeliegen vollzieht? Oder die geheimnisvollen Geißlerumzüge in der Rioja, bei denen sich vermummte Gestalten in Tunikas und Knöchelketten mit Peitschen über den Rücken fahren, bis sich die Haut ins Dunkelrot verfärbt und der Landarzt herbeieilt und das aufgedunsene Fleisch mit Glasnadeln aufsticht? *España oculta,* das verborgene Spanien, lauert überall und offenbart alleine durch seine Fiestatraditionen Kulturschocks von *light* bis *heavy*.

In Spaniens Alltag sehen sich Mentalitätsfremdlinge am Telefon und an Haustüren kleineren Schocktherapien ausgesetzt. Akustisch, sprachlich, weltanschaulich. Nicht, dass es ausgeprägter Telefonier- und Klingelkünste bedürfte, aber die Antworten am anderen Ende von Leitungen und Gegensprechanlagen gehören – gelinde formuliert – zur rustikaleren Sparte. Die Varianten von *„¿Quéee?"* bis *„¡Diiiiga!"* wirken auf Ungeübte abweisend ruppig. Gerade so, als liefe dreimal am Tag eine Fuhre Telefonmarketing auf und würde ebenso oft der Teppichverkäufer an der Tür vorstellig. Kein großes „Hallo" und kein „Guten Tag" für den Eindringling in die Privatsphäre, nur ein knappes scharfes „Waaas?" und „Sprechen Sie!" Keine Sorge, man meint es nicht so. Nur nicht die Geduld verlieren oder sich attackiert fühlen! Der gute Ton steht auf Vorwaschgang, der Weichspüler kommt später. Man kann auch anders ...

Kulturschock Kneipe. Selbst Stammtisch-erprobten Mitteleuropäern wird ein simpler Barbesuch als verblüffendes Erleben zu Kopfe steigen. Was nicht am sonnengereiften Rebensaft, sondern am Umfeld hängt. Der Fernseher dröhnt auf Altenheimlautstärke, in drangvoller Enge schreit man gegen TV-Lärm und Umstehende an und zwischendurch sogar seinem Gesprächpartner ins Handy, von der Decke baumeln Schinken und fetten in umgestülpte Auffangschirmchen am Keulenende aus – über den Ausdünstungen aller. Wer beim Anblick der schweinischen Tierkörperteile an fehlende Hygiene oder gar ans Gewerbeaufsichtsamt denkt, hat den Blick noch nicht auf den Boden geworfen. Auf einen Belag aus Zahnstochern, Sägemehl, Servietten, Olivenkernen, versprengten Garnelenschalen und Käserinden. Was umgehend heißen muss: Bestellen statt Flüchten! Attacke auf Sardellen und Wein und Omelette und Paprikawurst! Hier bin ich und hier bleibe ich und ordere die Tapas vom Tresen, die in verführerischer Auswahl aufgereiht stehen. Je schmutziger der Boden, desto besser die Bar, denn Dutzende Einheimische waren vor einem dort und haben – siehe nach unten – ihre Spuren hinterlassen. Ohne einen Gedanken an grüne oder gelbe oder blaue Tonnen zu verschwenden. Einfach munter runter, Spanienfeeling in der Kommunikations- und Konsumhochburg Bar. Schmutzgetrübt, aber unverbraucht. Ob in den Dörfern des granadinischen Alpujarras-Gebirges oder mitten in der Hauptstadt Madrid. Porentief reine Bars gibt es natürlich auch. Aber da geht kaum jemand hin.

Fiesta und Siesta, Glaube und Aberglaube, Mañana-Mentalität, die goldene Dreierregel der Ausreden Habe-ich-vergessen, Habe-ich-verloren, Habe-ich-verlegt – in Spanien laufen Klischees und Wirklichkeit zusammen und vereinen sich zum prallen Leben. Keine Wirklichkeit ohne Klischees, keine Klischees ohne Wirklichkeit. Sie alle gibt es: feurige Flamencoqueens, Schönheiten à la Carmen, Lovers à la Don Juan, Stierkampfhelden in den Arenen, in wogenden Hormonüberflüssen hirnlos drauflos pfeifende Machos und all die Heerscharen von chronisch Zuspät-, Tags-drauf- und Ohnehin-nie-Angekommenen. Was nicht mentalitätsbedingt sein muss, sondern ebenso am Ticket für den Iberia-Flug liegen kann ...

Der vorliegende Band „KulturSchock Spanien" liefert Schlüssel zum Verständnis des Landes, eröffnet neue Sichtweisen, schaut hinter die touristischen Sonne-Sand-Kulissen, geht in verschiedensten Ansätzen Spanien und den Spaniern auf den Grund. Ihrer traditionellen Volkskultur, den Sitten und Gebräuchen gestern und heute, ihren Legenden und Mythen, der jüngsten Geschichte und Gegenwart. Und natürlich dem Alltag. Auf was muss man gefasst sein, was muss der Auswärtige als exotischen bis erschreckenden Ist-Zustand hinnehmen? Wie fremd fühlt man sich, wenn man auf Dauer in Spanien lebt oder das Land ein paar Wochen bereist? Wie fremd fühlt sich der Fremde in einem Kulturkreis von zuweilen faszinierender Widersprüchlichkeit? In einem Kulturkreis, der Konquistadoren, Inquisition und Stierkampf hervorgebracht hat und trotz gelegentlichem Chaos eine ungebrochene Faszination auf deutschsprachige Reisende und Einwanderer ausübt.

Über die jährlichen Urlaubermillionen der Sonnen- und Bildungs- und Erlebnishungrigen hinaus sind Schätzungen zufolge rund 500.000 deutsche Migranten mit Spanien verhaftet. Am besten, man macht sich gleich auf den Weg, solange das alte *España* fortlebt und mit ihm die lockere Leichtigkeit des südländischen Seins! Wer zu spät kommt, den bestraft auch hier das Leben. In heutiger Zeit steckt das Land mittendrin im Wandel, sonnt sich im Höhenflug seiner Wirtschaft und wird von nicht enden wollenden Immigrantenwellen aus Afrika und Lateinamerika heimgesucht. Familienbande und Kirchgänge bröckeln, eine schleichende sexuelle Revolution macht sich breit, sogar das vormals hochheilige Königshaus gerät öfter in die Schlagzeilen, die Zahl der Wohlstandsgesellschaftler steigt und mit ihnen weitere Ansprüche. Gleichlaufend sieht man sich im eurokratischen Verbundwerk von einer eigentlich mentalitätsfremden Woge aus Wettbewerbsregeln und Gesetzesbergen überrollt, die die

Stress- und Verbitterungsgrade des Einzelnen steigern. Ganz wie daheim halt. In ein paar Jahrzehnten, so steht nach derzeitigem Rhythmus zu befürchten, treffen deutsche Auswanderungswillige in der Ferne auf jene, vor denen sie zu Hause geflüchtet sind. Teutonisch verkrampfte, pünktliche, pflichtbewusste Spanier, die ihre Nicht-mit-dem-Auspuff-zur-Wand-parken-Schilder auf- und die baumelnden Schinken aus den Bars im Zuge der neuesten Lebensmittelverordnung abgehängt haben. Zum Glück scheint solch iberisches Horrorszenario Zukunftsmusik, zum Glück lässt man in einer Welt des liebenswerten Chaos manchmal noch die Take-it-easy-Devise gelten.

Keinen Spaß hingegen kennen weder Behörden, die Wohneigentum zum finanziellen Quasi-zu-null-Tarif enteignen, noch Gerichte, die Majestätsbeleidigung gegen das Königshaus mit gänzlich überzogenen Strafen ahnden. Gleichlaufend berufen sich immer mehr Spanier auf Paragraphen und Gesetze und versuchen, ihre Rechte einzuklagen. Die Zahl der Anzeigen gegen unliebsame Zeitgenossen steigt und steigt. Bedauerlich. Eine Mentalität im Umbruch.

Wenn – wie im Kapitel „Spanischer Alltag A–Z" – von „stolzen Spaniern" die Rede ist, bleibt der Griff in die Kiste der genannten Klischees nicht aus. Der sprichwörtliche Stolz der Spanier entspricht zwar der Realität, führt aber ein durchgängiges Dilemma vor Augen. Wer überhaupt sind „die Spanier"? Ethno-Mix-Abkömmlinge der Karthager und Kelten, der Römer und Westgoten, der Franken und Mauren? Allein das Wort „Spanier" ist für Katalanen und Basken ein rotes Tuch, denn gerade sie fühlen sich anders als andere und führen ihre eigene Geschichte und Autonomieansprüche ins Feld. Mit dem feinen Mangel, dass in ihren *Comunidades Autónomas* nicht ausschließlich Katalanen und Basken leben und sich längst nicht jeder mit regionalpatriotischem Gedankengut identifiziert. Kurzum: eine verzwickte Sache in allen Winkeln des Landes, das alles andere ist als ein geschlossener Einheitsstaat und in dem sich ETA-Separatisten ein ums andere Mal ins Bewusstsein bomben. Die Frage nach der Einheit mag verdeutlichen, dass sich rund 45 Millionen Spanienbewohner mit ebenso vielen Stammbäumen, Lebensläufen, Befind- und Empfindlichkeiten nicht über einen Kamm scheren lassen. Wenn in diesem Buch doch einmal von „den Spaniern" die Rede ist, so sind allgemeine Tendenzen gemeint. Ausnahmen inklusive.

In Europas lärm- und fiestareichstem Land ist man gut beraten, vorbereitet zu sein auf die fremde Mentalität und all die andersartigen Bräuche. Sonst wird einem manches „spanisch" vorkommen und man sieht sich plötzlich umgeben von wilden Stieren, lebendigen Toten und vermummten Geißlern ...

Vorab-Hinweis des Autors: Probates Mittel, um all den großen und kleinen Kulturschocks des spanischen Alltags zu begegnen, ist Humor.

Bis hin zum Galgenhumor, der sich bestens eignet, um Schweres auf die leichte Schulter zu nehmen. Eine Form des Denkens und Handelns, zu der dieses Buch ermuntern will. Nicht ärgern, nur wundern!

¡Suerte! – Viel Glück!
¡Ánimo! – Nur Mut!
¡Bienvenido! – Willkommen!

Andreas Drouve

DER KULTURHISTORISCHE RAHMEN

*„Die ganze Fiesta über hatte man das Gefühl,
selbst wenn es ruhig war,
dass man alles, was man sagen wollte,
schreien müsse, damit die anderen es hörten.
Und so war es mit allem, was man tat."*

(Ernest Hemingway)

Fiestas – Bräuche – Traditionen

Nacht über Murieta, einem Nest in Navarra. Lauer August. Die Durchgangsstraße ist gesperrt, an den Büdchen vor der Kirche fließt der *vino* in Strömen, aus den Mega-Lautsprechern dröhnen blecherne Fetzen. Nicht schön, aber laut. Dorffest zu Ehren des heiligen Stephan, das jährliche Highlight für die zweihundertdreiundsechzig Bewohner. Irgendwann gegen elf verstummt die Musik. Von woher mögen sie kommen? Aus der Gasse neben der Kirche oder aus Richtung Estella im vollen Galopp auf der Hauptstraße? Im Straßennetz Murietas bleibt die Auswahl überschaubar. Plötzlich sind sie da, *toros de fuego*. Die **„Feuerstiere"** kommen! Lichterloh und rasend schnell. Unter ohrenbetäubenden Explosionen

Osterumzug in Logroño

stürmen sie auf die Menge zu. Zweibeinige Untiere, die sprinten, was Turnschuhe und Lungen hergeben. Kinder kreischen, ganze Familien stürmen davon, jeder bringt sich in Deckung. Die wildgewordenen *toros* stieben umher, nehmen Verfolgungsjagden in die Nebengassen auf und scheren sich einen feuchten Kehricht um den brandheißen Funkenflug auf parkende Autos. Nach ein paar Minuten ist alles vorbei. Rauchschwaden liegen über der Straße, es riecht verbrannt. Irgendjemand betrachtet seine Brandlöcher in der Kleidung, während die „Feuerstiere" zur Umkleide zurücktrotten.

Toros de fuego gehören vielerorts zum Belustigungsprogramm der Fiestas und sind eine besondere Spezies: Männer mit Schutzanzug, aufgesetzten Stierhörnern und einem monströsen Aufbau voll explodierender Feuerwerkskörper. Ein Minutenspektakel mit Knalleffekten, bei dem sie durch die Straßen rasen, bis der letzte Böller verschossen ist. Gefährlich? Na klar. Die glühenden Funken sprühen meterweit und machen keinen Unterschied zwischen Häuserwänden und Augen. Aber wer mag bei der Fiesta an Gefahr denken? Lustig soll's zugehen, ein Prosit auf die *toros de fuego*, die andernorts in Gestalt von wirklichem Getier daherkommen. Als dunkle 600-Kilo-Kolosse mit Nackengestellen, in denen brennende Fackeln stecken. So wie bei den *Fiestas de la Vaquilla del Ángel* in der ersten Julihälfte im aragonesischen Teruel, so wie beim Patronatsfest Mitte November in Medinaceli, einem Örtchen in der Provinz Soria. Tierleid? Tierschutz? Tradition ist Tradition. Ob Feuerstier, Stiertreiben oder Stierkampf ...

Reigen der Feste – Spiegelbild der Seele mit reichem Kulturschock-Potenzial

Als winzige Mosaiksteinchen sind die *toros de fuego* in Spaniens Festpanorama verankert. Fiestas sind der bunteste und prägnanteste Ausdruck von Volkskultur, von spanischer Lust und Spaß am Leben – und bieten ein unglaublich reiches Potenzial an Kulturschocks! **Mega-Events mit internationaler Note** sind die Karnevalsfeiern von Teneriffa und Cádiz, die Fallas von Valencia, die *Semana Santa* mit ihren weltberühmten Karprozessionen in Sevilla, die *Feria de Abril* von Sevilla, die Wallfahrt nach El Rocío und die *Fiestas de San Fermín* in Pamplona (siehe auch Kapitel „Spaniens größte Fiestas").

Der Spanier ist ein geborener *homo fiesta* und die Fiesta das Spiegelbild seiner Seele. Das Umfeld seiner Feiern entspricht den gesellschaftlich-sozialen Treffs des ganzen Jahres: Straßen und Plätze. Sie sind seine Festsäle, der Himmel formt das natürliche Dach. Überall und allgewaltig bricht die **Lebensfreude** der Spanier tief aus ihrem Innersten aus und hat nichts mit jener des landläufigen Mitteleuropäers gemein, der sich einmal im Jahr die Narrenkappe aufsetzt. Bei spanischen Fiestas befindet sich die Lebenslust auf dem Siedepunkt, ein geografisch-ethnografisches Nord-Süd-Gefälle gibt es nicht. Nordspanier wissen ebenso ausgiebig zu feiern wie die südländischen Andalusier. Für Auswärtige sprengt das Gebotene in jederlei Hinsicht den Rahmen der Vorstellungskraft. Wenn ein gewöhnlicher deutscher Biergarten laut behördlich verfügter Auflage seiner Schließzeit nachkommt, geht's in *España* erst richtig los. Devise: Erlaubt ist, was Spaß bringt.

Stierkämpfe, sicher. Im Frühjahr beginnt die Saison mit den *corridas*, gegen die sich neuerdings zaghafter Widerstand zu bilden begonnen hat (siehe Kap. „Stierkampf"). Aber es gibt auch seltsame Schlachten, denen die meisten Mentalitätsfremdlinge mit fassungslosem Kopfschütteln begegnen. Paradebeispiele: die *Batalla del Vino* am 29. Juni nahe dem riojanischen Haro und die *Tomatina* am letzten Mittwoch im August im valencianischen Bunyol. Bei der **„Schlacht des Weins"** von Haro gehen 70.000 Liter flüssige Munition drauf, bei der **„Tomatenschlacht"** von Bunyol mehr als 100.000 Kilo reife Tomaten. Nach dem Jeder-gegen-jeden-Prinzip steht im aragonesischen Tarazona alljährlich am 27. August eine weitere Tomatenschlacht auf dem Festprogramm, obgleich ursprünglich nur eine einzelne närrische Figur namens *Cipotegato* beworfen wurde.

Warum die Gefechte mit Wein und Tomaten? Massengaudi auf spanische Art, Auswüchse einer Überflussgesellschaft, Jahrzehnte nach dem Kindergartenalter endlich wieder die Sau rauslassen. Ähnlich infantile **Schweinereien mit Mehl und rohen Eiern** gehen bei der Eröffnung der *Fiestas de San Fermín* am 6. Juli mittags auf dem Rathausvorplatz von Pamplona ab. Man marschiert möglichst gut bewaffnet mit Mehl, rohen Eiern, Ketchup, Senf und Sirup auf. Alljährlich sind die Polizeiketten dem Ansturm auf die Altstadt nicht gewachsen und können nur einen geringen Teil dererlei Wurf- und Spritzmunition zurückhalten. Haben die honorigen Offiziellen auf den Rathausbalkonen Punkt zwölf Uhr mittags die Fiesta eröffnet, gibt es in der Menschenmasse kein Halten mehr. Sektkorken knallen zu Hunderten, wie isländische Geysire steigen Schampusfontänen auf. Inmitten der süßen, prickelnden Duschen paniert man alles um sich herum mit Mehl. Oder mit Kakaopulver aus der Dose. Gleichzeitig nehmen einige Legebatterien rohe Eier ihre Flugbahnen Richtung Rathausfassade und offene Fenster der Anwohner. Im Angesicht der Stadtoberen feiert die Anarchie fröhliche Urständ. Legalisierte Gesetzlosigkeit. Einfach prima für alle Beteiligten. Wann und wo sonst darf man unbehelligt Eier ans Rathaus werfen, über sämtliche Stränge schlagen und sich – wie im gesamten Verlauf dieser 204-Stunden-Mega-

fiesta am Stück – dem Delirium hingeben? Ganz öffentlich und unverblümt. Ein zügelloses Kippen bis zum Umkippen, ein **Massengelage** aus dem Nebenprogramm des gesetzlichen Lebens. Ganz so, als stünde in den Statuten der öffentlichen Ordnung Pamplonas: Gültigkeit mit Ausnahme vom 6. bis 14. Juli. Fiestas wie diese sind sicher ein Ventil, um einmal richtig Dampf abzulassen ...

Ebenfalls alles außer Kraft – inklusive sich selber – setzen die berühmtberüchtigten *tamborradas*. Trommelfelltötende **Trommelparaden.** Besonders nachhaltige Beben beginnen in der Nacht vom 19. auf den 20. Januar in San Sebastián, in der Gründonnerstagnacht im aragonesischen Samper de Calanda und am Karfreitag-Mittag im gleichfalls zu Aragonien gehörigen Calanda. Be-gin-nen! Mit monotonen Rhythmen, die durch Mark und Bein und alle Eingeweide gehen und nicht etwa ein Stündchen später enden – was ohnehin musikalischer Exzess genug wäre. Nein, was in San Sebastián Paukenschlag Mitternacht beginnt, hört nicht vor Mitternacht auf. Ein 24-Stunden-Trommelmarathon von mehr als fünf Dutzend Trommlervereinigungen, am Mittag des 20. Januar ergänzt durch den Umzug von Tausenden trommelnden Kindern. Auf dass die Tradition auf ewig fortlebe! Die Frage sei erlaubt: Warum die dauerhafte Tortur fürs Gehör? Zum einen dem städtischen Schutzpatron Sebastian zuliebe, zum anderen im Gedenken an die Zerstörung der Stadt zu napoleonischen Zeiten. Guiness-Rekordbuch-verdächtig gestaltetet sich die österliche *tamborrada* von Samper de Calanda. Startschuss ist zu mitternächtlicher Stunde von Gründonnerstag auf Karfreitag, erschöpftes Ende rund 40 Stunden später am Samstag. In schwarze Tunikas gekleidet, reiben die Trommler sich und ihre Haut an den „Schlaghänden" auf und versinken in ihrem Trommelschicksal. Ähnliche Bilder werden alljährlich aus Calanda überliefert, Geburtsort des begnadeten Filmregisseurs *Luis Buñuel*, der einmal treffend geschrieben hat: „Von meinem Dorf, in dem ich am 22. Februar 1900 geboren wurde, kann man behaupten, dass dort das Mittelalter bis zum Ersten Weltkrieg gedauert hat. Eine isolierte, starre Gesellschaft, von scharfen Klassengegensätzen geprägt. Der Respekt den Großgrundbesitzern gegenüber, die Unterordnung der arbeitenden Bevölkerung unter die Herren schienen unwandelbar, tief verwurzelt in uralten Gewohnheiten." Zu solcherlei uralten Gewohnheiten gehört das große Trommeln. Bei Ursprung und Sinnfrage der Trommelei schwingen Ichsuche, Buße, Mystik und Protest gegen den Tod Jesu Christi mit.

Ein Dank den Schutzpatronen – Festrausch ohne Ende

Die Intensität spanischer Fiestas überwältigt ebenso sehr wie ihre blanke Menge. Landauf, landab steigt durchschnittlich alle paar Minuten ein Volksfest, das sich leicht und locker bis zu zwei Wochen ausdehnen kann. So laufen **unendlich viele Fiestas** gleichzeitig ab, Anlässe gibt es ohne Ende. Nicht nur das übliche Geflecht aus Karneval, Ostern, Pfingsten und Weihnachten sowie Erntedank- und Sonnenwendfeiern.

In der Häufigkeitsskala obenan stehen die **Patronatsfeierlichkeiten,** die die Brücke zum Glauben schlagen. Man stelle sich vor, dass jede Region, jede Stadt, jedes Kuhdorf wie das eingangs genannte Murieta, jede Universität und selbst einzelne Fakultäten der Hochschulen ihre jeweiligen **Schutzheiligen** verehren. Ob San Pedro, Santa Ana oder San Esteban. Über die Riege der klassischen Heiligen hinaus scheint die Flut der lokal bedeutsamen *santas* und *santos* schier unerschöpflich. Nach ihnen sind ganze Städte und Dörfer benannt. So wie nach Santo Domingo, der gleich mehrfach vertreten, einzig am Namenszusatz zu unterscheiden und nicht mit dem Gründer des Dominikanerordens zu verwechseln ist. Im riojanischen Santo Domingo de la Calzada huldigt man einem Wege- und Brückenbauer am Jakobsweg, im kastilischen Santo Domingo de Silos einem verdienten Abt des altehrwürdigen Klosters. Der berühmte Ordensstifter ist im Übrigen als *Santo Domingo de Guzmán* bekannt.

„Wikingertrupp" beim Karneval in Cádiz

Patronatsfeste drücken Dank und Respekt aus. Man fühlt sich allseits gut behütet und bedenkt diesen oder jenen Schutzheiligen bei der rauschenden Fiesta mit einem Gebet. Wichtiger jedoch sind all die Tage frei von Arbeit und voll von Musik, Tanz in traditionellen Trachten, gastronomischem Erleben, Weinlaune bis der Arzt kommt. Der religiöse Hintergrund bleibt häufig Nebensache. Zum **Fiestarahmen** zählen gelegentlich die absonderlichsten Sportwettkämpfe wie Steinestemmen und Baumstammzerlegen (siehe Unterkapitel „Bräuche und Fiestatraditionen im Baskenland"), Ruderregatten, mittelalterliche Märkte, der punktgenaue Aufbau von Menschenpyramiden (siehe Unterkapitel „Bräuche und Fiestatraditionen in Katalonien"), Platzkonzerte, Pferde- und Kutschenparaden, Feuerwerk, das Loslassen von Jungrindern auf Wagemutige *(vaquillas)*, kanarische und leonesische Ringkämpfe (auf den Kanaren und in der Provinz León), Stiertreiben durch die Gassen *(encierros)*, Amateur-Schaukämpfe mit Jungstieren *(capeas)* und Umzüge mit *gigantes y cabezudos*, den Giganten- und Großkopfpuppen.

Giganten- und Großkopfpuppen

Festumzüge mit Giganten- und Großkopfpuppen sind seit dem Mittelalter dokumentiert. Bei der Frage nach dem Ursprung der *gigantes* (**„Giganten"**) zieht man griechische und keltische Vorbilder heran. Die leicht und locker über vier Meter großen und 60 Kilogramm schweren Puppen bestehen aus Holz, Pappe und Stoff und symbolisieren oft die Herrscher verschiedener Kontinente. Als „König von Europa" oder „Königin von Afrika" marschieren sie vor allem zur Freude der Kinder durch die Straßen. Ihr Innenleben setzt sich aus einem hölzernen Tragegestell und einem muskelbepackten Träger zusammen, der zu Trommel- und Flötenklängen Tanzrunden dreht und sich mit seiner Puppe vor dem Volke verbeugt. Weniger schwer haben die Träger der *cabezudos* oder *enanos* (**„Zwerge"**) an ihren überproportional aufgedunsenen (Masken-)Köpfen zu schleppen. Mitunter stellen sie städtische Autoritäten dar, die – ihren Ämtern gemäß – in erhabenem Beamtengang daherschreiten und fast darüber einnicken. Andere treten als Militärs auf und gehen mit Schaumgummiknüppeln auf Kinderjagd. Ein riesiger Ulk solch gesichtsfetter Jäger, die unübertrefflich dämlich dreinschauen können und mit ihren riesigen Zinken, Warzen und Glupschaugen bei der Wahl zum Mister *España* recht wenig Chancen besäßen. Allesamt zeigen sie an: Mensch, Schöpfer, was hast du mich hässlich gemacht! Oder dem Alten Testament gemäß: Sieh, Herr, wie konntest du mich nur nach deinem Ebenbild formen!? Ein göttlicher Fiestajux, dem Spaniens König *Karl III.* keinen Spaß abgewinnen konnte und die Auftritte

von *enanos* und *gigantes* 1780 verbieten ließ. Spanischer Mentalität zufolge sind Verbote in erster Linie dazu da, sie zu brechen – und die Giganten und Zwerge sind allesamt wiederauferstanden.

Knalleffekte im Zeichen des Kreuzes

Wenngleich Spaniens religiöse Strenge bröckelt und sich die Kirchenbänke leeren, schmälert dies keineswegs den Zuspruch bei den großen Prozessionen der Patronatsfeste. Dann zieht das geschulterte Heiligenbildnis durch die Schneisen der Gläubigen in den Straßen oder dreht – wie in vielen Küstenorten am Tag der Virgen del Carmen, dem 16. Juli – in Booten eine Runde übers Meer. Mit solchen **Meeresprozessionen** *(procesiones marítimas)* verehrt man die Schutzheilige der Fischer und Seeleute, putzt die Schiffe eigens zu diesem Zweck proper heraus. Ein guter Draht zur „Jungfrau vom Berge Karmel" kann keinesfalls schaden und verspricht Schutz und guten Fang bis zum nächsten Jahr. Mit Fackeln und Kerzen umrahmte **Marienprozessionen** sorgen für *special effects,* ob am 16. Juli im andalusischen Fuengirola oder am 4. August zu Ehren der „Weißen Jungfrau" in der baskischen Hauptstadt Vitoria.

Im Zeichen des Kreuzes: Wallfahrten verzeichnen unablässig Zulauf

Ob Maria Himmelfahrt (15. August), Maria Geburt (8. September) oder Mariä Empfängnis (8. Dezember): Sie zählen zu Spaniens hohen Festtagen, an denen die jahresdurchgängige **Marienverehrung** Kulminationspunkte erreicht. Um den Himmelsfahrtstag ranken sich die bunten Patronatsfeste von Bilbao und Valladolid, während es zur selben Zeit im katalanischen Bergkloster Montserrat mit der Messe der Benediktinergemeinschaft und dem Auftritt der Sängerknaben etwas förmlicher zugeht.

Das Angedenken Mariens kann diabolisch laute Züge tragen. Auf dem Kirchvorplatz von Tijarafe, einem Örtchen auf der Kanareninsel La Palma, hat der leibhaftige **Teufel einen bombigen Auftritt.** In der Nacht auf den 8. September kommt er – ähnlich wie die zweibeinigen „Feuerstiere" – im Schutzanzug daher und trägt einen 80 Pfund schweren Aufbau aus Böllern. Eine minutiöse Arbeit, inklusive Raketen auf dem Kopf, die dem Freiwilligen wie ein Geweih aufsitzen. Im voll durchgeknallten Ritus des *danza del diablo,* des „Teufelstanzes", ist das Publikum Feuer und Flamme, springt der Funke im ureigensten Sinn der Worte über. Rasch löst sich das Ganze in Schall und Rauch auf – eine Detonations- und Leuchtfolge aus mehr als 500 Knall- und Feuerwerkskörpern ...

Lukullische Allround-Freuden

Mit religiöser Ergriffenheit gehen die Spanier alle erdenklichen **Wallfahrten** *(romerías)* zu Heiligtümern *(santuarios)* und Einsiedeleien *(ermitas)* an. Ohne dabei die lukullischen Genüsse zu verachten! Nach erfolgreichem Aufstieg zu dieser oder jener Kapelle kommen Magen und Gaumen zu ihren Rechten. Dann zieht man Lederbeutel mit Wein hervor, Flachmänner und Henkelkrüge *(porrones)* und hüllt die heilige Jungfrau in Rüchlein aus gegrillten Sardinen, Eintopf und Paprikawurst.

Andere Fiestas sind von vornherein als kulinarische Treffs etikettiert. Ob das **Schinkenfest** *(Feira do Xamón)* am 15. August im galicischen A Cañiza, das **Reisfest** *(Fiesta del Arroz)* in der ersten Septemberhälfte im valencianischen Sueca, das **Festival der Paprikawurst** *(Festival del Chorizo)* Mitte September im riojanischen Baños de Río Tobía oder das **Meeresfrüchtefest** *(Festa do Marisco)* Anfang Oktober im galicischen O Grove.

Hochprozentigere Freuden kommen bei den **Weinfesten** auf, die sich zumeist an den Quellen abspielen. So wie beim Fest des Albariño-Weins *(Festa do Viño Albariño)* am ersten Augustsonntag im galicischen Cambados und den Weinlesefesten *(Fiestas de la Vendimia)* Mitte August im murcianischen Jumilla und um den 24. September in der andalusischen Sherry-Hochburg Jerez de la Frontera.

In der Weinregion La Rioja fällt dem Rebensaft seine angemessene Rolle zu. Im (Kneipen-)Alltag sowieso, bei den *Fiestas de San Mateo* in der Hauptstadt Logroño ganz besonders. Wenn die Trauben in den Weingärten des Ebrobeckens ins dunkle Rot und saftige Grün gereift sind, ist die Zeit gekommen für den *pisado de la uva*. Dies **„Traubenstampfen"** am 21. September auf der zentralen Espolón-Promenade markiert den offiziellen Beginn der Weinlese. In festlichem Aufmarsch bringen Kinder aus den riojanischen Weingemeinden körbchenweise die erstgeernteten Trauben des Jahres heran. Man kippt sie in den großen Holzbottich auf der Bühne und verlangt nach zwei kräftigen Stampfern: den Gebrüdern Urdiales. Seit Jahrzehnten haben sie alle möglichen Traubengenerationen zu Brei getreten. Die Urdiales-Brüder betreten die Bühne, ziehen ihre rotweißen Hanfschuhe aus, krempeln die Hosenbeine hoch, steigen in den Bottich, packen sich gegenseitig an den Schultern und beginnen zu stampfen. Auf und ab, routiniert und rhythmisch, die Stadtkapelle hält sie musikalisch im Tritt. Unter den Hornhäuten spritzt und schlürft und

schmatzt es. Gut, dass niemand die weiche, flüssige Masse trinken muss. Alleine die ästhetische Wohlform der nackten Urdiales-Füße würde genusshemmend wirken. Nach ein paar Minütchen das Schlusszeichen. Gut gestampft, Brüder, und Bühne frei für die Autoritäten, die weltliche und kirchliche Komponenten vermischen. Der Präsident der Rioja füllt den ersten Most des Jahres in zwei bauchige Krüge ab, der Bischof gibt seinen Segen. Gemeinschaftlich bringen ihn beide der Virgen de Valvanera dar, einem blumengeschmückten Bildnis der riojanischen Schutzpatronin. Dann: laute Rufe *„Viva la Rioja!"*, Trachtentänze und Sturm auf die nächsten Weinbars.

La Rioja – von Stelzenläufern und gespenstischen Geißlern

Das Traubenstampfen in Logroño markiert einen winzigen Ausschnitt aus dem großen Festreigen in der Rioja. Außer der „Weinschlacht" am 29. Juni beim Weinstädtchen Haro kann man eine ganze Menge Eigentümliches erleben: die vom Blütenweiß junger Frauen bestimmte **„Jungfrauenprozession"** von Sorzano am dritten Sonntag im Mai, die einen Jungfrauentribut aus maurischen Zeiten wieder ins Gedächtnis ruft; die **Stelzenläufer** von Anguiano, die am 22. Juli und am letzten Samstag im September bei ihren *danzas de los zancos* schwindelerregend die Ortstreppe hinabwirbeln; die **„Roséweinschlacht"** von San Asensio am 25. Juli; die **Verbrennung des „gemeinen Manns" und der „gemeinen Frau"** in Form von Stoff- und Strohpuppen Mitte August beim Patronatsfest von Alfaro sowie die **„Rauchprozession"** am letzten Sonntag im November in Arnedillo, bei der es intensiv nach unzähligen Bergkräutern duftet und die an eine seinerzeit erfolgreich bekämpfte Pestepidemie erinnert.

Gespenstischen Sonderstatus tragen die österlichen **Geißlerprozessionen** von San Vicente de la Sonsierra, einem einsamen Örtchen östlich von Haro. Gründonnerstagabend und Karfreitagmittag setzen sich zwei schaurige Menschenzüge in Bewegung. Gestalten in knielangen weißen Tunikas, die Gesichter unter Kapuzen verborgen, manche barfuß mit rasselnden Knöchelketten. Begleitet von schwarz gekleideten Marien und Laienbrüdern der örtlichen Cofradía Santa Vera Cruz, wanken die *disciplinantes,* die Geißler, einen merkwürdigen Trab hinauf zum Kalvarienberg. Irgendwann legen sie ihre Rückenpartien frei, greifen zu Baumwollpeitschen und beginnen mit der selbstgewählten Tortur. Zischend durchschneiden die Ruten die Luft, knallen auf die Lenden, tränken sich

Selbstgeißelung am Karfreitag bei San Vicente de la Sonsierra

langsam mit Schweiß, gewinnen von Schlag zu Schlag an Gewicht – und potenzieren den Schmerz, während aus dem Hintergrund inbrünstig intonierte Marienlieder herandringen. Unter den dumpfen, trockenen Hieben schwillt das Fleisch der Flagellanten an, verwandeln sich weiße Rücken unter den Augen der Schaulustigen und des Begleitkommandos der Laienbrüder in lila-rötlich unterlaufene Flächen. Ist der Optimalgrad von Farbe und Schwellung erreicht, gibt der Laienbruder dem Bruderschaftsarzt ein Zeichen. Er eilt heran, holt ein Glasnadelkissen aus seinem Etui, fackelt nicht lange und sticht in die straff gespannte Haut. Die aufgestauten Blutbuckel entladen sich, es spritzt und tropft und läuft. Wahrlich kein Platz für Genießer. Nun weiß man, warum die Geißler von San Vicente de la Sonsierra als *picaos* bekannt sind, wortwörtlich „die Angestochenen". Ein paar Abschlusshiebe, sorgsames Abtupfen der Wunden, dann der erlösend kühle Umhang. Ende des Schauspiels, dessen Wurzeln bis ins späte Mittelalter reichen. Unveränderter Sinn: Buße, gottesfürchtige Ehrerbietung. Zu den Spielregeln des Geißler-Seins zählen Volljährigkeit und Frömmigkeit. Im Zweifel unterzeichnet der Pfarrer ein Schriftstück, das hieb- und stichfest die Glaubensstärke des Antragstellers bekräftigt ...

Moros y Cristianos – häppchenweise Historienschinken

Obgleich von geschichtlich belegten „Kämpfen" bestimmt, laufen die Jahr für Jahr aufgewärmten Historienschinken der **„Mauren und Christen"** *(Moros y Cristianos)* unblutig ab. Jahrhunderte nach der Reconquista marschieren Mauren und Christen feierlich auf, stehen sich mit feindlichem Grinsen gegenüber und reichern die Feierfreuden mit *vino* an. Die weingespeiste Fiestalaune übertüncht, mit welch blutiger Brutalität Spaniens vermeintliche „Christen" einst gegen die „Ungläubigen" zu Felde zogen und welch tragischen Ausgang so manche Schlacht nahm. Man denke an den Canyon des Río Despeñaperrros („Absturz der Hunde") im Norden der Provinz Jaén, wo die Spanier 1212 nach der siegreichen Schlacht von Navas de Tolosa die unterlegenen Mauren in den Tod stürzten ...

Für ganz Spanien sind im Laufe eines Jahres weit über 150 Moros-y-Cristianos-Spiele dokumentiert. Mal als Parade oder Umzug, mal in Tanz- und Theaterform, wahlweise mit knallender Munition und wilden Wortgefechten. Den alljährlichen Auftakt macht Anfang Januar das extremeñische Valverde de Júcar, der Zyklus schließt sich Ende Dezember in Agost (Provinz Alicante). *Moros y Cristianos,* das ist launiges Cowboy-und-Indianer à *la España,* ein **militaristisches Sandkastenspiel im Großformat** für Erwachsene. Besonders prunkvoll geht es rund um den Sankt-Georgs-Tag, den 23. April, im alicantischen Alcoi zu. Der Widersinn der Geschichte zeigt auf, dass die spanischen Nachfahren derer, die einst die Muselmanen vertrieben, nun in prächtigem Ornat mit wallenden Umhängen und Pluderhosen und Turbanen anrücken und sich der Sympathien des Publikums erfreuen – bis der heilige Georg entscheidend eingreift und das Signum der siegreichen Christen auf dem eigens errichteten „Kastell" des Zentralplatzes auftaucht. Um geschichtliche Wahrheitstreue geht es dabei nicht, sondern um Spaß an Pulverdampf und markerschütterndem Büchsenlärm, an Blasmusik und karnevalistisch-farbenfroher Verkleidung, an Trommelwirbeln und – last but not least – an opulenten leiblichen Genüssen in den Gruppengemeinschaften der streng reglementierten Zirkel *(filaes).* Ohne solcherlei Vereinigungen, andernorts als *peñas* bekannt, würde sich bei spanischen Fiestas reichlich wenig bewegen.

Fiestas mit Problemcharakter

In Granada läuft das Sieg-und-Niederlage-Denken aus den Zeiten der Reconquista nicht konfliktfrei ab. Seit geraumer Zeit regt sich regelmäßig Widerstand gegen die alljährliche **Fiesta de la Toma** am 2. Januar, die den **Fall Granadas als letzte muselmanische Bastion** auf spanischem

Boden ins Gedächtnis ruft. Im Jahr 1492 gab sich Granada geschlagen, die katholischen Könige zogen mit ihren Truppen in die Stadt ein und wiesen die letzten Muselmanen unter dem Statthalter *Boabdil* aus. Und der soll auf dem Weg hinaus aus seiner geliebten Stadt tief geseufzt, eine Träne verdrückt und Schimpf und Schande seiner eigenen Mutter ertragen haben: „Was flennst du wie ein Weib um eine Stadt, die du als Mann nicht verteidigt hast!"

Eine **Ausweisung Andersdenkender** sei kein Anlass zum Feiern, betonen Granadas Fiestagegner, die sich zu einer stattlichen Front formiert und dank der Mitwirkung von Künstlern und Intellektuellen die Öffentlichkeit sensibilisiert haben. Immerhin haben die ausgangs des Mittelalters Vertriebenen mit der Alhambra ein kunsthistorisches Wunderwerk hinterlassen, an dem sich Stadt und Staat goldene Nasen verdienen. Aus eigenen spanischen Reihen aufgekeimter Protest gegen eine Fiesta ist ein Sachverhalt mit Seltenheitswert. Zumal eine kritische Reflexion der eigenen Geschichte ohnehin nicht zu den Stärken der Spanier zählt.

Probleme ganz anderer Art werden bei **zwei historischen Waffen- und Uniformumzügen im Baskenland** sichtbar. Die beiden Feiern erinnern an zwei historische Siege über die Franzosen: die *Alarde de San Marcial* am 30. Juni in Irún und die *Alarde de Armas* am 8. September in Hondarribia. Hintergrund der Konflikte in beiden Orten, die nur wenige Kilometer voneinander entfernt liegen: Die weiblichen Einwohner sind auf dem Vormarsch, was den alten Machoknochen nicht schmeckt! Irúns und Hondarribias Frauen reklamieren seit Jahren eine **gleichberechtigte Beteiligung an den Paraden,** was schon Handgemenge am heiligen Festtag ausgelöst und Gegner wie Befürworter bis zu den höchsten richterlichen Instanzen geführt hat. Schlagendes Argument der Männer: Schließlich hätten *sie* seinerzeit die Franzosen besiegt und nicht die Frauen. Außerdem stellt sich die Frage, ob solcherlei Fiestas in einem Europa, das eher auf Einigkeit als auf Spaltung abzielen sollte, noch zeitgemäß sind. Die Franzosen, die ewigen Feinde? Der Widersinn der Gegenwart zeigt auf, dass heute viele Spanier aus dem Grenzgebiet zum ungeliebten Nachbarn hin abwandern. In Frankreich sind die Immobilienpreise halt günstiger ...

Die Welten des Flamenco – baile, cante, toque

Fernab von diskriminierenden Normen steht der Flamenco für gleichberechtigte Frauen- und Männerpower. Man unterscheidet **Tanz** *(baile),* **Gesang** *(cante)* und **Gitarrenspiel** *(toque)* und spricht dem Flamenco tiefste Gefühle zu, in denen *bailaores* und *bailaoras* aufgehen und Ästhetik mit Ausdrucksstärke verbinden. Allerdings nicht überakzentuiert, sondern mit spannungserzeugenden Pausen, in denen sie sich nach innen wenden. Sagen Experten wie Flamencoautorin *Anja Vollhardt* und unterscheiden mehr als drei Dutzend **Gattungen.** Das breite melodiöse Spektrum reicht von der bedrückenden Traurigkeit der *soleá* über die explosive *siguiriya* und die ernste *toná* bis zur heitersten Lebensfreude der *alegría*. „Wenn ich singe, schmeckt mir der Mund nach Blut", zitiert *Vollhardt* in ihrem „Flamenco"-Buch die *cantaora* (Sängerin) *Tía Anica la Piriñaca*. Was unterstreichen mag, wie sehr ein Flamenco **aus der Seele fließt,** vor allem beim *cante jondo,* dem tiefinneren Gesang.

Seit Jahrhunderten ist der Flamenco untrennbar mit den **Zigeunern** *(gitanos)* verbunden und hat **Einflüsse** aus drei Kontinenten vereint: der asiatischen Urheimat der *gitanos*, den von Mauren und Juden ins Abendland überlieferten musikalischen Bräuchen sowie der Entstehung und Weiterentwicklung im südwesteuropäischen Andalusien, wohin es die Zigeuner nach ihren langen Reisen verschlug. So ist der Flamenco als eigenständige Form der spanischen Musik erwachsen, zumal sein Urgrund auf gesellschaftlich-soziale Komponenten des Landes weist. Geburtshelfer des Flamenco war – hier zeigen sich Parallelen zu den Spirituals Nordamerikas – der **Lebensfrust der Unterdrückten,** der Ausgegrenzten, der Ärmsten der Armen. In rhythmisch verbindendem Wir-Gefühl und als Form des Aufbegehrens stimmten *gitanos* und besitzlose Landarbeiter gemeinschaftliche Klagegesänge gegen Unterdrückung und Ausbeutung

an, vertonten das Leben, die Liebe und den Tod. Ob in Sevilla, Cádiz oder Jerez de la Frontera. Anfänglich existierte Flamenco einzig als *cante*, den man mit Fingerschnippen, Stock- oder Händeklatschen begleitete. Erst später kamen *baile* und *toque* hinzu. Bezeichnend war und ist das hohe Maß an Spontaneität.

Im Laufe des 19. Jahrhunderts erhob sich der Flamenco aus den Tiefen des familiären Zigeunermilieus und wurde – dank des neugierigen Interesses der *payos,* der „Nicht-Zigeuner" – **gesellschafts- und kommerzfähig.** Dafür boten *cafés cantantes,* Flamencolokale, erste geeignete Foren. Seitdem haben sich die Traditionen unendlich oft aufgesplittet, verändert und in alle erdenklichen Richtungen entwickelt. Bis hin zu avangardistischen Auswüchsen auf Theater- und volkstümlichem Edelgedudel auf Opernbühnen, bis hin zu leidenschaftlichem Leinwandkitsch und Gitanopop. Richtig oder falsch, **rein oder unrein?** Wo liegt die Grenze des „erlaubten" Flamenco-Naturells? Umgekehrt gefragt: Reichert nicht jedwede Tendenz die Popularität des Flamenco an, hält ihn im Gespräch? Gleichwohl steht es Puristen zu, vor vielerlei zu erschaudern, was über den altgewohnten kleinen Rahmen einer Flamenco-Zusammenkunft *(juerga)* hinausgeht.

Flamenco ist keine x-beliebige Fiestazutat, die sich kunstbanausig in einen Topf mit Pauken und Trompeten werfen und zum Stimmungseintopf aufkochen ließe. Als Show und Kunst werden die meisten mit dem Flamenco auf einer Festivalbühne oder in einem *tablao,* einem kommerziellen **Flamencolokal,** Bekanntschaft machen. Doch *tablao* ist nicht gleich *tablao,* so wie Flamenco nicht gleich Flamenco ist. Manche *tablaos* zeigen sich allzu offensichtlich auf künstliche Showbiz-Exotik und leibliche Offensiven fixiert, die mit Slogans wie „Erster Drink frei" (man hüte sich finanziell vor dem zweiten!) und „Mit und ohne Dinner" locken. Alternative sind die **Festivals:** Ende August das *Festival del Cante Grande* in Ronda, im September die *Fiesta de la Bulería* in Jerez de la Frontera und das *Festival Flamenco del Albaicín* in Granada, in den „geraden" Jahren die Flamenco-Biennale im September/Oktober in Sevilla.

Tänzer in Röckchen und Strickstrumpfhosen

Über den Flamenco hinaus zählt eine schier unerschöpfliche Zahl an Tänzen zum Panorama spanischen Brauchtums, ob Gesellschaftstänze *(danzas sociales)* oder ursprünglich rituelle Tänze *(danzas rituales)* – ein wei-

Mit Kraft und Gefühl: Flamencosänger in einem tablao in Granada

tes Feld für Ethnomusikologen. Landesweit pflegen selbst viele einzelne Dörfer ihr spezifisches folkloristisches Gut und setzen ganz auf lokale Identität. Mit Vorliebe binden die Spanier nicht nur charakteristische Trachten und Instrumente, sondern diverses Zubehör in die Rhythmen ein. So wie bei den **Schleifentänzen** *(danzas de cintas)* in der Rioja und Galicien, den **Stocktänzen** *(paloteados* oder *danzas de palos)* in Kastilien-La Mancha, Navarra und Valencia, den **Pferdchentänzen** *(els cavallets)* in Katalonien und auf Mallorca, den **Lanzentänzen** *(danzas de las lanzas)* in Kantabrien und den **Schwertertänzen** *(danzas de espadas)* in andalusischen Dörfern wie Obejo. Will heißen: Man tanzt durch Lanzen und Schwerterspaliere hindurch oder mit langen Schleifen in der Hand um einen zentralen Mastbaum herum, schlägt bis zu halbmeterlange Stöckchen aufeinander und bringt sein Holz- oder Kartonpferd rhythmisch in Schwung. Solcherlei „Pferdchentänze" sind von der Nordküste über die Extremadura bis zu den Kanarischen Inseln bekannt. Als Utensilien reichen Masken und furchterregende Kostüme, so wie beim **Teufelstanz** *(ball dels dimonis)* rund um den Sankt-Antonius-Tag in den mallorquinischen Orten Artà und Manacor. Sie erinnern an diabolisch initiierte Versuchungen, denen der Heilige zu widerstehen wusste.

Auch wenn die Damenwelt oft eine bessere Figur abgibt, sind in Ton- und Schrittfolgen und bei der ausdrucksstarken Finger- und Handgelenksakrobatik Männer wie Frauen bestimmend. So wie bei den vom Flamenco beeinflussten **Sevillanas** und der **Jota,** einem flotten clownesken Volkstanz aus Aragonien.

Mitunter haften dem **„starken Geschlecht" feminine, geradezu groteske Züge** an. Mit ihren puderweißen Röckchen und den fein gemusterten Strickstrumpfhosen wirken die Tänzer aus dem kastilisch-leonesischen Örtchen Laguna de Negrillos auf auswärtige Betrachter wie frisch dem „Käfig voller Narren" entsprungen. Oder, im ähnlich gelagerten Fall von Tänzern aus Arcones (Provinz Segovia), wie Abgesandte der Love Parade. Woher die Anleihen beim „schwachen" Geschlecht? Die Theorien reichen von einstigen Kulten zur Verehrung weiblicher Gottheiten über karnevalistische Einflüsse bis zum Verweis auf simple bäuerliche Alltagstraditionen. Schon im Mittelalter legten Feldarbeiter und Gemüsegärtner mancherorts einen Überrock an, um ihre Hose vor Schmutz und Feuchtigkeit zu schützen.

Das Wassergericht von Valencia

High noon in Valencia. Jeden Donnerstag, kurz vor zwölf Uhr mittags, bahnen sich acht ältere Herren ihren Weg durch die Menge der Neugierigen. In wehenden Roben kommen sie daher, tragen schwarze Hosen und blank gewienerte Schuhe. Jeder nimmt auf seinem Holzstühlchen vor dem **Apostelportal der Kathedrale** Platz, macht den Eindruck einer gestrengen Autorität und hört sich ab Glockenschlag Zwölf die neuesten Anliegen an.

Es ist das Wassergericht, *Tribunal de las Aguas,* das **Streitfragen rund um die Wasserrechte** in der *Huerta de Valencia* klärt, der fruchtbaren Ebene um Valencia. Die Männer des Gerichtes sind selbst Landwirte, die im Zwei-Jahres-Turnus aus den eigenen Reihen demokratisch gewählt werden. Im Kreis sitzen sie dort vor dem Apostelportal. Ein gespanntes Seil hält die Besucher zurück, die sich zum dahinterliegenden Platz in Achter- und Zehnerreihen drängen.

Das Wassergericht dürfte **erstmals um 960** getagt haben; der Brauch hält seit dem Mittelalter an. Die Verhandlungen, denen weder Strafanzeigen noch aufwendige Beweisaufnahmen zugrunde liegen, werden immer mündlich geführt. Ebenso die Verkündung des Urteils, das nicht auf Paragrafenreiterei, sondern auf gesundem Menschenverstand fußt. All das wirkt befremdlich, friedlich und rigoros zugleich – denn **die Beschlüsse sind unanfechtbar.** Manchmal stehen zwei oder drei Streitfragen an. An anderen Donnerstagen kommt es trotz mehrfacher Aufrufe des Vorsitzenden vor, dass gar nichts anliegt. Dann geht ein Raunen durch die Reihen und jeder nach ein paar Minuten wieder nach Hause ...

Brutalste Bräuche

Grausam gegen sich selbst und grausam gegen andere. Im Gegensatz zu all den unbeschwerten spanischen Traditionen gibt es andersgeartete Bräuche, die zartbesaitete Gemüter schwer schlucken und selbst einheimische Literaten wie *Julio Llamazares* erschaudern lassen. Folgt man seinem Aufsatz „Die Kunst des Stierkampfs", weiß Llamazares um **wenig rühmliche Taten** in diesem seinem Lande, „in dem man seit jeher dem Brauch huldigt, streunende Katzen (wie vordem Ehebrecherinnen) zu steinigen, beim Fest des Dorfheiligen eine lebende Ziege vom Kirchturm zu werfen oder den eigenen Hund mit dem Spatenstiel in ein besseres Leben zu befördern." Nicht jedermanns Geschmack – noch weniger den von Tierliebhabern – dürften Stierkämpfe (siehe Sonderkapitel) und das reitsportlich aufgezogene **„Gänseköpfen"** treffen. Tierschützern zum Trost: Früher war's schlimmer. Zum Beispiel in baskischen Fischerorten. Über den Hafen spannte man ein Seil mit lebendiger und kopfabwärts baumelnder Gans und ließ dem „Vergnügen" junger Burschen freien Lauf. Was darin bestand, sich von der Wasserseite her an den Hals des Tieres zu hängen und auf und ab zu schaukeln – bis zum **Halsriss bei lebendigem Gansleib.** Neuerdings benutzt man bei solchen Brutalo-Spielchen wenigstens totes Federvieh. Nicht freiwillig, sondern weil es Gesetz ist.

Ein Verhalten wie dieses wirft – heute mehrheitlich sicher zu Unrecht – Zweifel am spanischen Menschen und seinen primitivsten Tötungstrieben auf. Es lenkt den Blick unweigerlich zurück in die Kolonialzeit, als man seine **perversen Grausamkeiten an wehrlosen Indígenas** auslebte. Auf ganz ähnliche Art! Ein Spanier war es, der Dominikanermissionar *Bartolomé de Las Casas* (1474–1566), der in seinem „Kurzgefassten Bericht von der Verwüstung der Westindischen Länder" über seine Landsleute in den Kolonien berichtete: „Sie wetteten mit einander, wer unter ihnen einen Menschen auf einen Schwertstreich mitten von einander hauen, ihm mit einer Pike den Kopf spalten, oder das Eingeweide aus dem Leibe reißen könne. Neugeborenen Geschöpfchen rissen sie bei den Füßen von den Brüsten ihrer Mütter, und schleuderten sie mit den Köpfen wider die Felsen."

In die unverändert barbarische Kategorie der Fiestas von heute reihen sich die **Feuersprünge der Pferde** rund um den Antoniustag (17. Januar) in San Bartolomé de Pinares (Provinz Ávila) und Vilanova d'Alcolea (Provinz Castellón) ein. Reiter peitschen den Tieren Mut ein und jagen sie quer durch die Scheiterhaufen. Was gegen den Instinkt der Pferde spricht, aber ganz in ihrem Sinne sein soll. Ihnen steht der heilige Antonius als Schutzpatron bei. Man muss nur dran glauben. Auch als Huftier. Ob man will oder nicht.

Glut unter menschliche Sohlen setzt es in der Johannisnacht in San Pedro Manrique, einem abgeschiedenen Ort in der kastilisch-leonesischen Provinz Soria. Beim *paso de fuego,* dem **„Gang durchs Feuer",** ist der Glaube an den Schutz der Virgen de la Peña unabdingbar – einzig so kann der Gang verletzungsfrei gelingen. Sagen die Einheimischen und schicken sich strammen Schrittes an, über die von Expertenhand präparierte Glut zu wandern. Barfuß, versteht sich. Faustregel: fragiler Glaube, verbrannte Füße. Die spanische Volkskundlerin *María Ángeles Sánchez* hält eine einleuchtendere Erklärung als die des überirdischen Schutzes bereit: Ein starker Schritt auf die Glut stoppe für Bruchteile die für die Verbrennung nötige Zufuhr von Sauerstoff. Je stärker man aufstampft, desto besser.

Stierkampf – blutiges Schauspiel in drei Akten

Spanier lieben ihre Kinder, ihre Hunde und ihre Kanarienvögel im Käfig und tun ihnen im Regelfall nichts zu Leide. Sie lieben den Frieden und das Leben und – den Tod in der Arena. Dafür ist ihnen nichts zu teuer. In den Sakralstätten spanischer **Arenen** zahlen sie Freudenhauspreise für *corridas de toros*. Ob in Ronda, der Plaza de Toros Las Ventas in Madrid, der Plaza de Toros La Maestranza in Sevilla oder während der Fiestas de San Fermín in Pamplona. Falls überhaupt ein Plätzchen im Schatten (*sombra* – teuer) oder in der sengenden Sonne (*sol* – preiswerter) frei bleibt. Nimmt man die Fiestas de San Fermín als Beispiel, so sind viele Plätze im Zuge von Familienabonnements vergeben. Auf Lebenszeit. Und vererbbar! Vorausgesetzt, man bezahlt die jährliche Quote. Wem die Wege in die Arenen zu weit sind, der holt sich die *corridas* ins Haus. Über Super-Abo-Pakete auf dem **Kabelkanal.** Top-Angebote, die besten Stierkämpfe der Saison. In Spaniens Arenen werden, wie *Rolf Neuhaus* in seiner lesenswerten Kulturgeschichte „Der Stierkampf" aufgeführt hat, alljährlich etwa 12.000 Stiere getötet.

Stierkampf ist ein zweischneidiges Schwert. Aus Ausländersicht, wohlgemerkt. Auch wenn längst nicht alle Einheimischen dem seltsamen Schauspiel des Etappentods nachhängen, gilt Spaniern die *corrida* als **normalste Sache der Welt**. Statt Tierschutz und Quälerei kommt den Einheimischen beim Stichwort Stierkampf der Wunsch nach einer *buena faena* in den Sinn, einem „guten letzten Arbeitsakt" des Toreros. Und überhaupt eine formvollendete Ästhetik der *tauromaquia*, der „Stierfechterkunst". Töten, Abstechen, ein **Blutbad als Kunst?** Eine Frage wie diese wirft Spanier aus dem Gleichgewicht. Ohne dem Geschehen in der Arena allzuviel Symbolkraft anzuhängen, sieht man Stierkämpfe als Entertainment. Als Open-air-action, als formvollendetes Ritual und traditionelle Live-Show, mit der man groß geworden ist und bei der jeder seine Vorlieben filtriert.

Und wenn man doch in die **symbolische Tiefe des Stierkampfes** abtauchen will? Einen interessanten Ansatz hat *Raimund Allebrand* geliefert, der in seinem Buch „Alles unter der Sonne" dem Stierkampf „zwischen Ritus und Schlachthof" nachgegangen ist: „Die historische Dimension der *Corrida* deutet weniger auf Spiel und Sport als auf eine mythologische Dimension des Stiers als Symbol für ungebändigte animalische Energie, die es zu bezwingen gilt – sofern man nicht Psychoanalytiker bemüht, die in der Mutprobe angesichts tödlicher Gefahr die Phantasie der Unsterblichkeit ausmachen und im verendenden Stier eine symbolische Überwindung bedrohlicher Triebkräfte der Sexualität."

Vielen Spaniern gilt – man staune – nicht der Torero als Liebling, sondern der *toro bravo* oder *toro de lidia*, der **Kampfstier von Rasse**. Welch eine Ausgeburt an Stärke und Kraft, welch ein wilder 600-Kilo-Koloss! Welch ein Prachtexemplar mit glänzendem Fell und schweren Atemstößen, die man in manchen Arenen klar und deutlich bis in die obersten Ränge hört! Ein *toro* ist keine gesichtslose Bestie. Jeder trägt seinen Namen, die *aficionados* (Anhänger des Stierkampfes) interessiert sein exaktes Gewicht und seine Herkunft.

Dass der Stier sterben und Höllenqualen erleiden muss, nimmt der Spanier mit befremdlicher Gleichgültigkeit hin. Eine Konfrontation mit dem, was Tod bedeutet, bleibt aus und fällt unter die ferne Sparte *shit happens*. Ohne Stierkampf gäbe es längst keine Stiere mehr, sagen die Spanier, und setzen als weiteres **Pro-Argument ihrer Stierpflege** hinzu: Besser vier Jahre lang auf traumhaften Weiden und ein kurzes schlechtes Ende

Das Ende einer corrida: Ein Maultiergespann zieht den toten Stier aus der Arena

als lange Zeit im dichtgedrängten Stall und ab in den Schlachthof. Nichts von alledem dürfte auswärtige Stierkampfgegner überzeugen, doch im Endeffekt wird ihnen nichts anderes übrig bleiben, als den Ist-Zustand hinzunehmen. Nach den Worten des Philosophen *José Ortega y Gasset* gesprochen: Das Erste, was wir im Umgang mit der Wirklichkeit lernen müssen, ist sie zu schlucken.

Spaniens Stierkämpfe waren und sind unauslöschliche, tiefverwurzelte Volkskultur – und ein **Riesengeschäft** mit Riesenlobby! Landesweit gibt es über tausend Stierzuchtbetriebe *(ganaderías)*. Der zweibeinige Nachwuchs wird in etwa dreißig Stierkampfschulen *(escuelas de tauromaquia)* auf den brutalen Job vorbereitet. Pervers daran ist, dass öffentliche Stierkampfschulen mit Steuergeldern finanziert werden. Oft jedoch enden die Träume des Nachwuchses im Nichts, wie *Rolf Neuhaus* unterstreicht: „Fast alle bleiben unbekannt und unbemittelt, werden höchstens *Novilleros* oder *Banderilleros* oder gar nichts." Gleichwohl bewegen *corridas* in ihrer Gesamtheit gigantische Geldmassen. Bekannte Stierzüchter und Toreros sahnen fürstlich ab, je nach Arenagröße registriert man fünfstellige Zuschauerzahlen. Vom Ticketpreis fallen allein dem Torero 40 Prozent und dem Züchter 20 Prozent zu. Schenkt man einem PR-wirksamen Sprichwort Glauben, ist das Spektakel beim Engagement von Stieren des Züchtergiganten „Miura" garantiert: *„Cogida de Miura, muerte segura."* Will heißen: Ein Miura-Stier-Hornstoß bedeutet den sicheren Tod. Grund genug, in die Arena zu gehen. Man will ja nichts verpassen …

Weder Torero noch Stier kommen allein. Eine spätnachmittags terminierte *corrida* besteht aus **sechs Einzelkämpfen,** drei Toreros nehmen sich je zwei Stiere vor (welche, entscheidet der *sorteo,* das Auslosungszeremoniell), ein einzelner Kampf dauert etwa 15 bis 20 Minuten. Jeder Matador rückt mit seinem **Team** *(cuadrilla)* aus *banderilleros* und *picadores* an, den routinierten Spieß- und Lanzenstechern, die im Zuge des strikt vorgegebenen Kampfablaufs ihre kleinen großen Auftritte haben und das Tier weiter reizen und schwächen und bestrafen *(castigar).*

Nach dem **Vorspiel,** bei dem der Stier aus dem Toril in die Arena stürzt und von der *cuadrilla* mit großen Capes *(capotes de brega)* hin- und hergelockt wird, gliedert sich der Stierkampf in drei blutige Akte *(tercios* oder *suertes):* das Lanzen-, das Banderillas- und das Tötungsdrittel. Bei der **Lanzenphase** *(suerte de varas)* bohrt der berittene und vom Publikum ungeliebte *picador* von seinem stark gepanzerten Pferd aus mehrfach eine Lanze in den Nacken des Stiers. Bei der **Banderillasphase** *(suerte de banderillas)* laufen die *banderilleros* in verschiedenen Anlaufsequenzen auf den Stier zu und stoßen ihm die mit bunten Papierbändern geschmückten Widerhakenspieße *(banderillas)* paarweise in den Nacken. In der **Tötungsphase** *(suerte de matar)* tritt der Torero dem Stier allein und Aug' in Aug' mit dem berühmten roten Tuch *(muleta)* und dem Degen entgegen. Dabei hat er die besten Chancen, sich zu profilieren. „Wenn der Torero den Stier eng an sich vorbeiführt, ihn zurückruft, erneut vorbeiführt, ihn also um das fast bewegungslose Zentrum, das er selbst bildet, in linksseitiger Bewegung auf relativ engem Raum kreisen lässt, dann erfüllt sich der Wunsch der Zuschauer, das zu sehen, weswegen sie gekommen sind: eine Serie von *naturales* genannten Schrittfolgen, bei denen der Torero mit der Muleta in der Linken den Stier dirigiert, beherrscht, zum Laufen zwingt", so *Karl Braun* in seinem Stierkampf-Buch „Toro – Spanien und der Stier".

Zum Abschluss legt das Publikum Wert auf einen raschen Tod, eine punktgenau platzierte *estocada,* den **finalen Stoß.** Kein leichtes Unterfangen. Über die Hörner hinweg und fast frontal zum Stier stehend, gilt es für den Matador, mit dem Degen ein münzgroßes Stück im Nackenbereich zu treffen und ihn bis zum Anschlag zwischen die Schulterblätter zu versenken. Bei der brandgefährlichen Todesstoßausführung unterscheidet man zwischen dem einfachen *recibiendo* (auf den zustürmenden *toro* warten) und dem schwierigen *volapié* (selbst auf den Stier zustürmen). Gelingt die *estocada* im ersten Anlauf nicht, macht sich Unmut unter den *aficionados* breit. Der Torero, so überzeugend er gewesen sein mag, verspielt Kredit und läuft Gefahr, um den symbolischen Lorbeer zu kommen: ein Ohr des getöteten Gegners, zwei abgetrennte Ohren, zwei Ohren plus Schwanz oder gar auf den Schultern hinaus aus der Arena. Hat ihm das Präsidium – im Einklang mit dem Tücher schwenkenden Publikum – eine Ohrenprämie zugestanden, dreht der Matador seine Ehrenrunde und wirft die blutig-behaarten Gehörorgane ins Publikum. Souvenirs, Souvenirs ...

Stierkampf ist spanische **Männer- und Machosache** geblieben. Matadoras wie *Juanita Cruz*, die „Göttin der Stierfechtkunst" (*La Diosa del toreo*; 1917–1981), mussten ihre Erfolge auf dem amerikanischen Kontinent feiern. Jüngere wie *Cristina Sánchez* haben sich in der Männerwelt auf Dauer nicht zurecht gefunden und die Flucht zurück angetreten. Im Staub und Sand der Arena werden halt Helden mit *huevos* geboren, mit Eiern zwischen den Beinen, mit hodenhaftem Mannesmut.

Cogidas, **Verletzungen** durch Hornstöße, gehören zum Geschäft und schmälern keinesfalls den Ruhm. Ganz im Gegenteil. Toreros tragen ihre Narben wie Orden, sie zieren den Lebenslauf und zeugen von Courage. Die in Stierkämpferschulen ausgebildeten Toreros wissen um den schmalen Grat, auf dem sie sich bewegen. Nur eine Hornspitze liegt zwischen **Tod** und Triumph, wobei Spanier ihre Volksheroen gleichermaßen zu Lebzeiten wie **posthum vergöttern.** Auf dem Olymp der Unsterblichen stehen tragisch Aufgespießte wie *El Espartero* (1865–1894), *Manolete* (1917–1947), *Paquirri* (1948–1984) und *El Yiyo* (1964–1985). Ihre letzten Arbeitstage sind legendär und in Stierkampflexika wie *José María de Cossíos* „Los Toros" enzyklopädisch breit verewigt. Im Madrider Museo Taurino, dem der Arena Las Ventas angeschlossenen Stierkampfmuseum, stehen die *aficionados* ergriffen vor den Vitrinen. Sie sehen das getrocknete Blut an den Strümpfen *Manoletes* und das prähistorische Transfusionsgerät, mit dem man vergeblich um sein Leben kämpfte. Und sie blicken auf präparierte Stierköpfe: jenen von *Perdigón*, der einst *El Espartero* ins Jenseits beförderte und den von *Burlero,* der sich in der Arena von Colmenar Viejo nach dem eigentlichen Todesstoß mit letzter Kraft aufbäumte und *El Yiyo* mit einem direkten Stich ins Herz traf. Und weil's so schaurig-schön ist, hat man *El Yiyo,* einem der hoffnungsvollsten Talente seiner Zeit, auf dem Vorplatz der Arena Las Ventas ein monumentales Bronzedenkmal gewidmet. Ergänzend zu solcherlei Impressionen aus Madrid, streift man im Stierkampfmuseum von Córdoba an Schuhen und Schärpe *Manoletes* vorbei und an den Ohren, dem Schwanz und dem ausgebreiteten Fell seines tödlichen Widersachers *Islero.*

Spanier haben etwas übrig für Tragik und können über den allseits bekannten Stierhodenwitz (Der Ober sagt im Restaurant zu dem Gast, der Stierhoden bestellt hat: „Pardon, heute nur zwei kleine, der Stier hat gewonnen") nicht lachen. *Corridas* erfordern den **gebotenen Ernst,** kein Torero betritt die Arena ohne gebetet oder sich bekreuzigt zu haben – während die Angehörigen daheim ein Kerzchen anzünden.

Stierkampfberichte füllen ganze Zeitungsseiten, eingefleischte Stierkampfkritiker laichen Spalte um Spalte ihre Analysen ab, im Boulevard erfreuen sich Storys über Krankenhausaufenthalte, sensationelle Comebacks und amouröse Affären von Toreros eines ähnlichen Zuspruchs wie Klatsch und Tratsch aus dem sonstigen Showbiz. Im Fernsehen sind *cogidas* Quotengaranten. Als vor wenigen Jahren das Horn eines Stiers einem unbedeutenden Matador die halbe Gesichtshälfte wegriss, waren die Aufnahmen über Tage hinweg im TV zu sehen. Immer wieder und in Zeitlupe wurde gezeigt, wie sich die Haut vom Untergrund löste ...

Stierkämpfe in Spanien sind **seit dem Mittelalter** schriftlich verbrieft, Vorläufer des Kampfstiers war das vorgeschichtliche Ur. Jahrhundertelang war der Stierkampf ein mehr oder minder wildes Gestocher, zu keiner Zeit sah man ihn im erzkatholischen Spanien im Widerspruch zu christlichem Handeln. Populär war der Stierkampf vor allem bei der adeligen Oberschicht, die sich am *rejoneo,* dem Stierkampf zu Pferde, ergötzte. Im 17. Jahrhundert wurden die ersten Arenen *(cosos taurinos)* erbaut, im Laufe des 18. und 19. Jahrhunderts **nahmen „Kunst" und Regeln Gestalt an.** Dahingehende Pioniere waren der aus Ronda stammende *Pedro Romero* (1754–1839), der während seines Kämpferlebens nicht weniger als fünftausenddreißig Stiere zur Strecke gebracht haben soll, sowie *Francisco Montes* alias *Paquiro,* der 1836 sein Standardwerk „Tauromaquia" veröffentlichte. Wenige Jahre zuvor war der bereits hochbetagte *Romero* zum Meister der Stierkämpferschule von Sevilla ernannt worden und gab die von ihm beherzigten Faustregeln „Der Torero besteht nur ab der Taille aufwärts" und „Der Stierkämpfer darf nicht mit den Füßen, sondern nur mit seinen Händen rechnen" an seine Schützlinge weiter. So wurde die moderne „Stierfechtkunst" geboren und mit ihr das heute gültige Regelwerk.

Stierkampfgegner wird es freuen, dass sich trotz allgemeiner Akzeptanz vereinzelte Stimmen bis zur Abschaffung von *corridas* erhoben und Querdenker wie der spanische Romancier *Juan Goytisolo* **kritische Worte** gefunden haben: „Die Corrida ist keine Kunst, sie ist es nie gewesen und wird es niemals sein, und zwar aus dem einfachen Grund, weil sie nicht in dynamischer, enthüllender, dauerhafter Weise auf das Bewusstsein des Menschen wirkt, nicht wirken kann." *Corridas* genügen, da besteht kein Zweifel, niedersten menschlichen Basisansprüchen. In einem blitzgescheiten Zeitungsbeitrag in „El Globo" vom 18. Juni 1878 bemerkte *Manuel Gómez Sigura,* dass, wenn man solcherlei Freizeitgestaltung als zivilisatorischen Gradmesser der Völker nehme, Spanien ganz unten auf der Skala der Zivilisation anzusiedeln sei. Bewirkt haben seine Worte nichts. Später, zu *Francos* diktatorischen Zeiten, befriedigte der Stierkampf zusammen mit König Fußball und getreu dem alten Brot-und-Spiele-Prinzip die Massen. Damals wie heute hat in allen Arenen die Devise aus *Pedro Romeros* Zeiten Bestand: „Bevor er wegrennt, muss der Fechter töten oder sterben." So herrscht unter dem **Publikum ein allgegenwärtiges Anspruchsdenken.** Mit dem Eintrittsticket in die *plazas de toros* hat man sich ein Recht auf Dramatik und, gegebenenfalls, den Live-Tod erworben. Zweibeinige Feiglinge sind fehl am Platze, Ausweichschritte tabu. „Jetzt habt ihr, was ihr gewollt habt, jetzt habt ihr's erreicht, jetzt hat er mich erwischt", soll der tödlich verletzte Matador *Valerito* einst den *aficionados* zugerufen haben, die ihn vorher ausgepfiffen hatten. Logisch, dass *Valerito* keine Aufnahme in *Cossíos* Stierkampfenzyklopädie gefunden hat ...

Für **Tierschützer** hat es in jüngerer Zeit mehrere Lichtblicke gegeben, die zeigen, dass der Stierkampf in Spanien keine „heilige Kuh" mehr und nicht jeder Spanier ein Barbar ist. Während der *Fiesta de San Fermín* in Pamplona ziehen zunehmend mehr Stierkampfgegner mit blutrot gefärbten Gesichtern und Händen, mit Plakaten und Trillerpfeifen gegen das brutale Töten zu Felde – auch wenn sie von den Medien weitgehend totgeschwiegen werden. Aufsehenerregender sind gelegentliche Protestmärsche in Madrid und Barcelona, wo Toreros mit „Mörder"-Schreien angeprangert werden. Auf spanischen Internetseiten gibt es mittlerweile Protestforen, im Ausland kommt es gelegentlich zu Demonstrationen vor spanischen Botschaften. Zu denen, die in Spanien den Machern der *corridas* die Stirn bieten, zählt die Organisation *„Personas por la Ética en el Trato de Animales",* „Bürger für die Ethik im Umgang mit Tieren".

In Katalonien, wo man ohnehin gern gegen den Strom schwimmt, haben sich Barcelona und andere Städte zu Anti-Stierkampfstädten erklärt. Ein erfreuliches Novum auf dem Feld fragwürdiger Traditionen. Allerdings ist dies nicht gleichbedeutend mit dem Ende der Stierkämpfe, denn die Rathäuser, die sich offiziell gegen die *corridas* ausgesprochen haben, stehen Stierkampfangelegenheiten juristisch bedeutungslos gegenüber. Aber immerhin, ein Anfang ist gemacht.

Encierro in Pamplona – Stierhatz mit Adrenalinstößen

Die spektakulären Bilder gehen um die Welt, alljährlich Anfang Juli ist es bei den *Fiestas de San Fermín* in Pamplona wieder soweit: In den abgesperrten Altstadtgassen **sprinten Massen an jungen Männern vor einer Horde Kampfstiere davon,** ordnen ihr nacktes Leben der Gier nach Adrenalinstößen unter. Man stelle sich Ähnliches in den Citys deutscher

Städte vor! Eine kleine Stierhatz rund um den Kölner Dom zum Beispiel, an Hamburgs Außenalster entlang oder quer über den Münchner Marienplatz! Spätestens hier zeigt sich Spaniens Kulturschockpotenzial in Reinkultur und wie weit das Land in mancherlei Hinsicht von Europa entfernt ist!

Obgleich man in zahlreichen Städten und Orten Stiere durch die Straßen hetzt, sind die allmorgendlichen *encierros* von Pamplona **Spaniens bekanntestes Stiertreiben** geblieben. Nicht zuletzt dank US-Romancier *Ernest Hemingway,* der das Megafest in der Hauptstadt Navarras mit seinem 1926 erschienenen Werk „Fiesta" popularisierte und seine vor Ort gesammelten Impressionen aus der Sicht seines Antihelden Jake Barnes verarbeitete.

Unverändert kommt es beim *encierro* zu **dramatischen Szenen,** wie sie schon Hemingway beschrieb. Ein trockener satter Horntod, zertrümmerte Knochen, Verlust des Augenlichts, Gehirnerschütterungen, Lungen- und Leberrisse, ein perforiertes Gesäß – nichts schreckt ab vor dem großen persönlichen Kick. Jeder *encierro* garantiert stets ein paar Dutzend Leichtverletzte und reichlich Arbeit für die Rettungsengel vom Roten Kreuz, die sich über zwanzig Erste-Hilfe-Stationen längs der 850-Meter-Strecke verteilen. Damit man nicht zu den Krankenhausreifen gehören möge, beten die wagemutigen **Wahnsinnsburschen** *(mozos)* ein Bildnis des Stadt- und Fiestapatrons San Fermín an. Insgesamt dreimal – fünf, drei und eine Minute vor dem Böller, der die geöffneten Stalltore und den

Beginn des *encierro* ankündigt – rufen die ganz in Rot und Weiß gekleideten Läufer ihren in eine kleine Maueröffnung platzierten Heiligen per **Betgesang** um Schutz an: *„A San Fermín venimos, / por ser nuestro patrono, / nos guíe en el encierro, / dándonos su bendición".* Will heißen: „Wir kommen zum heiligen Fermín / weil er unser Patron ist, / er möge uns beim Stiertreiben leiten, / indem er uns seine Segnung gibt."

Encierros hießen früher *entradas* („Einläufe") und dienten dazu, die Stiere von den außerhalb gelegenen Stallungen zur Stätte des Stierkampfs zu treiben. Solcherlei **Ursprungssinn** hat sich bis heute erhalten, obgleich sich der Tiertransport durch Direktanlieferung zur Arena lösen ließe. Doch wer will auf das Spektakel verzichten, auf Nervenkitzel und Massengaudi, auf die Mutproben von zuweilen mehreren Tausend Läufern, die sich in den Gassen stauen? Tierquälerei im engeren Sinne ist das Ganze nicht, Stress ganz sicher. Alle Stiere überleben den *encierro* unbeschadet und werden von hintendrein laufenden Hirten begleitet. Wer als Läufer gegen den **ungeschriebenen Kodex** verstößt und sich im Stierschwanz festhält oder das Tier mit Tüchern lockt, bekommt schmerzhaft die Hirtenstöcke oder die Fäuste von ernsthaften Mitläufern zu spüren. Ein *encierro limpio* soll es sein, eine „saubere Stierhatz". Ohne Probleme und ohne Profilierungswahn von dahergelaufenen Zweibeinern.

Vaquillas – Jungrinder gegen Greenhorns

Ungeschoren davon kommen Jungstiere *(novillos)* und Jungrinder *(vaquillas),* die bei vielerlei Fiestas **durch Arenen oder abgesperrte Straßenzonen rasen.** Im Zuge kontrollierter Dramatik sind ihre Hörner gestutzt, ihre Angriffstriebe jedoch nicht erloschen. Bei Kurzzeitauftritten stürzen sie ungestüm auf alles zu, was sich bewegt und dürfen sich so richtig austoben. In Arenen räumen sie mit Vorliebe an den Banden auf, angesichts des Ansturms hechten die größten menschlichen Hasenfüße kopfüber hinter die Balustraden. Ein tierischer Spaß, finden die Spanier. Jeder kann **Mut und Reaktionsvermögen austesten** und sich *vaquillas* und *novillos* entgegen stellen. Manche springen, manche rollen zur Seite, andere schaffen's fast. Die Folge bei vielen Greenhorns: Sie kommen erstmals mit Horntieren in Berührung und tragen Prellungen, Quetschungen, Schürfwunden davon. Nichts Ernstes also …

Wer sich gegen eine *vaquilla* stellt, holt sich meist Prellungen

Andere Tierfeste mit Pferden

Tierliebhabern zum Trost: Im Traditionsland der Stierkämpfe und Stierhatz wissen Spanier ebensogut andere animalische Feste zu feiern, bei denen meist das Pferd im Mittelpunkt steht und ein jeder überlebt. Beim *curro* oder *rapa das bestas* treiben die Galicier halbwilde Pferde von den Bergen hinab, pferchen sie ein und stutzen ihnen die Mähnen (siehe Kapitel „Bräuche und Fiestatraditionen in Galicien"). Um ein bis zwei Spuren dynamischer geht es bei den landesweit ältesten **Pferderennen** im andalusischen Sanlúcar de Barrameda zu, die seit Mitte des 19. Jahrhunderts dokumentiert sind. Schauplatz der wilden Galoppaden ist der Sandstrand an der Mündung des Río Guadalquivir. Ein hohes Maß an Harmonie zwischen Mensch und Tier erfordern die **„Pferdetänze"** rund um den Johannistag in Ciutadella auf Menorca – die Pferde bäumen sich auf und tanzen auf den Hinterbeinen durch die Menge der Fiestalustigen. Zum weiteren Festprogramm in Ciutadella gehören diverse Reit-Geschicklichkeitsspiele, die an spätmittelalterliche Ursprünge erinnern.

In Spaniens sonnigem Süden gehen die Fiestatraditionen besonders häufig mit Pferden einher. Kein Zufall, denn hier liegt die Kernregion der *pura raza española,* jener reinrassigen **Spanischen Pferde, die der Volksmund „Andalusier" genannt hat** und in denen das Blut uralter iberischer Pferderassen fließt. Stolze Tiere von Rasse und Klasse, gelehrig und zuverlässig, riesige Energiebündel mit wilden wehenden Mähnen. Bei den Shows der tanzenden Pferde in der Königlichen Reitkunstschule von Jerez de la Frontera pflegen die Andalusier ihre großen Auftritte und werden jeden Dressurfan mit einer formvollendeten Ästhetik aus Piaffen und Passagen begeistern. Dank ihres kleinen Stockmaßes sind Andalusier extrem wendig, außerdem schnell und tapfer und stolz. Eigenschaften, die Spaniens Nationalheld *El Cid* ebenso schätzte wie Konquistadoren vom blutigen Schlag eines *Hernán Cortés* und *Francisco Pizarro*.

Die **Feria del Caballo** Mitte Mai im andalusischen Jerez de la Frontera steht ganz im Zeichen der Huftiere und markiert den gesellschaftlichen Höhepunkt des Jahres. Spaniens Pferdestadt Nummer 1 erstrahlt in festlichem Lichterglanz, verführerische Schönheiten und braungebrannte Männer schwingen sich in ihren prächtigsten Trachten in den Sattel und wirken auf ihren Andalusiern wie die stolzesten Bilderbuch-Spanier. Zur

Die fantasievollen Aufbauten haben bei Valencias Fallas ein kurzes Leben

Feria del Caballo zählen Reitsportprüfungen wie die *doma clásica* (klassische Dressur) und das von den Weiden der Kampfstierzucht herrührende *acoso y derribo,* bei dem der Stier im besten Cowboystil vom Pferd aus verfolgt und umgeworfen wird. So testet man seine Reaktionen und die Fähigkeit zum Kampfstier für die Arena.

Untrennbar mit der Präsenz von Pferden sind andalusische Mega-Feste wie die **Feria de Abril** in Sevilla und die im Mai terminierte **Feria von Córdoba** verbunden. Für den Terminus *feria* finden Wörterbücher im Übrigen nur unzulängliche Übersetzungen wie „Jahrmarkt", doch das klingt zu sehr nach deutscher Kirmes- und Schießstandstimmung. Vielmehr sind Ferias bunte Allerlei-Volksfeste, deren Ursprünge sich auf die feierlichen Abschlüsse erfolgreicher Händel bei Getreide- und Viehmärkten gründen.

Spaniens größte Fiestas

Die Fallas von Valencia

Politiker sind Pappnasen, aus denen nichts weiter entweicht als heiße Luft. Was man immer schon ahnte, wird bei den *Fallas* zur Gewissheit. Auf den Straßen und Plätzen Valencias erwachsen lokale und nationale Spitzen alljährlich im März zu **Größen aus Pappmaché und Holzgestellen.** Bunte, verzerrte Fratzen und ein Make-up aus Kunstharz. Ein satirischer Abglanz ihrer selbst. Mit von der Partie sind Models, Toreros, Stars und Sternchen, die sich in der Yellowpress entblättert oder andernorts kräftig die Blöße gegeben haben. Korrupte und Böse, Überbezahlte und Steuereintreiber, Amtsschimmel und ähnlich träges Schreibtischgetier. Kurzum: jeder, der aus Volkes Sicht spottwürdig ist und eine kräftige Abreibung verdient. Andere Figuren, Fußballgötter zum Beispiel, rückt man mit den bis zu 20 Meter hohen Aufbauten dem Ruhmeshimmel über Valencia ein Stückchen näher.

Die vielen Hundert Kolossalfiguren und -gruppen eint ihr kurzes Leben. In der Nacht vom 15. auf den 16. März werden sie aufgestellt (die *plantá*), in den dunklen Stunden vom 19. auf den 20. März (die *cremá*) verbrannt. Es ist die *nit del foc,* die **„Nacht des Feuers",** mit ihrem programmierten Raub der Flammen. Allesamt lösen sie sich in Schall und Rauch und Asche auf. Man verbrennt sie, öffentlich, lichterloh – und hat Riesenspaß dabei, begleitet von Böllern, Feuerwerk und Armadas an Feuerwehrmännern, die mit Wasserschläuchen alles unter Kontrolle halten. Zumindest fast alles – bei vorzeitig explodierten Böllern hat es leider schon Todesfälle gegeben. Über den entflammten Spott und Kult hinaus sind die *Fallas* rituelle Freudenfeuer, mit denen man das Frühjahr begrüßt. Der valencianische Volkskundler *Martín Domínguez Barberá* schreibt dazu: „Dieses Feuer ist ein Fest, die fröhliche Apotheose, der Höhepunkt aller anderen Festlichkeiten, die ihm in der Fallas-Woche vorausgegangen sind; echte valencianische Saturnalien, natürlich nicht zu vergleichen mit den Orgien

Begnadigtes Figurenensemble im Fallas-Museum von Valencia

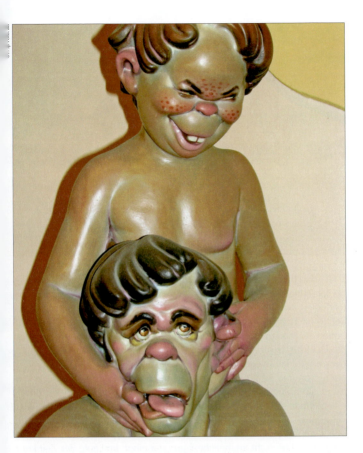

des alten Rom, aber nicht weniger fröhlich und vor allem sehr populär, und dies bis zu dem Punkt, bis die ganze Stadt mobilisiert ist, alle Klassen und Schichten der Bevölkerung." Das Wort *falla* steht seit ehedem im Zusammenhang mit dem Feuer. *Domínguez Barberá* gibt hierüber Aufschluss: „Feuer als Beleuchtung oder, besser ausgedrückt, als Fackel; oder auch um ein Signal zu übermitteln oder ein Ereignis anzukündigen, etwas damit ins Gedächtnis zu rufen, oder als Ausdruck der Freude." Einzige Überlebende des Flammenmeers ist alljährlich eine eigens begnadigte Einzelfigur *(ninot indultat)* bzw. ein begnadigtes kleines Figurenensemble. Bestimmungsort ist das Fallas-Museum in Valencia.

Die durch konkrete Figuren thematisierte Fiesta ist etwa seit Mitte des 18. Jahrhunderts bekannt und seitdem von Heerscharen an Künstlern perfektioniert worden, die dafür fürstliche Honorare einstreichen. Auf der Suche nach den **Ursprüngen** dieser seltsamen Bastel- und Feuertraditionen stößt man auf simple hölzerne Stehlampen *(parots),* die man in Prä-Elektrizitätswerk-Zeiten während der lichtärmeren Monate in valencianischen Handwerksbetrieben aufstellte. Die Stehlampen waren mehrarmig, von den Armen baumelten kleine Metalltöpfe, in den Gefäßen flackerte Brennmaterial. Brachte das Frühjahr genügend Naturlicht zurück, machte man sich einen Spaß daraus, die *parots* vor den Werkstätten zu verbrennen und ein paar vermenschlichende *special effects* hinzuzugeben: Lumpen, Hüte, entbehrliches Handwerkszeug. So entstand die einer Vogelscheuche nicht unähnliche Figur, der *ninot.* Im Laufe der Zeit komponierte man die *ninots* zu Gruppenbildern, setzte sie auf Podeste, gab ihnen konkrete Gestalt und verulkte mit einem ergänzend vorgetragenen Text *(el llibret)* Gott und die Welt. Klar, dass sich Valencias Stadtviertel allmählich gesunde Konkurrenz untereinander machten und bei Figuren und Aufbauten gegenseitig zu Höchstleistungen trieben. Ein richtiger **Kunstwettbewerb,** von dem noch heute jeder Fallas-Besucher profitiert und bei dem die schönsten Ensembles in verschiedenen Kategorien prämiiert werden. Gleiches gilt für die Kinder-Fallas *(fallas infantiles).*

Tage- und wochenlang steuern die Fallas ihrem feurigen Höhepunkt in der Sankt-Josephs-Nacht entgegen. Schon im Januar beginnen die großen Auftritte und Empfänge der **Fallas-Königin** *(fallera mayor)* und der **Fallas-Kinderkönigin** *(fallera mayor infantil)*. Begleitet von Blaskapellen und ihrem jeweiligen *corte de honor,* dem „Hofstaat", in seinen prächtigsten Trachten. Am 18. und 19. März stehen die Mega-Zeremonien der *ofrendas de flores* an: **Blumen-Opfergaben** zu Ehren der städtischen Schutzpatronin *Virgen de los Desamparados,* der „Jungfrau der Schutzlosen". Um ihre Basilika im Herzen der Stadt legt sich dann ein duftendes Blütenmeer aus Gebinden, Körben und Sträußen. Blumenberg um Blumenberg, Tonnen um Tonnen. Ein Indiz dafür, dass Fiestas wie diese ein Denken in anderen Dimensionen erfordern ...

Semana Santa

Alles wirkt gespenstisch, ergreifend, überwältigend. *Nazarenos,* **Büßer in langen Gewändern,** schieben sich durch die Menge. Manche gehen barfuß, tragen Kerzen, Kreuze und Standarten. Spitze Kapuzen verhüllen Gesichter und Köpfe, die Augen funkeln durch schmale Schlitze und rufen Bilder vom Ku-Klux-Klan ins Gedächtnis. Doch in den Straßen Sevillas und andernorts motiviert religiöse Inbrunst den Schritt. Kilometer um Kilometer und Stunde um Stunde, bei denen die Träger der *pasos* an ihre Schmerz- und Leistungsgrenzen gehen. *Pasos* sind **tonnenschwere Aufbauten mit Heiligenskulpturen** oder ganzen Ensembles wie den Jüngern beim Letzten Abendmahl. Schrittchen für Schrittchen schieben sich die Träger *(costaleros)* voran, vom Gesamtgewicht des *paso* entfällt auf jeden leicht ein Zentner. Eine *cofradía* mit *paso* sei, folgt man einer Fiestaschrift zu den Osterbräuchen in Kastilien-León, ein lebender Psalm und eine Botschaft des Glaubens und der Religiosität.

Während der spanischen Karwoche, der *Semana Santa,* brechen **Emotionen** auf, die sich ein Jahr lang aufgestaut haben. Jeder Einzelne durchlebt die Leidensgeschichte Jesu Christi, teilt symbolisch und körperlich den Schmerz des Gerichteten. Was weniger mit Showtime von Laien, denn mit tiefinnerstem Feeling zu tun hat. Deswegen wirkt alles so dramatisch, so intensiv, so an- und aufrührend. Zuvorderst in Andalusien, traditionsgemäß strenggläubige Hochburg des Katholizismus, wo ein besonderer Sinn für das Andächtige und Ergebene herrscht. Daran hat die wachsende Zahl aller vorehelichen Pillen-, Kondom- und Spiralbenutzer nichts geändert.

Fertig für die Osterprozession: blumenreich geschmücktes Standbild

Karprozessionen gehören zu den eindrucksvollsten Erlebnissen spanischen Festgeschehens. Alleine in **Sevilla** gibt es mehrere Dutzend mitgliederstarke **Laienbruderschaften** (*cofradías* oder *hermandades*), die sich zwischen Palm- und Ostersonntag zu ihren traditionellen Prozessionen formieren. Jede Bruderschaft ist an der Farbtracht ihrer Tunikas und Kapuzen sowie ihren kunstvoll gearbeiteten *pasos* erkennbar. Mit Start- und Zielpunkt Kirche in ihrem angestammten Viertel, brechen die *cofradías* auf ihre vorgegebenen Prozessionswege auf und können sieben Stunden und länger unterwegs sein.

Sevillas älteste Bruderschaften gehen auf das 14. Jh. zurück: die Hermandad de Silencio und die Hermandad de la Vera Cruz. Bei der Zugehörigkeit zur *cofradía* vermischen sich Glaube und Familientradition. Mittlerweile stehen in „Bruderschaften" wie der Hermandad de la Candelaria **Frauen** gleichberechtigt ihren Mann und unterwerfen sich bei den *pasos* ihrer Schweiß treibenden Millimeterarbeit. Ob an den ausgepolsterten Seitenbügeln oder hinter Samtvorhängchen im Unterbau der Podeste versteckt.

Die **Trägertätigkeit** bedeutet höchste Ehre, man fiebert dem Ereignis entgegen. Unterwegs darf keine Kerze ins Wanken und Schwanken geraten, kein Blumengebinde, keine Lichterkette. Mitunter gilt es, die Aufbauten haarscharf durchs Kirchenportal zu lotsen. Dabei überlässt man – entgegen dem sonstigen spanischen Grunddenken – nichts dem Zufall noch der Spontaneität. Kommandos zum Absetzen und Aufnehmen des *paso* wollen ebenso eingespielt sein wie all die Schritt- und Bewegungsabläufe, die Tage und Wochen vor der *Semana Santa* zu Generalproben in den Straßen führen. An anderen Stätten geben sich die Träger träger und schieben lieber: *pasos* auf Rollen. Bei Himmelssturzbächen kommen die *pasos* übrigens erst gar nicht zum Einsatz, die wertvollen Skulpturen könnten Schaden davon tragen.

Sevillanische *cofradías* können bis zu mehrere tausend Mitglieder auf sich vereinen und verfügen meist über zwei *pasos*, aufgeteilt in Jesus- und Marienmotive. Zu den Prozessionen gehören die getragenen Klänge der Kapellen und spontan a cappella angestimmte *saetas*, ergreifende **Wehklagelieder,** die durch Mark und Bein und zu Herzen gehen. „Wer", so heißt es in einer populären *saeta*, „leiht mir eine Leiter, damit ich zum Kreuz aufsteigen und Jesus von den Nägeln befreien kann."

Zu den **bekanntesten sevillanischen pasos** zählen „Unser Herr Jesus von der großen Macht" (*Nuestro Padre Jesús del Gran Poder*) und die Macarena-Jungfrau, die, je nach Gesichtswinkel betrachtet, weint oder lacht. Nichts für Genießer ist der nähere Anblick der Barockskulptur El Cachorro, eine Christusfigur mit halboffenem Mund und verdrehten Augen. Der Legende nach soll sie der Bildhauer im 17. Jahrhundert nach Vorlage eines auf der Triana-Brücke erstochenen Zigeunervagabunden geschaffen haben. In der Nacht von Gründonnerstag auf Karfreitag ist die *Semana Santa* in Andalusiens Hauptstadt auf ihrem Höhepunkt.

Die Ergriffenheit während der Karwoche greift nicht einzig unter Sevillanern um sich. In **Granada, Córdoba** und **Arcos de la Frontera** setzen sich ebenso bewegende Prozessionen in Gang wie in **Málaga,** wo man seit dem 18. Jahrhundert mit der vorzeitigen Entlassung eines Strafgefangenen einen seltsamen Brauch pflegt. Er gründet sich auf die Regierungszeit von *König Karl III.,* als in der Stadt eine Epidemie herrschte, die Inhaftierten einen *paso* durch die verseuchten Straßen trugen und später brav ins Gefängnis zurückkehrten. Spaniens Nordlichter – gemeinhin kühler und gesetzter als Andalusier – stehen der österlichen Hingabe in nichts nach; die Provinzhauptstadt **León,** das navarresische **Corella** und das kastilisch-leonesische **Zamora** sind Schauplätze ausgesprochen ausdrucksstarker Prozessionen. Andernorts, in Aragonien und der Rioja, verausgaben sich Trommler und Geißler bis zum blutigen Exzess (vgl. Kap. „Reigen der Feste – Spiegelbild der Seele mit reichem Kulturschock-Potenzial" und „La Rioja – von Stelzenläufern und gespenstischen Geißlern"). Vergleichsweise gesetzter geht es Karfreitag und Karsamstag bei den Passionsspielen im malagueñischen **Ríogordo** zu, bei denen mehrere hundert Laienschauspieler zum Einsatz kommen.

Feria de Abril in Sevilla

Lebenslust statt salbungsvollem Ernst. Zwei Wochen nach Ostern setzt Sevilla zum 180-Grad-Schwenk an und lebt mit der *Feria de Abril* seinen Freudenexzess aus. Es ist Spaniens größter „Jahrmarkt", ein Tanz- und Musik- und Kulinariameeting. Eine betäubende **Orgie der Lebenslust,** die vom wahren Dasein ablenkt und sich im Campo de la Feria abspielt, einem staubigen und hell erleuchteten Mega-Festgelände, über das sich Hunderttausende Lichter und etwa tausend Festzelte *(casetas)* verteilen. Die gute Nachricht für auswärtige Fiestafans: prächtige Stimmung. Die schlechte: Die *casetas* sind in überwiegender Zahl privat und bleiben den Einheimischen und ihren Freunden von Freunden von Freunden vorbehalten. Wohl dem, der gute *enchufes* hat: Connections, mit denen man sich an den Zeltwächtern vorbei ins Innere schmuggelt.

Die *Feria de Abril* ist Sevillas großes Frühjahrsfest und aus der **Tradition** uralter Viehmärkte erwachsen. In ihrer heutigen festlichen Gestalt geht sie auf das Jahr 1847 zurück und hat seltsamerweise zwei Ideen gebende Väter von außerhalb: den Katalanen *Narciso Bonaplata* und den baskischen *Conde de Ybarra.*

Sechs Tage und sieben Nächte hält die Feria an. Es herrscht Rummelplatzambiente, das **Rahmenprogramm** bilden Stierkämpfe in der Maestranza-Arena und Paraden mit sorgsam geschmückten Kutschen. Die Sevillaner sparen an nichts, werfen sich in die blumigsten Trachten, tanzen Sevillanas in ihren *casetas* und investieren maßlos und freudvoll ins leibliche Wohl: Schinken und gegrillte Fischlein *(pescaítos fritos)*, Käse und Kichererbseneintopf *(potaje de garbanzos)*, Omelettes und Windbeutel *(buñuelos)*. In der alkoholischen Beliebtheitsskala der Feria stehen trockene Sherrys, *finos* und *manzanillas,* obenan.

Pfingstwallfahrt nach El Rocío

Endlos lange **Trecks** wälzen sich durch die Breitengrade moderner Zivilisation. In der Luft hängt der aufgewirbelte Staub all der Reiter und Marschierer, all der Ochsen- und Maultierkarren, die aus weiter Ferne an Wildwest denken lassen. Auch Traktoren und Autos sind zu Pfingsten mit Kind und Kegel unterwegs Richtung Sehnsuchtsziel, hinterlassen Reifen- und Abfallspuren und plätten die Exkremente der Ochsen und Pferde. Aus allen Himmelsrichtungen rollt man an, zeigt sich mit Kühlschränken und Mikrowellen bestens auf die Konsumtage fern der Heimat gerichtet und nimmt **Kurs auf den gelobten Ort: El Rocío,** eigentlich ein tristes Nest im Marschland des Río Guadalquivir, das während dieser Pfingsttage aus seiner Trostlosigkeit erwacht und als **Massencamp und Picknickgelände** herhält. Mit aufklappbaren Tischchen und Plastikstühlchen und vorgekochtem Essen in Tupperware. Wer auf das Ambiente vom Typ eines Formel-1- oder Motorradrennens tippt, liegt gar nicht so falsch. Mit dem feinen Unterschied, dass man in El Rocío keine Rundenhelden vergöttert, sondern ein Bildnis der heiligen Madonna, der Virgen del Rocío. Besser bekannt ist sie unter Beinamen wie *Blanca Paloma,* „Weiße Taube", und *Reina de las Marismas,* „Königin der Marsche".

Spaniens größte Wallfahrt begann als bescheidenes Glaubensbekenntnis Ende des 13. Jahrhunderts und vereint heute Hunderttausende, vielleicht sogar eine Million Menschen. Ein rundum überzogenes Spektakel, ein religiöses Happening mit ausgeprägt alkoholisch-gastronomischer Note, ein kollektives Open-air-Theaterstück, das Ausflügler und Schaulustige ebenso anlockt wie Publicity-süchtige Showstars und bei dem die „richtigen Teilnehmer" – ebenso wie bei der *Semana Santa* – in **Bruderschaften** *(hermandades)* organisiert sind. In devoter Ehrerbietung der Jungfrau bringt jede *hermandad* ihre Standarte *(simpecado)* mit, aufgeladen auf einen opulent geschmückten Karren.

Auf den Anfahrtswegen und vor Ort in El Rocío **fehlt es an nichts.** Weder am Nachschub an Fest- noch Flüssignahrung, weder an Trommeln und Gesängen noch an Raketen, Rumbaklängen und ausgelassenen Sevillanas-Tänzen. Schmucke Andalusierinnen schweben in ihren besten Flamencokleidern ein, die Herren der Schöpfung kommen in feinsten ländlichen Cowboytrachten daher. Schon beim Anmarsch leiden Frische und Fasern, vor allem, wenn Regen die Zufahrtswege aufgeweicht und in Schlammwüsten verwandelt hat. Wie alle Wallfahrer, trotzt man solcherlei Widrigkeiten, legt – im nicht seltenen Falle von *pijos* (Schickimickis) und *superpijos* (Superschickimickis) – auf Tages- und Nachtzeit abgestimmte Ersatzkleidung an, findet sich am Samstag zum prächtigen Aufmarsch der *hermandades* und am Sonntag zur Freiluftmesse ein. In einer **folkloristisch aufgepeppten Atmosphäre aus Kult und Highlife** durchlebt man ein paar aufgewühlte Wir-machen-durch-bis-morgen-früh-Nächte und gibt sich nicht selten dem „Seid fruchtbar und mehret Euch" hin. Wo ein Wille ist, ist auch ein Gebüsch oder ein Planwagen.

Mit Augenringen, Enthusiasmus und der unnachahmlichen Kondition eines spanischen Fiesta-Survival fiebern alle Pilger, *rocieros* und *rocieras,* dem **Höhepunkt in der Nacht auf Pfingstmontag** entgegen: wenn das Bildnis der „Jungfrau vom Morgentau" die Kirche verlässt und auf ihrem Thron ins Menschenmeer auf den Platz hinaustreibt. Gestützt von den Schultern junger Männer der Gründerbruderschaft von Almonte, die das Gitter überwunden und das Bildnis offiziell „geraubt" haben. Ein Ritual, das den Klerus eine kurze Zeitlang ohne Jungfrau zurücklässt und sie selbst in Privilegierte verwandelt. Niemand steht der „Weißen Taube" näher als die kräftigen Burschen aus Almonte. Im Tohuwabohu der unstrukturierten Prozession versuchen sie nach Leibeskräften die Stellung zu halten, während die **aufgeputschte Menge** mit Haken und Ösen darum kämpft und streitet, die Virgen zu stützen oder wenigstens einmal im Leben ihren Thron zu berühren. Rundherum das pure Chaos, Massentrance, Fanatismus, Hysterie, Platzangst, Ohnmachten, markerschütternder Lärm mit *Viva*- und *Olé*-Rufen. Im Laufe des Tages kehrt die Madonna auf ihren angestammten Platz zurück. Die Pilger, übernächtigt und ausgepowert, treten den Heimweg an und geloben ihre Rückkehr im nächsten Jahr. El Rocío versinkt im Alltagsgrau.

Fiestas de San Fermín in Pamplona

Mit der Allgewalt eines spanischen Megafestes rollt sie alljährlich vom 6. bis 14. Juli über die nordspanische Stadt Pamplona hinweg und sprengt die Grenzen der Fantasie eines jeden Unbedarften. Die *Fiestas de San*

Fermín sind ein **204-Stunden-Event am Stück.** Abends um Acht herrscht das gleiche vibrierende Leben wie nachts um Fünf. Mit Konzerten, Nachtstraßenmärkten, Open-air-Ausschank und der Dauerdröhnung der *peñas,* Freundesclubs, die sich schichtweise einteilen und mit Pauken und Trompeten und Standarten und Eimern voller Wein durch die Innenstadt ziehen und im Stile wildgewordener Dorfkapellen ihre musikalischen Beben verbreiten. **Peñas** erwecken selbst Ohropax-Eingebunkerte zum Leben und ziehen die tanzende und zwischen beschwipst und sturzbetrunken schwankende Menge in den Sog des ausgelassenen Frohsinns.

An der internationalen Popularität der *Sanfermines* hat Literatur-Nobelpreisträger **Ernest Hemingway** (1899–1961) gewichtigen Anteil. Genauer gesagt sein 1926 erschienener Roman „Fiesta", englisch „The Sun also Rises", den er der Verlorenen Generation des Ersten Weltkrieges widmete und in dem er seine Antihelden auf der Suche nach neuen Zielen und Wirklichkeiten in den Taumel der Fiesta stieß. Noch heute wanken viele auf *Hemingways* Spuren.

Wer sich mit Haut und Haar den *Sanfermines* hingibt, erlebt, wie ihn der mächtige Strudel der Fiesta in einen **Taumel aus Tanz und Trommelwirbel** stürzt, in ein ekstatisches Erleben, bis die erschöpten Glieder zittern. Achteinhalb Tage lang durchfließen wahnsinnige Freude und freudiger Wahnsinn die Stadt am Río Arga, jeder trägt rot-weiße Tracht. Die Nacht wird zum Tag, getagt wird überall, unter freiem Himel, ohne Pause. Heerscharen aus aller Herren Länder **feiern bis zum Umfallen,** kippen bis zum Umkippen. Viele kommen ohne Zimmer aus. Sie sacken dort zusammen, wo sie die Fiesta vorübergehend matt setzt: auf den Plätzen, in den Parks, an den Stadtmauern. Trommeln und Flöten der *peñas* holen sie alle wieder ins Fiestageschehen zurück. Und die Wasserschläuche der Straßenreiniger natürlich auch …

Auftakt zur Fiesta ist der 6. Juli, Punkt zwölf Uhr mittags, Treffpunkt Rathausvorplatz. Wird vom Balkon des städtischen Verwaltungsbaus die Eröffnungsrakete *(chupinazo)* gezündet, gibt es kein Halten mehr. Die Menge schwankt und jubelt im Angesicht der honorigen Offiziellen, verteilt Sektduschen nach rechts und nach links und gibt sich mit Eierwürfen und Kakao- und Mehlbestäubungen den **kindischsten Sauereien** hin.

Am 7. Juli, Glockenschlag acht in der Früh, steigt der erste von insgesamt acht *encierros:* der weltberühmte Auftrieb der Kampfstiere, das **„Bullrunning"** durch die Altstadt mit zuweilen mehreren tausend Läufern und vereinzeltem tödlichem Ausgang (vgl. Kap. „Encierro in Pamplona – Stierhatz mit Adrenalinausstößen"). Nach dem mehrminütigen Spektakel stürzen sich die Rotkreuzteams auf einige Dutzende Verletzte und behandeln Prellungen, Quetschungen, Schürf- oder Schnittwunden.

Für den Einzelnen gefährlicher als die messerscharfen Hörner und die auf sechs Kolosse verteilten dreieinhalb Tonnen Kampfstier sind die zahlreichen **betrunkenen Mitläufer.** Sie unterschätzen den Speed der Tiere, sehen Bordsteinkanten und Seitenplanken doppelt, geraten ins Straucheln und reißen ein paar Dutzend Mitsprinter abwärts auf den Asphalt. Eine brandgefährliche Situation. Faustregel für Gestürzte: flach liegen bleiben, bis der letzte Begleitochse und der allerletzte Treiber vorbeigehuscht sind.

Folgt man der Statistik, soll der Durchschnittsläufer 28 Jahre alt sein, doch den **Antrieb zum Hörnersprint** ums nackte Leben wird jeder für sich selbst definieren. Wer sich möglichst lange vor den Hörnern hält, verspürt den größten Kick. *Tuka,* ein Pamplonese, sagt: „Es ist immer wieder irre, wenn du weißt, dass alles nur ein paar Meter breit ist und du mit den Stieren da durch rennst." US-Boy *Alex* meint: „Eine unglaubliche Erfahrung, die jeder auf der Welt mal machen sollte." Sein Landsmann *Paul:* „Die aufregendsten Momente in meinem Leben!" *Rafael Estrada,* ein Mexikaner, sieht das etwas anders, seit ihm von einem Kampfstier Bauchdecke und Oberschenkel durchstoßen wurden. Er habe halt Pech gehabt, ließ er vom Krankenbett im Hospital de Navarra aus verlautbaren und setzte kleinlaut hinzu, dass er nicht glaubt, noch einmal einen *encierro* zu laufen. Eine blutige Lektion fürs Leben. Kennzeichen eines jeden Wahnsinnsburschen *(mozo):* die Tageszeitung in Händen. Sie kann lebensrettend sein. Spürt man beim *encierro* den schnaubenden Stier im Rücken, wirft man die Zeitung weg und lenkt das Tier einen Sekundenbruchteil ab. Genau die richtige Zeit, um den Hörnern zu entkommen. Trotz ihrer Fiestafreude sieht die aus Pamplona stammende Autorin *Cristina Doria Olaso* das Ganze etwas nüchterner: „Überleg' doch mal, warum kaum Frauen beim Stiertreiben mitlaufen. Frauen sind einfach zu intelligent dazu, die haben das nicht nötig!"

Jeder *encierro* endet in der Arena, genauer gesagt: nach dem Lauf durchs Rund in den hinterliegenden Stallungen, wo die sechs Kampfstiere auf ihr letztes Stündlein warten. Am frühen Abend beginnt der Stierkampf, vorher, zur Mittagszeit, werden die Tiere bei der **Einstellungszeremonie** *(apartado)* präsentiert. Damit sich die Masse nach dem kurzen Ende des *encierro* ein wenig länger in der Arena verlustiert, **treibt man vaquillas auf die Wagemutigen,** Jungrinder mit gestutzten Hörnern. Was nicht immer glimpflich ausgeht, doch keine Sorge! Hinter den Kulissen warten Helfer- und Ärzteteams auf ihren Einsatz, außerdem ist Pamplonas Arena mit zwei Operationssälen ausstaffiert! In seltenen, spektakulären Fällen gelingt *vaquillas* der Sprung über die Bande in den Zuschauerbereich der Arena.

Im Gegensatz zur altgewohnten *corrida* gerät der **Stierkampf** in Pamplona an all den Tagen zum befremdlichen Happening. Die Tradition besagt: Nach dem dritten toten Stier gibt man sich jedweden kulinarischen Freuden hin. Unter den 19.000 *aficionados* brechen Massenpicknicks und Weingelage aus! Man kaut und trinkt auf den Rängen und lässt das Geschehen im Arenarund zur Nebensache verkommen. „Stierkämpferkunst" für Kunstbanausen. Kein Wunder, dass Toreros ungern zur Fiesta nach Pamplona kommen.

Namensgeber der Fiesta ist der **heilige Fermín.** Er stammte aus Pamplona, verkündete das Evangelium zu römischen Zeiten im heutigen Frankreich und starb gegen Ende des 3. oder eingangs des 4. Jahrhunderts als Märtyrer in Amiens. Die Fiestatracht erinnert an sein Martyrium, bei dem man ihm die Kehle durchschnitt und den Bauch aufschlitzte, bis die Eingeweide hervorquollen. Deshalb das rote Tuch um den Hals und die rote Schärpe um den Leib – doch das wissen nicht einmal viele Einheimische. Hauptsache, es wird gefeiert. Erst 1186 gelangten die Reliquien des *Fermín* nach Pamplona und begründeten die feierliche Vereh-

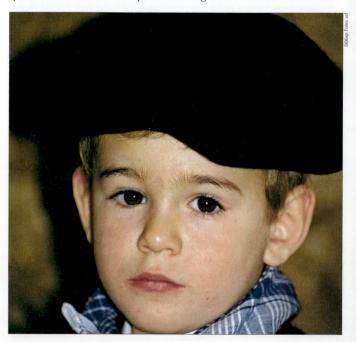

rung; nach heutigem Fiestamaßstab lässt sich erst seit 1591 von Sanfermines sprechen. Dem Stadtheiligen ist die **große Prozession** am 7. Juli gewidmet, die heute ein ums andere Mal von ETA-Anhängern zu konzertierten Aktionen genutzt wird. Da ihnen nichts heilig ist, blockieren sie ganze Gassen und breiten Transparente aus. Im Getümmel und Gedränge bleiben Polizeikräfte stecken, verkümmern zu machtlosen Randfiguren. Inmitten der Massen ist es schier unmöglich, zu den Unruhestiftern vorzustoßen und zwischen Gut und Böse zu unterscheiden.

Fiesta-Newcomer erwartet in Pamplona ein 204-Stunden-Kulturschock am Stück. Mit ultimativer Dröhnung, dauerhaft klebendem Asphalt und Gerüchen allerorten. Nach Wein, Vieh und viel, viel Volk. Samt Megaspuren menschlicher Ausscheidungen. Weder die Ecken voller Erbrochenem noch die Ströme von Urin, die durch manche Altstadtgassen fließen, lassen sich schönreden. Darauf sollte man ebenso vorbereitet sein, wie auf die horrenden Preise, die während der Fiesta das Drei- und Vierfache des Normalniveaus erreichen. Über *encierros* und *corridas* hinaus umfassen die **Rund-um-die-Uhr-Acts** Konzerte, Tanzvergnügen unter Glühlampenmeeren, Jahrmarkt, Folklore, Feuerstiere, Demonstrationen baskischer Landsportarten, Feuerwerk, Lasershows und Umzüge der Großkopfpuppen. Den Schlusspunkt setzt das *pobre de mí*, das **Abschiedslied** in der Nacht vom 14. auf den 15. Juli. Intoniert von den Massen, die Tausende Kerzen himmelwärts erheben.

In den letzten Jahren ist das **Niveau der Fiesta** deutlich gesunken, viele alteingesessene Pamplonesen fühlen sich regelrecht vertrieben. Der Ruf anarchistischer Auswüchse lockt zunehmend gesellschaftliche Randfiguren an, die sich mit harten Stoffen jedweder Art vollpumpen. Selbst bei Drogendeals auf offener Straße schaut die Polizei lieber weg als hin.

Folklore als Ausdruck von Regionalpatriotismus

In jenen Gebieten, die sich alleine durch ihre offiziell anerkannten eigenen Sprachen *(euskera, català, galego)* vom restlichen Spanien unterscheiden, untermauern Feste, Bräuche und Traditionen das Bewusstsein und den Zusammenhalt. Stichworte Identität und Regionalpatriotismus, die in der Folklore immer Ausdruck und Plattform gefunden haben, sich zu **Francos** diktatorischen Zeiten nach allen Maßen unterdrückt sahen und danach umso stärker aufgeflammt sind. Insofern steht das im demokrati-

Selbst die Jüngsten tragen stolz ihre Baskenmütze

schen Spanien wiederauferstandene Traditionsgut als Sinnbild für **Stärke und Willenskraft,** dem die Repressalien eines totalitären Regimes nichts anhaben konnten.

Stark ausgeprägt zeigt sich der Regionalpatriotismus speziell in den **Autonomen Gemeinschaften Baskenland und Katalonien,** wo bei vielen Volksfesten die „Nationalflaggen" *ikurriña* (baskisch; grünes und weißes Kreuz auf rotem Grund) und *senyera* (katalanisch; vier rote Streifen auf gelbem Grund) wehen; da Navarra zum historischen Siedlungsgebiet der Basken zählt, ist über den Gebrauch von *euskera* hinaus auch hier typisch baskisches Kulturgut verbreitet.

In **Galicien,** wo kein ernstzunehmender Ruf nach Unabhängigkeit erschallt, geht es in jederlei Hinsicht abgemilderter zu – Kulturschock *light.* Werfen wir einen Blick auf die Palette der zuweilen recht kuriosen baskisch-navarresischen, katalanischen und galicischen Fiestagebräuche, die man bei vielen Stadt- und Dorffesten zu sehen bekommt.

Bräuche und Fiestatraditionen im Baskenland

Zizur Mayor, ein Tag im September, Stadtfest. Vor dem Kulturzentrum scharen sich Hunderte Zaungäste um ein abgesperrtes Rechteck. Programmpunkt: *herri kirolak* oder *deporte rural,* ein demonstrativer Querschnitt durch den **baskischen „Landsport".** In der Mitte des Platzes ein Mann wie ein Fels. Ein baskischer Mister Universum vom Land, ein Koloss mit gewölbtem Nacken und riesigem Brustumfang. Ein kompakter, lebendiger Muskel- und Fleischberg mit Händen wie Klodeckel und dem Namen Mikel, der vor lauter Oberschenkelvolumen breitbeinig daherkommt und mit seinen massigen Füßen die Schnürsenkel der Sportschuhe fast zum Platzen bringt. Vor ihm ein Steinball. Kein handlicher Kiesel aus dem nahen Bachbett, sondern eine zentnerschwere Kugel, wie man sie im Mittelalter aus Kanonenrohren abgeschossen haben mag. Mikel, dein Auftritt bitte. Nach der Kurzpräsentation über Megafon legt er den Hüftstützgurt an, richtet sein Muskelshirt und geht wieselflink und wendig zu Werke. Als wär's ein Wattebäuschen, lupft er die Steinkugel, stemmt sie federleicht auf Schulterhöhe und beginnt sie um Hals und Nacken zu rollen. Einmal, zweimal, dreimal. Rustikale Ästhetik. Die atemlose Stille im Publikum wird von Mikels nasalen Luftausstößen zerrissen. Zehnmal, elfmal, zwölfmal. Jeder Handgriff sitzt, fingerfertig, blitzschnell. Nach zwanzigmal ist Schluss, Applaus brandet auf, Pause.

Mikel gehört zur sonderbaren Gattung der *harrijasotzailes,* der baskischen **Steinestemmer.** Für Kulturkreisfremde wäre der Zungen- zugleich ein Knochenbrecher – wer könnte schon unfallfrei eine ruhige Kugel von solcherlei Dimensionen schieben? Wobei das Steine-um-Hals-und-Nacken-Rollen zu den leichteren Übungen gehört. Richtig ran an die Kraftreserven und rein in den wahren Wettkampf geht es mit zylinderförmigen Klötzen, auf die der Einfachheit halber gleich die Höhe des Gewichts gemalt worden ist. Unter sechs Zentnern braucht man gar nicht erst anzufangen, das gute Stück auf die Schulter zu wuchten. Rekordmarken der *harrijasotzailes* beginnen ab etwa 320 Kilogramm ...

Etwas filigraner als die Kraftsportmänner *harrijasotzailes* kommen die *aizkolaris* daher, **Baumstammzerleger** vom alten Schlag. Sie stehen auf den Stämmen und zertrennen das halbmeterdicke Stück Buche unter ihren Beinen mit der Axt. Einer gegen einen oder – neuerdings sogar – gegen eine. Beflügelt von Wettbewerbsgedanken und Stolz, treiben sie die messerscharfen Klingen millimetergenau zwischen ihren Füßen ins Holz. Ausgefeilte Technik paart sich mit Gottvertrauen, Kraft und Kondition. Astlöcher im Wege sind Pech. Im Akkord geht's auf und ab, Hieb um Hieb, Span um Span, Minute um Minute, Stamm um Stamm. Wer zuerst alle spaltet, hat gewonnen – und hinterlässt um sich herum ein paar Hügelchen Kleinholz, die eine ganze Weile den heimischen Kamin heizen könnten. Genau wie in einer anderen Disziplin der *aizkolaris,* bei der sie meterhohe gerindete Stämme Stück für Stück zerlegen. Diese stecken vertikal in Gestellen und sind mit kleinen Öffnungen versehen, in die man lange Fußstützen einführt. Dann wird munter und kraftvoll drauf losgehackt, was die Äxte hergeben. Von oben nach unten. Und das bedeutet, dass man ein paar Meter über dem Boden in schwindelnden Höhen beginnt, während die Fußstützen bei jedem Schlag ein wenig schwanken. Holzfällerakrobatik auf baskisch.

In die Reihe der baskischen „Landsportler" gehören die **Gras-Senser** *(segalariak),* die **Kannenläufer** *(txingas)* mit ihren bleischweren 50-Kilo-Gewichten an jeder Hand sowie die **Seilzieher,** die beim *soka-tira* ihre Kräfte in zwei Mannschaften messen. Beim *idi probak,* dem **Steineschleppen mit Ochsen,** lässt man die Tiere Felsbrocken wegräumen – oder spannt sich gleich selbst ins Geschirr. In früheren Zeiten war auch **Stangenweitwurf** populär, wobei eine Stange zwölf Kilo schwer und 1,60 Meter lang sein konnte. Softere Variante ist der **Baskenmützenweitwurf** – auf der französischen Seite des Baskenlands wird alljährlich im Sommer an wechselnden Orten das Championat im „Lancer de Bérets" ausgeworfen ...

Obgleich bereits ernsthaft propagiert, werden es baskische Landsportarten kaum zur Olympiareife bringen. Sie sind durchweg archaisch und **aus den traditionellen Tätigkeiten auf dem Lande hervorgegangen.** Man rodete Wälder in den Bergen, befreite Felder von Steinen –

und schon war der sportliche Wettstreit geboren. Ein klarer Fall von Freizeitspaß und Zeitvertreib, von Selbstbeweis und Triumphgefühl, zusätzlich motiviert durch die Wettleidenschaft der Basken. Wer war der flinkste Senser des Dorfes, wer der beste Milchkannenläufer der Gegend, wer der schnellste Holzfäller und der geschickteste Ochsenlenker weit und breit? Heute kultiviert man das Erbe aus jener guten alten Zeit, als das Leben ausnahmslos um das heimische Bauernhaus *(baserria)* und die Tiere und Ernten kreiste und die Söhne und Töchter noch nicht an Universitäten und in modernste baskische Technologie- und Gewerbeparks ausgeschwärmt waren, um Windkrafträder zu entwickeln, Fahrzeuge zusammenzusetzen und ihre Sehkraft *online* zu mindern. Alltag vor Jahrhunderten bedeutete im spanisch-französischen Grenzgebiet des Baskenlands auch: Schmuggel! Und Flucht vor Polizisten und Zöllnern. So erklärt sich die Disziplin *zakua*, bei der man mit geschulterten 80-Kilogramm-Säcken davonrennt, soweit die Füßen tragen ...

Ganz im Traditionsstil der urväterlichen Küstenfischer lassen die Basken ihre Muskeln auf dem Meer in den *traineras* spielen. In **Ruderbooten** mit festen Bänken und einer Besatzung aus vierzehn Mann, lautstark angefeuert vom Steuermann. Vor allem in der ersten Septemberhälfte, wenn es bei den **Regatten** vor San Sebastián um die prestigereiche „Flagge der Concha-Bucht" geht, die *bandera de la Concha*.

Sportliche Königsdisziplin der Basken ist das Pelotaspiel, bei dem die Akteure mit einem Gummi- oder Lederball um sich schleudern – vom Spielprinzip vergleichbar mit Squash, nur auf weitaus größeren Feldern und mit anderem Schlagmaterial. Die Palette der Rackets ist lang und reicht vom knochenschweren Holz *(pala)* bis zur großen, bananenförmigen Fang- und Wurfröhre aus Weide und Leder *(chistera)*, die ans Handgelenk des Spielers gebunden wird. Da die Basken seit ehedem der Kategorie „kernig-körnig" angehören und mit ihrem robusten Naturell nicht hinterm Berg halten, spielt man am liebsten mit der blanken Hand. Gelegentlich schützt man die sanftesten Stellen seiner angewachsenen Schlaginstrumente mit Pflastern. Im Grunde jedoch ungern. Angesichts der knapp 100 Gramm schweren Bälle mindern Bandagen von Fingern und Handflächen zwar den Schmerz – aber auch den Stolz. Und das wiegt fast schwerer ...

In der baskischen **Beliebtheitsskala** liegt der Volkssport Pelota gleichauf mit Fußball, es gibt – quer durch alle Schichten – Freizeitspieler und Profis. Professionelle *pelotaris* zählen zu den fürstlich Entlohnten dieser

Welt, Spielberichte füllen ganze Zeitungsseiten und Nachmittags-TV-Programme im baskischen Autonomiefernsehen Euskal Telebista.

In jedem Dorf gehört ein **Pelotaspielfeld** *(frontón)* ins Bild, das jedermann offen steht und mit seinen Maßen die Dimensionen der örtlichen Kirche übersteigt. Schließlich ist ein *frontón,* überdacht oder *open-air,* alles andere als ein architektonischer Zwerg und kann – bei einer Breite von 20 Metern – durchaus 100 Meter lang sein. Knallharter Untergrund der Spielwiese ist meist Beton, ebenso wie die geschlossene Rück-, Stirn- und Seitenwand. Ausnahme: Holzböden in den für Profis hergerichteten Hallen. Zur Zuschauerseite hin ist der *frontón* offen, sodass kein Käfigfeeling à la Squash aufkommt.

Pelota ist nicht gleich Pelota, sondern eine **kleine Sportwissenschaft für sich.** Mit kurzen *frontones* und langen *frontones,* leichten Schlägern und schweren Schlägern, Spielen bis Punkt n° 21 oder Punkt n° 40, mit Gummibällen oder Lederbällen und all ihren spezifischen Durchmessern und Gewichten. Abhängig von der Größe des *frontón* und dem Schlagzubehör, treten die *pelotaris* im Einzel und Doppel in den verschiedensten Modalitäten und Meisterschaften an. Über das erwähnte Spiel mit der nackten Hand hinaus gibt es *remonte, rebote* und *cesta punta* (auf großen Feldern, mit bis zu 900 Gramm schweren *chisteras* und – da die Bälle enorme Geschwindigkeiten erreichen – mit Schutzhelm), *pasaka* (in der Halle mit großen Lederhandschuhen und knapp 250 Gramm schweren Bällen), *paleta de goma* (mit Holzschlägern und 40 Gramm leichten Gummibällen) und *pala,* wobei es dort vier Schläger zu unterscheiden

gilt: die *pala grande* aus Eschen- oder Buchenholz (50 Zentimeter lang, 800 Gramm schwer, für lange Freiluftplätze), die ebenfalls aus Massivholz gefertigte und für kürzere *frontones* geeignete *pala corta*, die *pala larga* (55–60 Zentimeter lang, 4,5 Zentimeter dick und bis zu ein Kilo schwer, gedacht für schwerere Bälle) und die *paleta de cuero* (ein 500-Gramm-Holzschläger für leichtere Bälle in der Halle).

Mit den baskischen Emigranten hat sich das Pelotaspiel im Übrigen bis nach **Nord-, Mittel- und Südamerika** ausgedehnt, wo häufig die Weltmeisterschaften ausgerichtet werden. In Argentinien bevorzugen *pelotaris* die Spielart *sare*, bei der sie die lederumhüllten Bälle mit extrem leichten, kordelbespannten Rackets schlagen.

Das **Spielprinzip** ist bei allen Disziplinen denkbar einfach. Ein Spieler schmettert den Gummi- oder Lederball gegen die Stirnwand, der Gegner schleudert ihn nach Leibeskräften volley oder nach maximal einer Bodenberührung zurück. Seiten- und Rückwand können ins Match einbezogen werden, jeder Punkt zählt. Hand- und Pala-Spieler müssen mit beiden Händen gleich gut sein.

Bei der Suche nach den **Wurzeln des Pelota** spannt sich der Bogen der Geschichte um Jahrtausende zurück. Zu römischen Zeiten nannte man den Sport *pila,* im alten Frankreich *jeu de paume.* Ob die römischen Dichter *Horaz* und *Vergil* oder Frankreichs König *Heinrich IV.:* Sie alle sollen exzellente Pelotaris gewesen sein. Gespielt wurde in früheren Zeiten mit Bällchen aus Leder und Wolle, meist unter freiem Himmel und mit der bloßen oder handschuhbedeckten Hand. Nach der Einführung von Gummibällen Mitte des 19. Jahrhunderts wurde die Sportart im Baskenland revolutioniert und erweitert. So kam die lange Fang- und Wurfröhre *chistera grande* auf. Bei den Olympischen Sommerspielen 1924 in Paris, 1968 in Mexiko und 1992 in Barcelona ist Pelota Demonstrationssportart gewesen.

Landauf, landab zieht es viele Basken an den Wochenenden und im Rahmenprogramm von Volksfesten in ihre Pelotahallen. Die Eintrittspreise bei **Profispielen** sind stattlich, meist sind mehrere Matches hintereinander angesetzt. So bekommt man was geboten fürs Geld und fürs Auge: nicht zuletzt die „Ballwärmer" an den elektrischen Ballwärm-Brutkästen – jeder weiß: Je wärmer der Gummiball, desto schneller fliegt er – und das rundum grassierende **Wettfieber.** Während sich die Spieler hinter dem riesigen feinmaschigen Schutznetz mit ihren Ballgeschossen bekriegen, kurbeln die umtriebigen Wettannehmer *(corredores)* das Geschäft an. Wie auf dem Jahrmarkt wieseln die mobilen Buchmacher umher, rufen während des laufenden Spiels die Quoten für das „blaue Team" und das „rote Team" aus.

Beim Pelota erwartet die Zuschauer keine schnelle Entscheidung mit *serve-and-volley* und geschickten Stopps, sondern ein **gnadenloses Haudrauf** mit möglichst langen Ballwechseln und weit bis zur Rückwand gedroschenen Bällen. Bis man den Gegner Schritt für Schritt in die Ecke drängt und in die Knie zwingt. Insofern steht hinter jedem Pelotapunkt ein symbolischer Kraftakt, bei dem grobmotorisch weniger begnadete Nicht-Basken schwer mithalten können und auch der Autor dieses Buches – trotz langjährigen Trainings – meist auf der Verliererseite steht. Merke: Munter drauf knüppeln, bis der Gummiball glüht und das rohe Fleisch an den eigenen Fingern hervorschaut ...

Angesichts des rauen baskischen Wesens und der äußerst hart klingenden Sprache verwundern grazile Tänze und samtig-weiche Gesänge umso mehr. Und das von Männern aller Pelotagenerationen! So wie beim *aurresku,* einem **Begrüßungs- und Ehrentanz,** bei der ein in feierliches Rot-Weiß gekleideter Tänzer kreist und wirbelt und zum Schluss ein Bein über Kopfhöhe hebt. Und so wie bei den *bertsolaris,* den seit Urzeiten bekannten **Verseschmieden,** die in improvisierten Sprechgesängen zwischen Schalk und Sozialkritik pendeln und dabei strengen Reim- und Metrikregeln folgen. Eine richtig anrührende Poesie im Weichspülgang. Bei der Überlieferung der baskischen Sprache *euskera* haben die *bertsolaris* traditionsgemäß eine wichtige Rolle gespielt. Heute treten auch Frauen als *bertsolaris* hervor.

Musikalisches Feeling stellen die Basken mit ihren kleinen hochklingenden **Flöten** *(txistus),* dem diatonischen **Akkordeon** *(trikitixa)* und der **txalaparta** unter Beweis, einem Instrument, das aus zwei einfachen langen Holzbrettern besteht und von zwei Spielern mit je zwei klobigen Stöcken geschlagen wird.

Bräuche und Fiestatraditionen in Katalonien

Katalanische Volksfeste werden häufig von Umzügen der Schwellkopf- und Gigantenpuppen, von gefährlichen „Drachen" und „Teufeln" sowie einem sonderbaren Ringelreigen begleitet: der **Sardana,** dem Volkstanz der Katalanen, die im Takt ihrer Schritte bildlich und symbolisch zusammenhalten. Ein Bild von Gemeinschaftsgeist, das zu *Francos* dikatorischen Zeiten untersagt war. Die Sardana ist ein Kreistanz, bei dem sich Männer und Frauen gegenseitig an den Händen fassen und in abgezählter Folge kurze und lange Schritte nach hinten, vorn und zur Seite machen. Der musikalische Hintergrund wird von der *cobla* bestimmt, einer Kleinkapelle mit Kontrabass, Pikkoloflöte und Trommel. Heißen Rhythmus im Flamenco- oder Sevillanasstil mag man der Sardana nicht attestieren, weswegen sie vor allem Tanzangelegenheit älterer Semester ist. In Amer, einem Örtchen westlich von Girona, schwingt sich der Dorfchef alljährlich am 16. August zur *Sardana de l'alcalde* auf, zur „Sardana des Bürgermeisters", als Symbol der Eintracht zwischen Volk und Verwaltung.

Auf die bereits in Vorzeiten bekannte Verehrung des Feuers als heilige göttliche Macht gründen sich **Feuerwerkwettbewerbe** und die Auftritte der „Feuerteufel", die beim La-Mercè-Patronatsfest Ende September in Barcelona ihre Knallkörper und Leuchtsätze abbrennen. Vom Symbolismus bestimmt ist auch die *dansa de la mort*, der **„Todestanz"** am Gründonnerstag in Verges, einem Hinterlandörtchen der Costa Brava. Fünf Personen in schaurig aussehenden Skelettanzügen und mit Totenkopfmasken erinnern mit ihrem Tanz an die Vergänglichkeit des menschlichen Seins.

Ohne die *castellers* ist Kataloniens Festkultur undenkbar. Genau wie die Sardanas-Tänzer stehen auch diese akrobatischen Erbauer von pyramidenförmigen Menschenburgen, -säulen und -türmen für katalanischen Zusammenhalt. Mit Mut und Kraft und Geschick wollen die **Menschenturmbauer** hoch hinaus und versuchen sich im Zuge gesunder Konkurrenz gegenseitig zu übertrumpfen: die *castellers* aus Tarragona jene aus Vilafranca del Penedès, die aus Terrassa jene aus Valls, einem Städtchen, das sich „Wiege der *castells*" nennt und auf eine jahrehundertelange Tradition zurückschaut. Woraus der menschliche Burgbau ursprünglich erwachsen ist, bleibt ungeklärt; manche Forscher deuten in den Orient.

Die **Basis eines Menschenkastells** bildet stets die *pinya,* die aus mehreren hundert Personen bestehen kann und sich ihrerseits von Besuchermassen umringt sieht. Ein weit ausladendes Meer aus Körpern und ein Flechtwerk aus muskelgestählten Armen, die man dem Vordermann über die Schultern legt, was denkbare Stürze auffangen kann. In der Mitte läuft die *pinya* auf die *soca* zu, den **Hauptunterbau,** in dem Männer, Frauen oder Jugendliche ihre eintrainierten Positionen beziehen. Ein kompakter Block in drangvollster Enge und sicher kein Job für Klaustrophobiker. Lautstarke Kommandos stehen einzig dem *cap de colla* zu, dem Chef. Aus der Menschentraube der *pinya* können die verschiedensten Figuren aufragen, allesamt fragile und leicht vergängliche Kunstwerke, die schwindelnde Höhen von über zehn Metern erreichen und häufig von Kindern im Grundschulalter gekrönt werden. Mit größter Konzentration und Anspannung erbaut man Schulter auf Schulter und Armgriff auf Armgriff die **„Stockwerke"** und hat es schon auf zweistellige Etagennummern gebracht – derweil herrscht im Publikum knisternde Stille. Die Klassiker

Der heilige Apostel Jakobus, Dommuseum von Burgos

unter den Menschenburg-Kompositionen heißen *cinc de vuit* (Fünferteams in fünf Stockwerken mit abschließendem Zwei-Personen-Aufsatz), *quatre de vuit* (Viererteams in vier Hauptetagen, darüber zwei Zweieraufsätze), *dos de nou amb folre i manilles* (Doppelplattform über der *soca*, darüber vier Zweierteams und die einsame Spitze) und *pilar de sis* (Obelisk aus fünf Einzelpersonen übereinander). Der Abbau eines Turms gestaltet sich nicht minder kompliziert als sein Aufbau.

In der Reihe erhaltener katalanischer Bräuche stehen die **Rosengeschenke** am Tag des Sant Jordi (23. April; Ursprung siehe Legenden-Kapitel) sowie – zur Weihnachtszeit – die **„lebenden Krippen"** (*pessebres vivents*) und nachgespielten Weihnachtsgeschichten *(els pastorets)*. Bei vielen Festen bringen die Katalanen **Habaneras** zu Gehör, Klänge eines rhythmischen und nach Kubas Hauptstadt Havanna benannten Tanzes, den die Vorväter einst zusammen mit Rum von ihren Antillen-Routen in die Heimat mitbrachten. Jahresdurchgängig Saison haben die Wallfahrten ins Bergkloster Montserrat (vgl. auch Legenden-Kapitel).

Bräuche und Fiestatraditionen in Galicien

Galiciens Traditionsgut sieht sich zuvorderst von den Pilgerzügen bestimmt, allen voran jenen zum Grab des Jakobus nach **Santiago de Compostela.** Obgleich die Wallfahrten nach Santiago seit der wundersamen Entdeckung des Apostelgrabes im Mittelalter internationalen Charakter tragen, ist die Flut der galicischen Gläubigen nicht zu übersehen. Vor der eigenen Haustür erweisen sie „ihrem Jakobus" selbstverständlich die Ehre und pflegen mit Inbrunst die seltsamen **kultischen Bräuche in der Pilgerkathedrale.** Zunächst am Pórtico de la Gloria, dem romanischen Glorienportal des Meisters *Mateo,* wo jeder Ankömmling zum Zeichen des Glaubensbekenntnisses seine Finger in die marmorne Wurzel Jesse legt, den Stammbaum Jesus', und dann dreimal mit dem Kopf gegen den Unterbau des Pórtico stößt. Ein

dumpfes Erleben mit geringem Schmerzgrad, das helfen soll, ein wenig Schöpferkraft Mateos in sich einströmen zu lassen – gar nicht übel, denn der Meister war ein Genie seiner Zeit.

Höhepunkt des Ritualereigens in der Kathedrale von Santiago ist der Aufstieg zum Apostel, genauer: zur gold- und silberglänzenden **Apostelbüste,** die man hinter dem Hauptaltar auf schmaler Treppe erreicht und inniglich von hinten umarmt. Vor allem für jene, die wochen- oder monatelang auf dem Jakobsweg unterwegs waren, wird die Umschlingung des Heiligen zum ergreifenden Sekundenerlebnis.

Die meisten Jakobuspilger treffen während der sogenannten **„heiligen Jahre"** ein, immer dann, wenn der Festtag des Apostels, der 25. Juli, auf einen Sonntag fällt. So wie im Jahr 2010. Der altkirchlichen Tradition gemäß bekommen sie in jenen Jahren den „Jubiläumsablass" und nehmen stundenlange Wartezeiten im Menschenwurm auf der Praza da Quintana in Kauf, um die Kathedrale durch die „Heilige Pforte" zu betreten. Zwischen den „heiligen Jahren" bleibt die Pforte zugemauert – Aufschlag und Wiederverschluss sind Zeremonielle für sich.

An Symbolismus und eine besondere Ehrung des heiligen Ortes Santiago geknüpft – sagen die Kirchenoberen – war und ist der Einsatz des berühmten *botafumeiro*, des **Weihrauchwerfers.** Per ausgeklügeltem Seilsystem schwingt er ab und an mit einem Tempo von bis zu 70 km/h durchs Querschiff der Kathedrale über die Köpfe der staunenden Gläubigen hinweg, die ihrerseits langgezogene „Ahs" und „Ohs" ausstoßen und die ausgefeilte Arbeit des Seilzieherteams am Ende mit Applaus belohnen – wie einen Zirkusakt in den heiligen Hallen. Die Symbolik des Botafumeiro-Einsatzes hat Papst *Johannes Paul II.* einmal in Zusammenhang mit der inneren Reinigung der Jakobspilger gebracht. Der Wallfahrer sei ein „neuer Mensch" geworden, mit dem Weihrauch steige dieses Zeichen zum Herrn auf. Unfug, behaupten die Bodenständigeren, und verweisen zu Recht auf die Rüchlein, gegen die der *botafumeiro* mehr oder minder erfolgreich anstinkt. Weder heute noch im Mittelalter war das lange Pilgern mit porentiefer Reinheit verbunden. Vor Jahrhunderten, als an Duschhahn-Zeiten nicht zu denken war, hielten sich die Angekommenen tage- und wochenlang in der Kathedrale auf, ließen die Seele und die Kleider zum Trocknen baumeln und dünsteten mal so richtig aus. Im Hause Gottes und dem Apostel ganz nah, tranken und aßen und kochten und schliefen sie und sollen, schenkt man den Guides von Santiago Glauben, in Einzelfällen Kinder zur Welt gebracht haben. Inmitten einer solchen Aura à la Käseglocke war und ist eine schwere, süßliche Weihrauchprise eine wahre Wohltat. Apropos Wohltat: Für die Kirche bringt der *botafumeiro* weiteren Segen. Geldsegen. Zwar kommt er bei hohen festlichen Anlässen und vielen Pilgermessen in den „heiligen Jahren" automatisch zum Einsatz, doch ansonsten ist die Liebe zum Weihrauchwerfer käuflich. Unter dem Deckmantel der sakralen Verschwiegenheit zeigt man sich gern bereit, ihn gegen ein stattliches Sümmchen in Schwung zu bringen ...

Kommerz in Kleinformat umgibt das Sankt-Andreas-Heiligtum von **San Andrés de Teixido,** einem gottverlorenen Steinnest zwischen dem brausenden Atlantik und den Ausläufern der Serra da Capelada. San Andrés de Teixido, dank einer mysteriösen Reliquie des Apostels Andreas immerhin Galiciens zweitwichtigstes Wallfahrtsziel (siehe auch Legenden-Kapitel), verzeichnet jahresdurchgängig den Zustrom von Pilgern. Und die können sich zwischen Parkplatz und Wallfahrtskirche mit Devotionalien

Das Grab des Apostels Jakobus in der Kathedrale von Santiago de Compostela

und den wundersamsten Kräutern eindecken. Gegen Migräne zum Beispiel. Oder für schmerzfreie Geburten. Damit es überhaupt so weit kommt, ziehen Galicierinnen zu einer anderen Wallfahrtsstätte im tiefen Südwesten der Region: der zum Gemeindegebiet von Sanxenxo gehörigen Kapelle **Nosa Señora da Lanzada,** die den Fernblick aufs Meer erlaubt. Schon zu keltischen und römischen Zeiten wurde der Platz als heilige Stätte verehrt, da man hier die Sonne untergehen sah – die auf wundersame Weise doch wieder auferstand. Eine Quelle des Lichts, des Lebens, der Fruchtbarkeit.

Bei der großen **A-Lanzada-Wallfahrt** am letzten Sonntag im August tragen galicische Frauen dem Marienbildnis in der romanischen Kapelle ihren Kinderwunsch an und fegen in einem Aufwasch die bösen Geister fort. Im ureigensten Sinne der Worte: Man dreht **drei Runden um den Altar und kehrt dabei mit einem Besen.** So wird auf eigentümliche Weise heidnisches und christliches Glaubensgut vereint. Was ganz typisch für Galicien und nur ein Nachspiel für den Kern des fortpflanzungsfördernden Kultes von A Lanzada ist. Bereits vor der Morgendämmerung gilt es, am benachbarten Sandstrand in die Meeresfluten zu steigen und ein *baño de las nueve olas* zu nehmen, ein **„Bad der neun Wellen".** Für jeden ersehnten Schwangerschaftsmonat eine Woge der Rías Baixas, die der Fruchtbarkeit die richtige Frische gibt. Erfolgsstatistiken liegen nicht vor …

Ganz ähnlich wie bei A Lanzada hat man es mit dem bei Muxía gelegenen Marienheiligtum **Virxe da Barca** mit einer Stätte der Glaubensmixtur zu tun. Hier hat sich der vorgeschichtliche Steinkult mit christlichen Glaubensvorstellungen vereint. Bei der Kirche findet sich ein nackter buckliger Fels *(Pedra de Abalar)* sowie ein bogenförmiger Stein *(Pedra dos Cadrís)*. Beide haben schon Galiciens keltische Altvordere in ihren Bann gezogen und wurden religiös verehrt: die *Pedra de Abalar* als **wahrsagender Stein,** die *Pedra dos Cadrís* als **Fels mit heilender Kraft.** Wer neunmal die Öffnung des Cadrís-Steines passiert, so heißt es, darf auf Heilung seiner Rheuma-, Lenden- und Nierenleiden hoffen. Alljährlich am zweiten Septembersonntag steht die große Wallfahrt zur Virxe da Barca an, die auch mit Apostel *Jakobus* im Bunde steht. Die Überlieferung besagt, dass *Maria* an dieser Stelle mit einem Steinboot eintraf und dem Heiligen bei seinen Missionierungsmühen auf der Iberischen Halbinsel Mut zusprach. Die Volksseele deutet die Steingebilde als Bestandteile des in mehrere Teile zerbrochenen Marienschiffes.

Wallfahrten sind keine trockene Sache. Ganz wörtlich genommen. Gerne **verwöhnt man den Gaumen** mit Albariñowein und galicischem Trester *(orujo)*, mit Käse und einem Tellerchen Oktopus *(pulpo a feira)*. Ein gut gefüllter Magen gehört zur Lebensfreude dazu.

Selbst bei Feiern, auf denen Särge auftauchen, setzt man alles andere als Leichenbittermienen auf. So wie bei der *Romería de Santa Marta de Ribarteme,* einer Wallfahrt mit **„Sargprozession"** am Santa-Marta-Tag (29. Juli) in As Neves, einem Örtchen östlich von Tui an der spanisch-portugiesischen Grenze. Mit offenen Totenkisten, auf Schultern getragen samt menschlichem Inhalt – in Leichentüchern, aber zum Glück quicklebendig. Das Probeliegen in der Kiste entspricht keiner makaberen Gaudi, sondern dem Gelübde jener, die dem sicheren Tod von der Schippe gesprungen sind. Adressat des fröhlich gestimmten Dankbeweises ist die heilige Martha, die laut Johannesevangelium zugegen war („Herr, er riecht schon"), als Jesus ihren verstorbenen Bruder Lazarus zum Leben erweckte. Da Familienangehörige und Freunde den Sarg tragen, nimmt man gewissermaßen an seiner eigenen Beerdigung teil. Dazu hat nicht jeder Gelegenheit im Leben! Schauplätze ähnlicher Leichenbegängnisse ohne Leiche sind Amil und A Pobra do Caramiñal Mitte September.

Auf dem Boden des Diesseits bleibt das **„Wikingerfest"** von Catoira, bei dem die kriegerischen Nordmänner am ersten Sonntag im August vor den Wachttürmen am Ulla-Fluss einfallen. Gut gestärkt mit einem Gläschen Wein, versteht sich. Als unverwechselbares musikalisches Zubehör bei Feierlichkeiten erklingt die *gaita,* der galicische **Dudelsack.**

Im galicischen Familienverbund steht die Frau traditionsgemäß auf der Kommandobrücke und verdonnert das starke Geschlecht zu Statisten. So freut es die verhinderte Machogemeinschaft, dass man zumindest einmal im Jahr seinen Mannesmut unter Beweis stellen darf: beim **rapa das bestas.** Im späten Frühjahr und Sommer werden vielerorts im ländlichen Raum halbwilde Pferde von den Bergen talwärts getrieben und in Open-air-Koppeln *(curros)* eingepfercht. Man setzt den Fohlen die Brandzeichen und stutzt den Pferden die Mähnen – der symbolische Sieg des Menschen über das Tier. Oft benutzt man das Wort **curro** für die gesamte Zeremonie, für die man sich ebenfalls gerne, häufig und nicht zu knapp Mut antrinkt.

Weihnachts- und Neujahrszeit

Die frohe Botschaft vom „Dicken"

Maria und Josef und Jesus stehen weit hintenan, von Nächstenliebe keine Spur. Zunächst dreht sich alles ums persönliche Glück in Gestalt des „Dicken", *el gordo.* Auf wessen Haus mag er dieses Jahr fallen, was würden wir mit ihm anstellen? Tage vor dem ominösen Erscheinen des *gordo* am

22. Dezember gibt es in Spaniens Klatsch-und-Tratsch-Foren – von der Kneipe über die Sauna und den Marktstand bis zum Frisörsalon – kein anderes Thema, die Medien blähen den „Dicken" bis zum Platzen auf. Fast jeder hat fette Summen ins vermeintliche Fortune investiert. Halbe Monatsgehälter und mehr für die Losanteile der **Weihnachtslotterie,** *el gordo* ist der Hauptgewinn. Manche im Büdchen um die Ecke, andere Hunderte von Kilometern entfernt. Vom Aberglauben beseelt und der Hoffnung auf ein Leben lang gut im Futter. Ideale Anlauf- ist nämlich eine Verkaufsstelle, in der irgendwann mal ein „Dicker" eingeschlagen hat. Insofern bringt das katalanische Vorpyrenäen-Nest Sort beste Voraussetzungen mit. Übersetzt heißt es „Glück", auf hier verkaufte Lose sind wundersamerweise schon Millionenbeträge gefallen. In Sort greift die spanische Last-minute-Mentalität nicht, die Scheinchen gehen in Rekordzeit an den Mann, Vorbestellungen und Lebens-Abos auf die persönliche Glücksnummer wechseln sich ab. All das nur mit guten *enchufes* (Beziehungen), versteht sich. Vitamin B, irdische Connections. Am besten gleich mit gutem Draht nach oben ...

Keine Krippe, kein Christbaum, kein Sternenlichterglanz in der City sorgen für ein solches **Vorweihnachtsfeeling** wie Spaniens Mega-Lotterie. Da man weder traditionelle Adventsriten noch sorgsam geschmückte Kerzenkränze auf dem Wohnzimmertisch kennt, steht für die meisten Spanier fest: Jetzt endlich geht's los! Datum und Ereignis markieren den eigentlichen Festbeginn und sind Angelegenheit der gesamten Nation. TVE, der Hauptfernsehsender, ist live bei der Ziehung dabei und treibt die Einschaltquote in goldene Höhen. Vor den Schirmen daheim kauern Millionen von potenziellen Glückspilzen. Mit TV-(Aus-)Sicht auf den „Dicken" und den Aperitif auf dem Tresen platzen viele Bars aus allen Nähten.

Merke: Was sich am Vormittag des 22. Dezember in den Hallen des Organismo Nacional de Loterías in Madrid abspielt, ist hochheiliges Zeremoniell und hat mit der landläufigen Ziehung der Lottozahlen nichts gemein. Hier gibt's keine Lottofee, die mit wehendem Engelshaar einschwebt, ein schnelles Nümmerchen schiebt und ihr Blendax-Lächeln in Breitwandformat in die Kamera absondert. Nein, die Weihnachtslotterie ist Spaniens ganz große Nummer – und dauert gleich mehrere Stunden! Gleichzeitig beginnt für die TV-Redaktionsteams aller Sender ein Wettlauf gegen die Zeit. Werden sie es schaffen, die glücklichen Gewinner schon in den Spätmittagsnachrichten zu zeigen ...?

Außer dem *gordo* fließen eine ganze Reihe von Nebengewinnen, die den riesigen Kugellagern der Lottozentrale entströmen. Als Protagonisten stehen Jungen und Mädchen des Madrider Colegio de San Ildefonso auf der Bühne. Allesamt sind sie piekfein herausgeputzt und punktgenau in der Lage, die Zahlenflut mit dem richtigen Ton zu unterlegen. In mehrfach wechselnden Zweierteams **singen sie die gezogenen Zahlen** und die dazugehörigen Gewinnsummen. Nicht etwa frei heraus und wie ihnen der Schnabel gewachsen ist und mit ein paar persönlichen Salsa- und Technotönen unterlegt. Nein, der frisch angerichtete Nummernsalat kommt in den immerselben Klangfarben daher. Mit getragenem Ernst und vereinzeltem Lächeln, aber streng nach Protokoll. Alle Jahre wieder, Stund um Stund, Team um Team, Zahl um Zahl, Note um Note. Alle Spanier finden's ehrlich schön, die TVE-Kommentaren auch. Nur der unbedarfte Außenstehende – musikalisch kulturgeschockt – darf in seinem tiefen Innern die Frage aufwerfen, ob es sich um eine aufs Guinness-Rekordbuch gerichtete Erfindung des monotonen Singsangs handelt. Wem je etwas eintönig vorgekommen ist, hat noch nicht in Spaniens Weihnachtslotterie-Event hineingelauscht!

Das zeitliche Vakuum zwischen Loskauf und Ziehung nutzen die Spanier, um ihr Glück zu lenken. Da schiebt man nichts auf die lange Bank, sondern rennt kurzerhand in die **Kirche.** Mit Rosenkränzen, Bitten zum Himmel und ganzen Wallfahrten bemüßigt man höhere Kräfte und nimmt sein Lotterielos ins Gebet. Und wenn eine Gewinnerin freudestrahlend in die Kamera sagt „Ich bin gestern extra in Covadonga gewesen", dann ist das Wasser auf die Mühlen des Glaubens und Aberglaubens. Klar, ohne göttlichen Beistand und ohne den Besuch jenes Heiligtums in den asturischen Bergen hätte sie sicher nicht gewonnen ...

Fiesta an Heiligabend

Statt besinnlicher Stille heißt es an Heiligabend: **Umzug mit dem olentzero,** Fiesta mit den Glockentänzern! Zumindest in den nordspanischen Gefilden des Baskenlands und Navarra, wo der *olentzero* nach Einbruch der Dunkelheit an den Schaulustigen vorbeizieht. Schmutzige Hände hat er und ein schwarzes Gesicht. Sein wohlgenährter Leib steckt in einer Weste aus Wolle, um seinen Hals baumelt eine Trockenwurst, um seine Schultern ein Lederbeutel mit Wein. Hoch erhobenen Hauptes thront er auf seiner Sänfte und lässt sich von seinen Trägern durch die Menge schaukeln. Im Mundwinkel lässig sein Pfeifchen, der vom Weinkonsum gezeichnete Blick schon ein wenig glasig. Dass das Lächeln des lustigen Gesellen wie eingefroren wirkt, liegt nicht am Winter – der *olentzero* ist eine mit Stroh gefüllte Puppe. Sie stellt die Figur des Köhlers dar, der am heiligen Abend aus den Pyrenäen hinabsteigt und in vielen Dörfern und Städten des Baskenlands und Navarras die frohe Botschaft von der Geburt Christi verkündet.

Der *olentzero* kommt nicht allein. In Navarras Hauptstadt Pamplona zum Beispiel wird er von Fackelträgern, Kindern in ländlicher Tracht, Hirten, Ochsen, Pferdekarren, Gänsen, Schaf- und Ziegenherden begleitet. Quer durch die Gassen der Altstadt, die vor Trommel- und Akkordeonklängen erbeben. Als Zugabe gibt's einen Bonbonhagel, freundlich gesponsert von der *Caja Rural* (Landsparkasse). Ganz vornean ertönt ein „Bom, bom, bom", eine dumpfe Dröhnung durch Mark und Bein. Ohrenbetäubende Urheber sind die **Glockentänzer** *(zanpanzarrak)*, Tänzer mit spitzen Hüten, Fellumhängen und riesigen Viehglocken auf ihren Rücken. Rhythmisch wirbeln sie über das Pflaster. Vor und zurück, vor und zurück. Bom, bom, bom. Wäre wirklich ein Wunder, wenn Europas lärm- und fiestareichstes Land selbst an diesem Tag besinnlich brach liegen würde. Ganz hinten: ein plötzlicher Sonderumzug baskischer Nationalisten. Plakate, Schlachtrufe, „Amnistie"-Gesänge, vermummte Gesichter. Der *olentzero* als Pro-ETA-Plattform, selbst – oder gerade – am heiligen Abend. Ein bedenklicher Auswuchs von Demokratie.

Cagón, das Krippen-„Scheißerle"

Spanier lieben's deftig. Beim Essen, bei der Sprache und überhaupt. Der *cagón* ist einer, der sich in eindeutiger Hock-Position freudig erleichtert. Am liebsten **am Rand der Krippe.** Nichts ihm ist heilig, die Präsenz von Maria und Josef und den Hirten stört überhaupt nicht. Raus mit der Schlacke, ein fröhliches Verdauungsfinale dampfend frisch zum Fest. Zur Ehrenrettung der Spanier sei gesagt, dass der *cagón*, das – so wörtlich: – Scheißerle, nicht wirklich in Leibes- und Stuhlgröße zu Werke schreitet. Es handelt sich lediglich um ein Männchen, das als Landwirt, Engel oder – im humoristisch-derbsten Extremfall – sogar als Kirchenmann dargestellt ist und meist aus bemaltem Gips besteht. Einer, der was vom Geschäft versteht und den Boden düngt und fruchtbar hält. Schlicht und einfach: ein **Glücksbringer.**

Und immer eine **gute Geschenkidee.** Zumindest in den Regionen Katalonien und Valencia, wo er die größte Beliebtheit genießt und unter dem Namen *caganer* bekannt ist. In eine deutsche Krippe platziert, könnte ein *caganer* als geschmacklos empfunden werden. In einschlägigen Shops, auch online, lässt sich der *cagón* mittlerweile als Prominentenstück ordern. Zur Auswahl stehen Fußballstars im Augenblick ihrer fäkalen Erleichterung, Politiker, Sänger, Don Quijote, Spaniens Königspaar, sogar der Papst. Derb, derb ...

Geschenke

Wer am Nikolausabend seinen Schuh vor die Tür stellt, wird ihn am Morgen danach vorfinden wie er war: leer, aber gut gelüftet. Eine **Nikolaus-Tradition** ist unbekannt, auch öffnet man traditionsgemäß keine Türchen am **Adventskalender.** Es sei denn, man hat gerade bei einer spanischen Niederlassung von Aldi oder Lidl eingekauft und das Importprodukt „Adventskalender" entdeckt. Aus anderen Ländern abgeschaut hat man auch die Geschenkübergabe an Heiligabend. Ansonsten heißt es warten, denn der Weihnachtsmann macht nicht überall Station.

Wenn in mitteleuropäischen Landen längst jeder Dritte die Hälfte seiner Präsente im Geschäft umgetauscht und sich der erste Staub auf den Rest der Weihnachtsgeschenke gesetzt hat, sind Spaniens Kinder an der Reihe. Positiv formuliert: Die Vorfreude auf die Bescherung dauert länger.

Olentzero – der Köhler

Bis zum **Dreikönigstag** nämlich. Am Abend des 5. Januar, nach den großen Dreikönigsumzügen, stellt man seinen Stiefel unter den Weihnachtsbaum oder an den Kamin und darf über Nacht auf reichlich frische Füllung seitens der drei Weisen aus dem Morgenland hoffen. Böse Kinder freilich nicht. Dann gibt es Kohle. Wer solches ahnt, setzt auf einen besänftigenden Last-minute-Service und deponiert in Schuhnähe ein paar Leckereien und ein wenig Süßwein. Das hat schon so manchen König besänftigt.

Leibliche Genüsse und Anspruchsdenken

Wenn die Axt im Haus den Zimmermann erspart, dann machen Mehl und Butter und Zucker und ein funktionstüchtiger Ofen den Konditor verzichtbar. Doch große Weihnachtsback-Aktionen sind Sache der Spanier nicht. Man gibt der Bequemlichkeit den Vorzug und deckt sich tonnen- und schachtelweise mit *mazapán* (Marzipan) und *turrones* ein, **dicken Tafeln,** die geschmacklich irgendwo zwischen Marzipan und Nougat pendeln und in allen erdenklichen Variationen daherkommen. Mal ölig-weich mit fein zerkleinerten Mandeln, mal mit ganzen Mandelstücken und hart wie aus dem Steinbruch. Solch schwere Kalorienkaliber werden gern mit *cava* umspült, dem spanischen Schampus.

Manche lieben's zuckersüß. Und Spanier ganz besonders. *Turrón de Alicante* und *jijona* stehen im Ruf der traditionellsten und feinsten *turrones,* während ein dunkel-karamelliger *guirlache* den Weg zur Karies garantiert und eine klebrige Brücke zum Fortbestand spanischer Zahnärzte baut. *Guirlache* ist der König der Krönchenbrecher und Plombenzieher. Auch Schokoladenpralinés und die aus beiden Ohren staubenden **Schmalzküchlein** *(polvorones, mantecados)* stehen hoch im Kurs und verwandeln den nachweihnachtlichen Gang auf die Waage zum traumatischen Erlebnis – Pegelausschlag à la Sumo-Ringer.

Nicht einzig der stärkere Süßgrad, auch der Zeitpunkt der Nahrungsaufnahme markiert den kleinen Unterschied im Vergleich zu daheim. Allein die **Essenszeiten** sind Kulturschock! Legt man den Beginn des Heiligabend-Festmahls im Kreis der Familie zwischen 22 und 23 Uhr zu Grunde, dürfte mit der abschließenden Turrones-Platte irgendwann zwischen Mitternacht und dem ersten Hahnenschrei zu rechnen sein ...

Mitunter reiten die Heiligen Drei Könige hoch
auf dem Kamel oder Dromedar ein

Über den heiligen Abend hinaus steht **feierliches Tafeln** in der Weihnachtszeit am Mittag des ersten Weihnachtstages, am Silvesterabend, am Neujahrsmittag sowie am Mittag des Dreikönigstages an. Ein kulinarischer Marathon, bei dem man auftischt, was die *paga extra* (Weihnachtsgeld) hergibt: *besugo, cigalas, centollos, angulas*. Meerbrasse und Kronenhummer, Seespinnen und Glasaale, ein ganzer Meeresboden frisch auf den Tisch. Ebenfalls beliebt ist der *capón* (Kapaun – kastrierter Masthahn), der mit Hackfleisch aus Kapaunfleisch, Rosinen und Pinienkernen gefüllt einige Stündchen im Ofen zubringt. Günstig, wenn man im Vorfeld des geplanten Schmauses im galicischen Vilalba vorbeikommt. Auf der *Feira do Capón,* dem großen Kapaunmarkt am 21. Dezember, wechselt stattliches Federvieh von bis zu sechs Kilo seine Besitzer.

Klar, dass Kronenhummer, Kapaun und Konsorten zuvorderst an der spanischen **(Haus-)Frau** hängen bleiben. Inmitten des gestiegenen Anspruchsdenkens bleibt die im Weihnachtsschema außen vor. Die Überlegung, wer, in Gottes Namen, all das zubereiten soll, fällt unter den Tisch. Gerade so, als käme der Kapaun hineingeflattert und all die Meerbrassen

und Glasaale gelangten über den Wasserweg in die Küche. Weihnachten ist auch in Spanien ein Fest des ungebremsten Konsums, bei dem man sich zu Beginn des dritten Jahrtausends noch immer nicht den gemeinen beschürzten spanischen Mann im Kampf gegen Kapaune und Hummer vorstellen mag.

Suchspaß am Dreikönigstag verheißt der *roscón de Reyes:* ein in der Bäckerei vorbestellter Hefekranz mit besonderem Inhalt in Form der *haba*. Eigentlich heißt *haba* Bohne, doch mittlerweile steckt im Teig oder im übersüßten Sahnering oft ein Plastikfigürchen *made in Taiwan* drin. Trotzdem bleibt's eine *haba*. Und der glückliche Finder verdient sich ein Prosit. Nicht nur das: In mancher Familie streicht er den vorher gesammelten Wetteinsatz ein. In anderen muss er bei nächster Gelegenheit einen ausgeben.

Aprilstreich, Wein- und Sangesfreuden

Das Brauchtum in der Weihnachtszeit spannt sich von Krippenausstellungen in Kirchen und bei Krippenbauervereinigungen bis zu den Dreikönigsumzügen. Zwischendrin sitzt den Einheimischen der **Schalk im Nacken:** am 28. Dezember, dem *Día de los Inocentes,* Spaniens 1. April. Wehe dem, der allen Zeitungsnotizen, Nachrichten und Worten seiner

Freunde glaubt. Mitten in der frostigsten Jahreszeit sieht man sich plötzlich mit einer *inocentada* (Scherz) in den April geschickt

Weihnachtsmärkte sind in Spanien längst nicht so verbreitet wie daheim (aber auf dem Vormarsch!), Glühwein ist so gut wie unbekannt und – nimmt man des Autors Lebend-Versuchstests im spanischen Freundeskreis als Maßstab – dürfte so schnell keine Liebhaber finden. Ekel, komm raus. Teutonischer Gastgeber, hüte dich vor solchen Fauxpas! Nein, „warme Sangría"? Und dann noch angereichert mit Zimt und Nelken?! All das verfehlt den spanischen Geschmacksnerv um Längen. Auf ähnliche Skepsis sind **kulinarische Missionierungsversuche** in Gestalt von Printen, Butterspekulatius und Zimtsternen gestoßen. Dabei ist das Ganze, auf den Glühwein bezogen, so neu nicht. Auf der Iberischen Halbinsel liebten schon die alten Römer warmen Wein mit Gewürzen.

Was unter Spaniern zu wurzeln begonnen hat, ist die aus anderen Ländern übernommene Tradition eines wohlig-duftenden **Weihnachtsbaums** im heimischen Wohnzimmer. Eine stolze Fichte statt des künstlichen Kümmerlings von immer, der den Rest des Jahres im verstaubten Karton auf dem Speicher verharrt. Ganz ausrangieren mag man den Kunstbaum nicht. So geht die neueste Tendenz zu zwei Christbäumen. Manche stellen den im Laufe der Jahre liebgewordenen Kunstbaum vor die Tür oder auf den Balkon und den großen Baum in die Stube. Auf die Weihnachtsbaumnachfrage haben sich umtriebige Exportler eingestellt und den Weg von deutschen Tannen und Rotfichten auf den spanischen Markt freigeschlagen. Warum die Nachhilfe aus deutschen Baumschulen Erfolg hat? Weil es Spaniens Nadelbäume dem Vernehmen von Pflanzexperten nach nicht auf ein solch gutes Volumen bringen.

Auch ohne glühweingespeiste Motivation gehen Spaniern die **Weihnachtslieder** leicht über die Lippen. *Villancicos* heißen sie hier, sind im melodischen Stile von *Noche de paz* („Stille Nacht, heilige Nacht") international bekannt und können ebensogut mit liebenswerten spanischen Elementen versetzt sein. In *Arre borriquito* muntert man das Eselchen auf, nicht zu spät nach Bethlehem zu kommen. Nur nicht *mañana*, kleiner Esel, denn dann ist Fiesta und übermorgen auch. Aufmerksame Hörer werden aufhorchen: Was für ein Anstoß zur Pünktlichkeit, welch sondersame Abweichung von der Mañana-Mentalität!

Krippenspiele, Wunschbriefe und Königsumzüge

„Lebende Krippen" *(pessebres vivents)* und Theater-Inszenierungen der Weihnachtsgeschichte *(els pastorets)* spielen in Katalonien eine besondere Rolle. Bei den *pessebres vivents,* wie in Bàscara, können durchaus mehrere Hundert Freiwillige im Einsatz stehen und stellen Szenen von vor 2000 Jahren nach.

Spanien-weit sind seltsame Briefkästen in den Postämtern verbreitet. Dort geht's in der Weihnachtszeit rein mit **Wunschbriefen an die Heiligen Drei Könige,** die *Reyes Magos.* Langzeitgeschädigte der spanischen Post – zu denen, Hand aufs Herz, der Autor dieses Buches zählt – fühlen sich geradezu animiert, noch rasch einen Brief an Spaniens König der Postämter in den Kasten zu werfen und um Ankunft seiner großformatigen Sendungen aus Deutschland zu bitten. Zumindest um eine Beförderungsdauer unter zwei Wochen, was schon ein großer Schritt in die Zukunft wäre. Aber nein, hier ist nur Platz für Kinder und ihre Wünsche an die drei Weisen aus dem Morgenland.

Diese drei haben dann am Vorabend des 6. Januar ihren großen Auftritt: bei den *Cabalgatas de los Reyes,* den **prächtigen Königsumzügen.** Dann thronen sie auf den Wagen, winken dem Volke zu und bombardieren es mit Bonbons, Konfetti und Luftschlangen. Allerdings nicht so exzessiv wie beim Kölner Karneval, auch wenn Wagen- und Traktoraufbauten und kostümierte Umzügler daran erinnern mögen. Mit dabei sind Hexen und Zauberer, Drachen und Gnome, Fahnenschwenker und Würdenträger, Akrobaten und höfische Noble und manch geschmückter Truck, der im Alltag seinen Dienst auf Europas Highways verrichtet. Glückliche entdecken sogar ihre Dreikönigswunschkarten im Briefewagen. Pünktlich und ordnungsgemäß und überdies portofrei zugestellt! Das gibt's nicht alle Tage und verlangt geradezu nach dem Songtext „Wunder gibt es immer wieder ..."

In Barcelona kommen die Heiligen Drei Könige **übers Meer** und werden mit Schiffssirenen und Begrüßungssalven empfangen. Für exotische Noten sorgen Fackelträger in orientalischen Trachten, Reiter und – wie im alicantinischen Alcoi – **Kamele,** auf denen Kaspar, Melchior und Balthasar hoch zu Höcker schaukeln. Was mancherorts zu einem Begleitprogramm führt, das im Vergleich zum festlichen Ambiente etwas ernüchternder wirkt. Plötzlich sind mittendrin Männer in orangefarbenen Overalls zur Stelle, bewaffnet mit Besen, Schaufeln und Plastiksäcken: es sind die Stadtreiniger, die noch während des Umzugs gewissenhaft all das beseitigen, was die Kamele an tierischen Lasten abgeworfen haben ...

Glückliches Neujahr

Punkt Mitternacht sind sie reif: zwölf Trauben. Wenn das Stündlein zum Jahreswechsel schlägt, hängt man ihnen in Spanien das Prädikat von **„Trauben des Glücks"** (uvas de la suerte) an – was hinwiederum an zwölf Glockenschläge und die Geschicklichkeit eines jeden Einzelnen gekoppelt ist.

Alles klar? Macht nichts. Man stelle sich vor, dass in fast jedem spanischen Haushalt an Silvester – Nochevieja, der „alten Nacht" – der Fernseher flimmert. Dank Livebericht heften sich die Augen der Nation spätestens um 23.59 Uhr an den Glockenturm des alten Posthauptamtes an der Puerta del Sol in Madrid. Auf ein glöckernes Vorspiel folgen Punkt Mitternacht zwölf dumpfe Klänge, bei denen es gilt, je eine Traube zu verspeisen. Gnadenlos simultan. Mit Haut und Kernen. Rosinen zählen nicht, man hat sein Glück selbst in der Hand. Wem das Zeremoniell unfall-, sprich: verschluckfrei gelingt, darf sein neues Jahr unter einem guten Stern wähnen. Weniger Abergläubische werden in den „Glückstrauben" stinknormale, in jenen Tagen Ende Dezember stark überteuerte Rebenfrüchte sehen. Jüngster Geschäftsclou sind Supermarktangebote mit **Trauben aus der Dose.** Bereits entkernt und gehäutet, zwölf Stück in der persönlichen Konserve. Klar, dass diese noch teurer sind als die frischen – aber immerhin billiger und gesünder als Böller, die in Spaniens Silvesternächten spärlich gezündet werden. Die richtigen Knalleffekte, wie bei den Fallas in Valencia, spart man für das laufende Jahr auf.

Fastnachtstreiben am Neujahrstag in Pamplona

Kulturschock kurz nach drei Uhr nachts. Der Papst und Osama bin Laden fröhlich wankend Arm in Arm, ein Eck weiter eine Horde wildgewordener Affen und Mönche. Irgendwo ein unklösterlicher Mega-Rülps, Gesänge und Gegröle aller Orten. Zoo, Fußballplatz, Karneval? Kaum sind die „Glückstrauben" halbwegs verdaut, begrüßt die Fiestastadt Pamplona das neue Jahr auf ihre Art: als Tollhaus voller Narren. Bars und Discos öffnen die Pforten, zwischen Mitternacht und Morgenstund schwärmt die Jugend aus. **Schrill kostümiert,** mit wallenden Gewändern und Gummimasken. Als Opfer für den Verkleidungsgag geraten all die Päpste und bin Ladens unter ihrer zweiten Gesichtshaut ins Schwitzen, legen sie in der nächsten Kneipe beiseite und sondern anders austretende Körperflüssigkeiten an den Häuserwänden der Altstadt ab. Ausufernd **derb und laut und lustig** geht's zu. Tanz und Fun und der erste Kater im jungen Jahr. Ein Vorgriff auf Fastnacht und ein neuerlicher Fall für die Straßenreiniger. Doch die haben Neujahr erst Spätschicht ...

Wichtige Termine in Spaniens Festjahr

Fiestakalender

Spaniens Festkalender ist bis ins Unermessliche gefüllt und bietet im jährlichen Rhythmus eine Immer-was-los-Garantie. Die Zahl der Fiestas gestaltet sich selbst für die Einheimischen unüberschaubar, sodass man mit einem Kalender wie diesem eine Auswahl wichtiger Feste treffen muss. Es entspricht der spanischen Mentalität, dass **Termine plötzlich um ein paar Tage verschoben** oder vorverlegt, Fiestas gekürzt oder ausgedehnt werden können. Da sich die Feste fast immer im Freien abspielen, kann auch das Wetter Änderungen im vorgesehenen Programmablauf bewirken. In die Reihe der Unwägbarkeiten gehören – im Falle von Fischerprozessionen mit Heiligenbildern – Wellen und Gezeiten des Meeres. Aktuelle Infos über die örtlichen Fremdenverkehrsämter.

Im Fiestakalender ist bei weniger bekannten **Orten** der Namen der Provinz in Klammern hinzugesetzt bzw. – im Falle der Kanaren oder Balearen – der Inselname. Bei Großereignissen wie Dreikönigsumzügen und Karprozessionen, an denen sich an den verschiedensten Schauplätzen Ähnliches abspielt, findet man die Städte und Orte unter einem einzigen Termin alphabetisch aufgeführt.

Am Ende des Kapitels findet sich ein zusätzlicher Überblick über Feier-, Fest- und Patronatstage.

Januar

- **2. Januar:**
  Fiesta de la Toma in **Granada,** die an die Einnahme der maurischen Stadt 1492 durch christliche Truppen erinnert; Prozession hinauf zur Alhambra.
- **5./6. Januar:**
  Am Vorabend des Dreikönigstages Umzüge *(Cabalgatas de Reyes)* in zahlreichen Städten und Orten, u. a. **Alcoi** (Alicante; mit Kamelen, ältester dokumentierter Dreikönigsumzug in Spanien), **Barcelona** (Ankunft der Weisen übers Meer), **Elche** (Alicante), **Guadix** (Granada), **Higuera de la Sierra** (Huelva), **Lucena** (Córdoba), **Madrid** (Umzug vor Hunderttausenden Schaulustigen von den Nuevos Ministerios bis zur Plaza de Cibeles), **Málaga, Palma de Mallorca, Pamplona, Sanlúcar de Barrameda** (Cádiz), **Santillana del Mar** (Kantabrien), **Segovia, Sevilla** und **Toledo.**
- **17. Januar:**
  Am Tag von San Antonio Abad Umzüge in **Artà** (Mallorca), **Canals** (Valencia; besonders hoher „Feuerberg" am Vorabend des Festtages ge-

genüber der Kirche) und **Morella** (Castellón). In **Sant Antoni de Portmany** (Ibiza) steht der Monat ganz im Zeichen des Schutzpatrons *Antonius;* Musikfestival, stimmungsvolle Konzerte im Festzelt auf dem Passeig de ses Fonts, Theater, am Tag des Heiligen ein Festumzug und die Segnung der Haustiere. Am Vorabend des Patronatstages jagen Pferde und Reiter in **San Bartolomé de Pinares** (Ávila) durch die Flammen von Scheiterhaufen; Ähnliches ereignet sich am Wochenende, das dem San-Antonio-Tag am nächsten liegt, in **Vilanova d'Alcolea** (Castellón).

- **19./20. Januar:**
Punkt Mitternacht (vom 19. auf den 20.) beginnt das große 24-stündige Trommeln von **San Sebastián.** Am Mittag des 20. gibt es zusätzlich die Trommelparade der Kinder.

- **21. Januar:**
Trachtentänze und musikalisch begleitete Bildnisprozession durch den Ortskern von **Santa Agnès de Corona** (Ibiza).

- **Letzte Januar- oder erste Februarwoche:**
Zweitägiges Mandelblütenfest *(Fiesta del Almendro en Flor)* in **Puntagorda** (La Palma) mit Tanz, Musik und Auftritten der Verseschmiede.

Februar

- **Rund um Karneval:**
Landesweit bekanntes ausgelassenes Treiben in **Cádiz** (rund zweiwöchiges Fest; Gesangswettstreits, großer Umzug am Karnevalssonntag), **Las Palmas** (Gran Canaria), **Santa Cruz de Tenerife** (Teneriffa; eine Woche Hochstimmung wie in Rio de Janeiro mit Umzügen und Königsanwärterinnen in fantasievollen Kostümen, Mega-Umzug am Karnevalsdienstag) und **Sitges** (Barcelona; Umzüge mit mehr als 3.000 Teilnehmern und 40 Wagen). Bunte Karnevalsfeste außerdem in **Águilas** (Murcia; „Rio de Janeiro in Kleinformat"), **Algeciras, Arrecife** (Lanzarote), **Barcelona** (Viertelsumzüge), **Bielsa** (Huesca; mit Tiermasken), **Bilbao, Ibiza-Stadt, Isla Cristina** (Huelva), **Ituren** (Navarra; mit den *zanpanzarrak,* den Glockentänzern), **Lantz** (Navarra; traditionelles Verbrennen des Miel Otxin, einer Strohfigur), **Laza** (Ourense; mit den alten Peliqueiros-Masken), **Lloret de Mar** (Girona), **Madrid** (mit großem Maskenball im Círculo de Bellas Artes), **Puerto de la Cruz** (Teneriffa), **Roses** (Girona), **Santa Cruz de la Palma** (La Palma), **Tarragona, Teguise** (Lanzarote), **Verín** (Ourense; mit den alten Cigarróns-Masken), **Vitoria, Xinzo de Limia** (Ourense; mit den alten Pantallas-Masken), und **Zubieta** (Navarra; mit den Zanpanzarrak-Glockentänzern).

März

- **Karwoche** *(Semana Santa):*
  Besonders beindruckende Prozessionen in **Sevilla,** speziell die Madrugá-Prozession in der Nacht auf Karfreitag. Bekannte Prozessionen außerdem in **Arcos de la Frontera** (Cádiz), **Ávila** (mit Kreuzweg im Morgengrauen des Karfreitags), **Baena** (Córdoba; mit großem Trommeln), **Baeza** (Jaén), **Banyoles** (Girona), **Bercianos de Aliste** (Zamora), **Bur-**

gos (am Karfreitag), **Cádiz, Cartagena, Córdoba** (verschiedene Prozessionen u.a. mit dem Bildnis des Jesús Rescatado am Palmsonntag, der Nuestra Señora de las Angustias am Gründonnerstag und dem Cristo de la Buena Muerte am Karfreitag), **Corella** (Navarra; große Karfreitagsprozession), **Crevillente** (Alicante; Büßerprozessionen am Dienstag und Mittwoch), **Fisterra** (La Coruña; Prozessionen mit dem Bildnis des Cristo da Barba Dourada am Karfreitag und Ostersonntag), **Girona, Granada, Jerez de la Frontera, León** (sehr viele Laienbruderschaften), **Lerma** (Burgos), **Lorca** (Murcia; riesige Karfreitagsprozession mit Reitern sowie Persönlichkeiten aus der Bibel und der Geschichte), **Lucena** (Córdoba), **Madrid** (hier u. a. die „Stillen Prozessionen" am Karfreitagabend), **Málaga, Ponferrada** (León; am Karfreitag), **Puente Genil** (Córdoba; Aufmarsch biblischer Figuren, große Prozessionen am Gründonnerstag und Karfreitag), **Segovia** („Stille Prozession" am Karfreitag), **Úbeda** (Jaén), **Valencia** (Semana Santa Marinera), **Valladolid** (Karfreitag), **Verges** (Girona; mit „Todestanz" der Skelette am Gründonnerstag), **Zamora** und **Zaragoza** (sehr viele Bruderschaften).

Passionsspiele werden u. a. in **Alcorisa** (Teruel; Karfreitagabend, „Drama de la Cruz"), **Cervera** (Lleida; speziell Karfreitag, „La Passió") **Chinchón** (Madrid; am Ostersamstag), **Esparreguera** (Barcelona), **Olesa de Montserrat** (Barcelona) und **Ríogordo** (Málaga; Hunderte von Darstellern, Vorstellungen Freitag und Samstag) aufgeführt.

In **Sant Hilari Sacalm** (Girona) gibt es einen „Lebenden Kreuzweg" (Via Crucis Vivent) zu sehen.

Am Abend des Gründonnerstags und am Mittag des Karfreitags schaurig-blutige Prozessionen der Selbstgeißler *(picaos)* von **San Vicente de la Sonsierra** (La Rioja). In **Valverde de la Vera** (Cáceres) findet die gespenstische Geißlerprozession der *empalaos* in der Nacht von Gründonnerstag auf Karfreitag statt.

In **Calanda** (Teruel) beginnt am Karfreitag-Mittag die *tamborrada*, das große Trommeln. Einen österlichen Trommelmarathon von Gründonnerstagnacht bis Samstagnachmittag beschert sich das Örtchen **Samper de Calanda** (Teruel).

- **Anfang März:**

Javierada-Wallfahrt nach **Javier** (Navarra), Massengottesdienste auf dem Vorplatz der Burg, auf der der heilige Franz Xaxer geboren wurde.

Bei Büßerprozessionen wird der Kopf mit Tüchern verhüllt

- **Mitte März:**
 In **Castellón de la Plana** Stadtfest *Fiestas de la Magdalena* mit Umzügen, Tanz, Feuerwerk und Stierkämpfen.
- **19. März:**
 Höhepunkt der *Fallas* von **Valencia**, in der „Nacht des Feuers" (auf den 20.) werden die zahlreichen fantasievollen Monumente aus Pappmaché verbrannt. In den Straßen türmen sich Hunderte Kolossalfiguren und -gruppen auf, an denen man an den Tagen zuvor vorbeistreift. Fallas-Tradition gibt es außerdem in kleineren Städten wie **Benicarló** (Castellón), **Burriana** (Castellón), **Sagunt** (Valencia) und **Xàtiva** (Valencia).

April

- **Variabel** (etwa zwei Wochen nach Ostern; wenn sie dann in den Mai fallen würde, wird sie vorverlegt):
 Feria de Abril in **Sevilla** mit Tanz, Musik und Gaumenfreuden auf dem großen Festgelände und in rund 1.000 Zelten *(casetas)*.
- **23. April:**
 Am Tag des Sant Jordi, des katalanischen Schutzheiligen, Buch- und Blumenstände auf der Rambla in **Barcelona.**
- **Rund um den 23. April:**
 In Angedenken an die Reconquista historische „Schlachten" zwischen Mauren *(moros)* und Christen *(cristianos)* in **Alcoi** (Alicante) und **Banyeres de Mariola** (Alicante).
- **Letztes Aprilwochenende:**
 Wallfahrt zu Ehren der Virgen de la Cabeza in **Andújar** (Jaén), an der rund 50 Laienbruderschaften teilnehmen.

Mai

- **2. Mai:**
 Fiestas del Dos de Mayo in **Madrid,** die an die Helden erinnern, die sich am 2. Mai 1808 gegen die napoleonischen Besatzer auflehnten.
- **3. Mai:**
 Blumenschmuckfeste *(Cruces de Mayo* oder *Fiesta de la Cruz)* in **Almuñécar** (Granada), **Coín** (Málaga), **Córdoba** (besonders prächtig), **Feria** (Badajoz), **Granada, Sanlúcar de Barrameda** (Cádiz), **Torrox** (Málaga) und **Villanueva de los Infantes** (Ciudad Real). In **Santa Cruz de la Palma** (La Palma) und **Santa Cruz de Tenerife** (Teneriffa) geht das Maikreuze-Fest mit dem Gedenken an die jeweilige Stadtgründung einher.
- **Anfang Mai:**
 Bei den *Fiestas de la Santísima y Vera Cruz* von **Caravaca de la Cruz** (Murcia) Aufmarsch und Rennen von prächtig geschmückten Pferden.

- **Zweiter Maisonntag:**
  Curro de la Valga, Auftrieb und Einpferchen halbwilder Pferde bei **Baiona-Oia** (Pontevedra).
- **Rund um den 12. Mai:**
  Von viel Musik und Trachtenumzügen bestimmtes Patronatsfest in **Santo Domingo de la Calzada** (La Rioja).

Mit Großkopfpuppen erhabenen Schrittes durch die Straßen

- **Mitte Mai:**
  Feria del Caballo in **Jerez de la Frontera,** ein Pferdemarkt mit zahlreichen Reitwettbewerben.
- **Um den 15. Mai:**
  Fiestas de San Isidro in **Madrid,** ein rund einwöchiges Patronatsfest mit Musik, Feuerwerk und Umzügen der Giganten- und Großkopfpuppen *(gigantes y cabezudos).* Beginn einer ganzen Reihe von Stierkämpfen in der Arena Las Ventas.
- **Dritter Maisonntag:**
  Prozession der „Hundert Jungfrauen" *(Cien Doncellas)* in **Sorzano** (La Rioja), die an den Jungfrauentribut aus maurischen Zeiten erinnert und zur Einsiedelei Virgen del Roble zieht.
- **Ende Mai:**
  Feria von **Córdoba.**
- **Zu Pfingsten:**
  Mega-Wallfahrt mit geschmückten Traktoren, Ochsen- und Maultierkarren nach **El Rocío** (Huelva; Höhepunkt ist die Nacht auf Pfingstmontag, wenn das Bildnis der Virgen del Rocío die heimische Kirche verlässt).

Juni
- **Anfang Juni:**
  Feria de San Bernabé in **Marbella,** begleitet von Prozessionen, Stierkämpfen und sportlichen Wettstreits.
- **Erster Junisonntag:**
  Curro de Torroña bei **Baiona-Oia** (Pontevedra).
- **Am Fronleichnamstag** *(Corpus Cristi):*
  Bedeutsame Prozessionen in **Baeza** (Jaén), **Berga** (Barcelona; mit Teufels- und Monsterfiguren), **Burgos, Cádiz, Granada, Málaga, Oñati** (Guipúzcoa; rund 500-jährige Tradition), **Palencia, Sevilla, Tarragona, Toledo** (besonders prächtig mit der berühmten Monstranz von Enrique de Arfe) und **Valencia** (mit Zwergen- und Großkopfpuppen, Drachen und biblischen Figuren).
- **Rund um den 11. Juni:**
  Fiestas de San Bernabé in **Logroño** (mit Feuerwerk, Umzug der Großkopfpuppen, Straßenkonzerten und Prozessionen) und *Fiestas de San Juan de Sahagún* in **Sahagún** (León; mit Stiertreiben von Jungstieren zwischen dem 10. und 12. Juni).
- **Um den 24. Juni:**
  Am Vorabend des Johannistages (24. Juni) zahlreiche Johannisfeuer. Besonders spektakulär sind die Barfuß-Läufe durch glühende Kohlen in **San Pedro Manrique** (Soria).

- **Letzter Junisonntag:**
  Curro da Capelada bei **Cedeira** (La Coruña).
- **29. Juni:**
  „Schlacht des Weins" bei **Haro** (La Rioja).
- **Rund um den 29. Juni:**
  Fiestas de San Pedro y San Pablo in **Burgos** und **León,** jeweils begleitet von viel Musik und zahlreichen Umzügen. Zum Fest von Burgos gehört auch der „Tag der Festvereine" *(Día de las Peñas)* am ersten Sonntag im Juli.

Juli

- **Anfang Juli:**
  Feria in **Estepona** (Málaga) und *Fiestas de la Vaquilla del Ángel* in **Teruel** (mit „Feuerstier").
- **6.–14. Juli:**
  Fiestas de San Fermín in **Pamplona,** die 204 Stunden am Stück dauern und durch *Ernest Hemingways* Roman „Fiesta" weltbekannt worden sind. Jeden Morgen werden Stiere durch die Altstadtgassen getrieben. Außerdem gibt es verschiedene Konzerte, Märkte, Straßenumzüge mit Großkopf- und Gigantenpuppen und prachtvolles Feuerwerk in der Zitadelle.
- **Mitte Juli:**
  Internationales Jazzfestival in **Vitoria.**
- **16. Juli:**
  Am Tag der Virgen del Carmen Fischerprozessionen mit dem Bildnis der heiligen Jungfrau u. a. in **Barbate** (Cádiz), **Barcelona, Benalmádena** (Málaga), **Cartagena, Estepona** (Málaga), **Fuengirola** (Málaga), **Málaga, Nerja** (Málaga) **Rincón de la Victoria** (Málaga), **Salobreña** (Granada) und **Torremolinos** (Málaga).
- **22. Juli:**
  Stelzentänzer von **Anguiano** (La Rioja), die sich – um sich selbst drehend – den Ort hinabwirbeln und am letzten Samstag im September ihren neuerlichen Auftritt haben.
- **25. Juli:**
  Am und um den Tag des heiligen Jakobus ausgedehnte Feierlichkeiten in **Santiago de Compostela**.
- **29. Juli:** *Romería de Santa Marta de Ribarteme* in **As Neves** (Pontevedra), Wallfahrt mit „Sargprozession".
- **Ende Juli:**
  Alle ungeraden Jahre und mitunter erst Anfang August Folklorefestival der Pyrenäen in **Jaca** (Huesca).

August

- **Anfang August:**
  Neujahrsfeiern im Alpujarras-Örtchen **Bérchules** (Granada). Hintergrund: Vor Jahren gab es einen Stromausfall in der richtigen Neujahrsnacht, der zur Verlegung mitten in den Sommer führte. Patronatsfest zu Ehren der „Weißen Jungfrau" in der baskischen Hauptstadt **Vitoria** (mit viel Musik, „Feuerstieren" und der eindrucksvollen Laternen-Prozession am 4. August; zu Fiestabeginn schwebt bei der *Bajada del Celedón* eine in regionale Tracht gekleidete Puppe vom San-Miguel-Glockenturm bis zur Plaza de la Virgen Blanca hinab).
- **Anfang August:**
  „Wikingerfest" von **Catoira** (Pontevedra) mit nachgespieltem Einfall der Nordmänner an der mittelalterlichen Turmbefestigung.
- **Anfang/Mitte August:**
  Pferderennen am Strand von **Sanlúcar de Barrameda** (Cádiz).
- **Zweiter Augustsamstag:**
  Volksfeststimmung beim *Descenso del Sella,* einer seit 1930 ausgetragenen Massen-Kanutour auf dem Río Sella von **Arriondas** nach **Ribadesella** (Asturien).
- **Mitte August:**
  Misteri d'Elx, das Mysterienspiel von **Elche** (zum Weltkulturerbe erklärt).
- **Rund um den Mariä-Himmelfahrtstag Mitte August:**
  Real Feria in **Antequera** (achttägiges Stadtfest mit Stierkämpfen, Sportveranstaltungen und Viehmarkt), das große Stadtteilfest in **Barcelona** *(Festa Major de Gràcia),* Patronatsfeierlichkeiten in **Cebreros** (Ávila; mit *encierros* von Kampfstieren), die Große Festwoche von **Gijón,** Weinlesefest von **Jumilla** (Murcia), die Feria von **Málaga** (begleitet von zahlreichen Stierkämpfen) und die Große Festwoche von **San Sebastián**.
- **Zweite Augusthälfte:**
  Große Festwoche *(Aste Nagusia)* von **Bilbao,** beginnend am ersten Sonntag nach dem 15. August.
- **Letzter Mittwoch im August:**
  La Tomatina, die Tomatenschlacht von **Bunyol** (Valencia), bei der sich die Teilnehmer gegenseitig mit über 100 t Tomaten bombardieren.

Eröffnung der Fiesta de San Fermín auf dem Rathausplatz von Pamplona

- **Ende August:**
Stadtfeste in **Almería** (mit Musik, Tanz, Stierkämpfen und Sportwettbewerben), **Calahorra** (La Rioja; mit Stierkämpfen und Stiertreiben), **Santander** *(Fiestas de San Emeterio y San Celedonio)* und **Tarazona** (Zaragoza; mit Stiertreiben sowie einer Tomatenschlacht am 27. August).

September
- **Anfang September:**
Fiestas de Pedro Romero in **Ronda** mit Reiterprozessionen, Flamencogesang und Stierkämpfen in historischen Trachten aus der Zeit *Goyas (Corridas de Toros Goyesca).*
- **Anfang September:**
Stadtfest von **Guadix** (Granada) mit Umzügen und Viehmarkt. Wallfahrt von **Muxía** (La Coruña) zum nahen Heiligtum Virxe da Barca.
- **8. September:**
Festumzug in **Hondarribia** (Guipúzcoa), der an den Sieg über die französischen Invasoren anno 1638 erinnert.

- **8. September:**
  Reiterparade in **Maó** (Menorca), Marienwallfahrt nach **O Cebreiro** (Lugo).
- **Mitte September:**
  Von mittelalterlichem Markt und Umzug begleitetes Troubadour-Fest in **Castelló d'Empúries** (Girona), während sich die Menschenmengen bei der *Fiesta del Charco* („Teichfest") von **San Nicolás de Tolentino** (Gran Canaria) in die bräunlichen Fluten stürzen.
- **Mitte September:**
  Einwöchiges Patronatsfest von **Sangüesa** (Navarra) mit Umzügen, Tanz, Musik, Feuerwerk und Jungstiertreiben durch die Straßen.
- **Zweite Septemberhälfte:**
  Römer- und Karthagerfest in **Cartagena** (*Fiestas de Cartaginenses y Romanos,* nachgestellte Kämpfe in historischen Kostümen).
- **Rund um den 20. September:**
  Fiestas de San Mateo in **Logroño,** *das* große Weinlesefest der Rioja.
- **23./24. September:**
  Santa-Tecla-Patronatsfest in Tarragona, begleitet von Auftritten der Menschenpyramiden-Erbauer *(castellers).*
- **Um den 24. September:**
  Stadtfest in **Barcelona,** Stadt- und Weinlesefest in **Jerez de la Frontera.**

Oktober

- **Anfang Oktober:**
  Stadtfeste in **Fuengirola** (Málaga) und **Lugo** und Meeresfrüchtefest in **O Grove** (Pontevedra).
- **Rund um den 12. Oktober:**
  In **Zaragoza** Patronatsfeierlichkeiten zu Ehren der Virgen del Pilar, begleitet von Konzerten, Ausstellungen, Stierkämpfen und Wettbewerben.
- **Um den 15. Oktober:**
  In **Ávila** zum Gedenken an die heilige Theresia von Ávila mehrtägige *Fiestas de Santa Teresa de Jesús* mit Folklore, Feuerwerk sowie Umzügen mit Großkopfpuppen.

November

- **9. November:**
  Fiesta de la Virgen de la Almudena, Prozession in **Madrid.**
- **Mitte November:**
  Patronatsfest in **Medinaceli** (Soria), bei dem ein „Feuerstier" mit brennendem Aufsatz auf die Menge losgelassen wird.
- **Letzter Novembersonntag:**
  „Rauchprozession" von **Arnedillo** (La Rioja).

- **30. November:**
Sankt-Andreas-Wallfahrt nach **San Andrés de Teixido** (La Coruña).

Dezember

- **Anfang/Mitte Dezember:**
In Barcelona Luciafest (Fira de Santa Llúcia) mit Weihnachtsmarkt.
- **7. Dezember:**
In **Jarandilla de la Vera** (Cáceres) Spaßkämpfe mit brennenden Reisigbündeln.
- **21. Dezember:**
Kapaunmarkt in **Vilalba** (Lugo).
- **24. Dezember:**
Festumzüge mit dem *olentzero* (Köhlerfigur, die die frohe Botschaft verkündet) in **Lesaka** (Navarra), **Pamplona** und **San Sebastián.** Traditionelle Christmessen in der Kathedrale von **Palma de Mallorca** und im Santuario de **Lluc.**
- **Um den 24. Dezember:**
Lebende Krippen *(pessebres vivents)* in **Bàscara** (Girona; besonders viel Beteiligung), **Corbera de Llobregat** (Barcelona), **Pals** (Girona), **Salou** (Tarragona) und **Torres de Fals** (Barcelona).
- **31. Dezember:**
Open-air-Silvesterfeier an der Puerta del Sol in **Madrid,** vielbeprosteter Jahreswechsel mit Glückstrauben. Nach Mitternacht kostümiertes Ausschwärmen der Jugend in der Altstadt von **Pamplona.**

Feier-, Fest- und Patronatstage – ein Überblick

In den Kapiteln „Fiestas – Bräuche – Traditionen" und „Glaube und Aberglaube" ist von einer schier unglaublichen Zahl an Patronatsfesten die Rede, bei denen selbst die kleinsten Dörfer ihren **Schutzheiligen** oder ihre Schutzheilige verehren. Ob einzelne Apostel, die Jungfrau Maria oder – in Spanien ganz besonders ausgeprägt – lokal bedeutsame Größen wie Äbte, Einsiedler, Märtyrer aus römischen Zeiten und infrastrukturelle Förderer des Jakobsweges. Manche Orte tragen die Namen solcher Persönlichkeiten, doch „Exklusivrechte" am Fest zu Ehren des oder der Heiligen bestehen nicht. Alleine der aus Zaragoza stammende und alljährlich am 22. Januar verehrte Märtyrer Sankt *Vinzenz (San Vicente Mártir)* ist in über 200 spanischen Orten als Schutzpatron dokumentiert.

Vor diesem Hintergrund ist verständlich, dass im ganzen Land **viele Patronatsfeierlichkeiten gleichzeitig** ablaufen. Ihr Verlauf kann durchaus zwei Wochen erreichen und das geregelte Arbeitsleben komplett zum Er-

liegen bringen. Manche Städte und Orte kombinieren nah zusammenliegende Tage zu einem einzigen großen Fest, so wie den Jakobus- und Annatag (25. und 26. Juli) bzw. Mariä Himmelfahrt und den Tag des heiligen Rochus (15. und 16. August).

In Ergänzung zum „Fiestakalender" geben wir nachfolgend einen Überblick über die für Spanien maßgeblichen Feier-, Fest- und Patronatstage, wobei vor allem die **lokal relevanten Heiligen** mit einer kurzen Zusatzinfo vorgestellt werden. Ob und wann genau viele der *santas* und *santos* gelebt haben, gehört mitunter ins Reich der Legende. Fest steht, dass an jedem der aufgeführten Patronatstage landauf, landab Fiestas stattfinden, die in enger Beziehung zur Schutzfunktion des Heiligen stehen können. So wie die Feuer am Tag der Feuerpatrone *San Antonio Abad* (17. Januar) und *Santa Águeda* (5. Februar), die Meeresprozessionen der Fischer am Tag ihrer Schutzheiligen *Virgen del Carmen* (16. Juli) und Prozessionen am Tag des kirchlichen Schutzpatrons *San Miguel Arcángel* (29. September). Andere Programmpunkte hingegen haben jeglichen Urbezug zum Heiligen verloren – man denke nur an die Stiertreiben während der *Fiestas de San Fermín* rund um den 7. Juli in Pamplona.

- **1. Januar:** *Año Nuevo* – Neujahrstag (Nationalfeiertag).
- **6. Januar:** *Día de Reyes* oder *Día de la Epifanía* – Tag der Heiligen Drei Könige (Nationalfeiertag).
- **17. Januar:** *San Antonio Abad* – Antonius der Große (um 252–356), Vater des Mönchstums; Schutzheiliger der Haustiere, gegen Feuergefahr und ansteckende Krankheiten.
- **22. Januar:** *San Vicente Mártir*, aus Zaragoza stammender Märtyrer, mutmaßlich im Jahre 304 in Valencia hingerichtet.
- **30. Januar:** *San Lesmes,* aus Frankreich stammender Abt (um 1035–1097), der in Burgos die Jakobspilger versorgte..
- **1. Februar:** *San Cecilio,* der gemeinsam mit sieben Gefährten als Märtyrer in Granada starb.
- **12. Februar:** *Santa Eulalia de Barcelona,* junge Märtyrerin, zu Beginn des 4. Jahrhunderts gefoltert und hingerichtet.
- **3. März:** *Santos Emeterio y Celedonio,* zu römischen Zeiten Märtyrer aus dem riojanischen Calahorra.
- **8. März:** *San Juan de Dios* – Johannes von Gott (1495–1550), stiftete den auf Krankenpflege ausgerichteten Orden der Barmherzigen Brüder und verstarb in Granada.
- **10. März:** *Santa Oria* (1042–1070), stammte aus dem riojanischen Villavelayo und ließ sich lange Zeit im Suso-Kloster von San Millán de la Cogolla einmauern.
- **19. März:** *Día de San José* – Tag des heiligen Josef.
- **Jueves Santo:** Gründonnerstag.
- **Viernes Santo:** Karfreitag (Nationalfeiertag).
- **Lunes de Pascua:** Ostermontag.

Festlicher Aufmarsch in León

- **4. April:** *San Isidoro de Sevilla* – heiliger Isidor von Sevilla (um 560–636), spanischer Erzbischof und Kirchenlehrer, dessen Reliquien von den Gläubigen in der Stiftskirche San Isidoro in León verehrt werden.
- **5. April:** *San Vicente Ferrer,* Bußprediger der Dominikaner (um 1350–1419), stammte aus Valencia und vertrat seine Heimatregion 1412 beim Schiedsspruch von Caspe; Patron bei Fiebererkrankungen und Kopfschmerzen.
- **9. April:** *Santa Casilda,* Tochter eines Maurenfürsten aus Toledo, die sich vermutlich eingangs des 12. Jahrhunderts zum Christentum bekehren ließ.
- **23. April:** *San Jorge,* für die Katalanen *Sant Jordi* – heiliger Georg, meist dargestellt als Drachentöter.
- **27. April:** *Mare de Déu de Montserrat,* Schutzpatronin von Katalonien, die man „Schwarze Madonna" *(La Moreneta)* nennt und die in einem Benediktinerbergkloster 60 Kilometer nordwestlich von Barcelona verehrt wird.
- **28. April:** *San Prudencio,* aus dem baskischen Armentia stammender Schutzpatron der Provinz Álava, der mutmaßlich im 8. Jahrhundert das Evangelium in der Rioja und in Aragonien verkündete.
- **1. Mai:** *Fiesta del Trabajo* – Tag der Arbeit (Nationalfeiertag). An diesem Tag wird auch der heilige Josef als Patron der Arbeiter verehrt.
- **12. Mai:** *Santo Domingo de la Calzada* (1019–1109), Brücken- und Wegebauer am Jakobsweg, stammte aus dem riojanischen Dorf Viloria de Rioja und liegt in der Kathedrale von Santo Domingo de la Calzada begraben. Er steht im Mittelpunkt des berühmten Hühnerwunders, bei dem er einen unschuldig erhängten Pilger vor dem Tod bewahrte. In Erinnerung daran hält die Kathedrale von Santo Domingo de la Calzada einen Hühnerkäfig mit echtem Federvieh.
- **15. Mai:** *San Isidro Labrador,* soll im 12. Jahrhundert gelebt haben; in Madrid begrabener Patron der Landwirtschaft.
- **30. Mai:** *Fernando III el Santo* – König Ferdinand III. der Heilige (1201–1252), vereinte León und Kastilien und hatte große Erfolge bei der Reconquista.
- **Pentecostés:** Pfingsten.
- **Día del Corpus:** Fronleichnamstag.
- **2. Juni:** *San Juan de Ortega* (1080–1163), aus Quintanaortuño (Provinz Burgos) stammender Förderer des Jakobsweges, der sich beim Kloster-, Brücken- und Wegebau verdient machte und in der Klosterkirche von San Juan de Ortega begraben liegt.
- **12. Juni:** *San Juan de Sahagún* (1430–1479), Augustinermönch aus dem kastilischen Jakobswegstädtchen Sahagún.

- **24. Juni:** *San Juan* – Geburtsfest Johannes des Täufers, verbunden mit Sonnenwendfeiern und Johannisfeuern in der Johannisnacht vom 23. auf den 24. Juni.
- **25. Juni:** *Santa Orosia,* Märtyrerin, deren Reliquien in der Kathedrale von Jaca (Aragonien) aufbewahrt werden.
- **26. Juni:** *San Pelayo,* aus Córdoba stammender Christ, der mutmaßlich um 925 von den Mauren getötet wurde.
- **29. Juni:** *San Pedro y San Pablo* – Peter- und Paulstag.
- **7. Juli:** *San Fermín,* der aus Pamplona stammte, zu römischen Zeiten das Evangelium in Frankreich verbreitete und Ende des 3. oder Anfang des 4. Jahrhunderts als Märtyrer in Amiens zu Tode kam.
- **16. Juli:** *Virgen del Carmen* – heilige Jungfrau vom Berge Karmel, Schutzheilige der Fischer und Seeleute.
- **19. Juli:** *Santas Justa y Rufina,* aus dem Sevilla des 3. Jahrhunderts stammende Schwestern und Märtyrerinnen.
- **25. Juli:** *Día de Santiago* – Tag des heiligen Apostels *Jakobus.* Patron Spaniens.

Der berühmte Hühnerkäfig in der Kathedrale von Santo Domingo de la Calzada

- **27. Juli:** *San Pantaleón,* Märtyrer aus dem 4. Jahrhundert und mutmaßlich Leibarzt des römischen Kaisers Maximianus. Seine Reliquien werden in der Madrider Klosterkirche Encarnación verehrt.
- **31. Juli:** *San Ignacio de Loyola* – heiliger Ignatius von Loyola (1491–1556). Stammte aus dem baskischen Loiola, widmete sich nach seiner schweren Verwundung in Pamplona geistigen Studien, zog sich nach Manresa zurück und begründete den Jesuitenorden.
- **8. August:** *Santo Domingo de Guzmán* – Tag des heiligen Dominikus (um 1170–1221). Er stammte aus dem kastilischen Caleruega und begründete 1215 die Prediger-Gemeinschaft der Dominikaner.
- **15. August:** *Asunción de Nuestra Señora* – Mariä Himmelfahrt (Nationalfeiertag).
- **16. August:** *San Roque* – heiliger Rochus, oft dargestellt als Pestpatron.
- **8. September:** *Natividad de Nuestra Señora* – Maria Geburt.
- **24. September:** *Nuestra Señora de la Merced* – gnadenreiche Jungfrau.
- **27. September:** *San Cosme y San Damián,* Märtyrer zu römischen Zeiten, vermutlich während der Herrschaft *Diokletians;* Schutzpatrone der Ärzte.
- **5. Oktober:** *San Froilán* (833–905), aus dem galicischen Lugo stammender Klostergründer, der gegen Ende seines Lebens zum Bischof von León ernannt wurde.
- **12. Oktober:** *Día del Descubrimiento* oder *Día de la Hispanidad* – Tag der Entdeckung Amerikas oder Tag des Spaniertums (Nationalfeiertag).
- **15. Oktober:** *Santa Teresa de Ávila* – heilige Theresia von Ávila (1515–1582), aus Ávila gebürtige Mystikerin und Karmelitin, die den Karmeliterorden reformierte. Patronin Spaniens, verstarb in Alba de Tormes (Provinz Salamanca).
- **30. Oktober:** *San Marcelo,* in der gleichnamigen Kirche von León verehrter Zenturio, der mutmaßlich im 3. Jh. zu Tode gemartert wurde.
- **1. November:** *Día de Todos los Santos* – Allerheiligen (Nationalfeiertag).
- **12. November:** *San Millán de la Cogolla* (473–574), Einsiedler aus dem riojanischen Örtchen Berceo, dessen sterbliche Überreste heute im Yuso-Kloster von San Millán de la Cogolla verehrt werden.
- **13. November:** *San Diego de Alcalá,* andalusischer Franziskanermönch, den es unter anderem auf die Kanarischen Inseln verschlug und der 1463 in Alcalá de Henares verstarb.
- **29. November:** *San Saturnino,* im dritten Jahrhundert erster Bischof im französischen Toulouse und Märtyrer, der mutmaßlich an einen Opfer-

---

Ein Skulpturensemble am baskischen Heiligtum von Loiola zeigt den Transport des schwer verwundeten Ignatius von Loyola

stier gebunden und zu Tode geschleift wurde. Saturnino wird wegen seiner Evangelisierungsbemühungen in Pamplona als einer der Heiligen am Jakobsweg verehrt.
- **3. Dezember:** *San Francisco Javier* – heiliger Franz Xaver (1506–1552), aus dem navarresischen Javier stammender Mitbegründer des Jesuitenordens, der als Missionar des Orients Berühmtheit erlangte.
- **6. Dezember:** *Día de la Constitución* – Tag der Verfassung (Nationalfeiertag).
- **8. Dezember:** *Día de la Inmaculada* – Mariä Empfängnis (Nationalfeiertag).
- **10. Dezember:** *Santa Eulalia de Mérida,* junge Märtyrerin, wurde zu Beginn des 4. Jahrhunderts von Ungläubigen gerichtet.
- **13. Dezember:** *Santa Lucía* – heilige Lucia.
- **14. Dezember:** *San Juan de la Cruz* – Johannes vom Kreuz (1542–1591), aus Fontiveros (Provinz Ávila) stammender Mystiker, Kirchenlehrer und Reformator des Karmeliterordens. Verstarb im andalusischen Úbeda.
- **20. Dezember:** *Santo Domingo de Silos,* im 11. Jahrhundert verdienter Abt des gleichnamigen Kloster in der Provinz Burgos.
- **25. Dezember:** *Navidad* – Weihnachtstag (Nationalfeiertag).

Glaube und Aberglaube

Steckt man sein persönliches Feld der Glaubens- und Aberglaubensbekenntnisse ab, wird man – möglicherweise – auf eine gewisse Anzahl Kirchenbesuche pro Jahr stoßen, auf schwarze Katzen und die ominöse „13" und die Schuld an einem schlechten Tag auf die Tatsache zurückführen, frühmorgens mit dem linken Fuß aufgestanden zu sein. Ähnlicher **Alltags(aber)glaube** herrscht in Spanien vor. Im Sinne eines guten Omens klopft man auf Holz (nicht dreimal, einmal reicht), wünscht sich mit Knoblauch Glück herbei und vermeidet es, unter einer Leiter herzugehen. Das nämlich verheißt ebenso Unheil wie *martes trece,* Dienstag (nicht Freitag) der Dreizehnte. Glücks- und Schutzfunktion üben – genau wie andernorts – Amulette, Kreuze und jedwede Form von Mariendarstellungen aus. Die heilige Jungfrau ist in winzigkleinen, vergitterten Bilderstöcken gleichermaßen präsent wie in großen Gotteshäusern und wird mit jedweden Opfergaben überhäuft.

Typisch Spanien: Prozession mit der geschulterten Madonna

Marienkult mit Opfer- und Dankesgaben

Ofrendas heißen jene **Opfer- und Dankesgaben,** mit denen man sein von der Jungfrau Maria bewirktes Glück bekundet oder beschwört. Über das Bergkloster von Montserrat, in dem die Gläubigen mit der „Schwarzen Madonna" Kataloniens Schutzheilige verehren, rollt regelmäßig eine solche Welle von *ofrendas* hinweg, dass man einen Sonderraum eingerichtet hat. Natürlich kennt man Weihegaben, Kerzen- und Blumenspenden auch aus anderen Wallfahrtsorten und Kirchen, doch hier betritt man ein richtiges kleines Kuriositätenkabinett. Mit Hochzeitsschuhen und Hochzeitskleidern und Bildern von glücklichen Brautpaaren. Mit Lätzchen und Haarzöpfen, mit Kreuzen und Kinderfotos, mit stattlichen Fußballpokalen und Losen der „Once"-Blindenlotterie. Kaum zu glauben, in was die heilige Madonna von Montserrat überall hineingezogen wird. Angesichts des Ansturms an *ofrendas* gibt das nüchterne Platzkalkül vor: Einmal im Monat wird der Raum geleert ...

In Spanien steht die **heilige Gottesmutter** oft mit wundersamen Geschichten in Verbindung. Mal heißt sie „Jungfrau vom Wege", *Virgen del Camino,* und soll bei León einem Hirten erschienen sein, mal hat man ihr Bildnis – im Fall der in Ponferrada verehrten *Nuestra Señora de la Encina,* „Unsere liebe Frau von der Steineiche" – in einem Baumstamm gefunden. Nachvollziehbare Erklärung für diesen und ähnliche Wunderfunde: Vor den heranstürmenden Mauren wurde das Bildnis einst in Sicherheit gebracht und versteckt und nach Abschluss der Reconquista wiederentdeckt. Gesänge, Legenden und Dichtungen steigerten die Wirkung der *santuarios marianos,* der **Marienheiligtümer.** In seinen Lobpreisliedern, den *cantigas,* himmelte *König Alfons X. der Weise* (1221–1284) die Weiße Madonna von Villalcázar de Sirga an, erzählte von Kranken, die dank ihrer Kraft geheilt und von Toten, die zum Leben erweckt wurden.

Die unendlich gesplittete Maria als Basis von „Lokalreligion"

Maria, Maria über alles – eine schier unerschöpfliche Flut an Bildnissen aller Epochen und **stets unter anderen Namen.** Im andalusichen El Rocío verehrt man sie als „Jungfrau vom Morgentau" (*Virgen del Rocío;* Ziel der pfingstlichen Mega-Wallfahrt, siehe Kap. „Spaniens größte Fiestas"), in Zaragoza als „Unsere liebe Frau von der Säule" (*Nuestra Señora del Pilar),* im kastilisch-leonesischen Castrojeriz als „Jungfrau vom Apfelbaum" *(Virgen del Manzano),* im Jakobswegstädtchen Frómista als „Unsere liebe Frau vom Hügel" *(Nuestra Señora del Otero).* Die Aufzählung ließe sich über Seiten fortsetzen und macht die Frage nach dem Warum unerlässlich. Wieso nicht eine einzige Übermutter unter einheitlichem Namen, warum eine solche Menge unterschiedlich benannter Marien, die eigentlich immer dieselbe darstellt?

Bildnis einer weinenden Maria in Mazarrón (Murcia)

Jede spanische Region, jede Stadt, jede Gemeinde, jedes Dorf zieht Maria bevorzugt auf die eigene Ebene, verleiht ihr **heimatspezifisches Gewicht,** eine spürbare Nähe der Identifikation, ein unverwechselbares Gepräge. Sieh', unsere Maria, die man einst im Apfelbaumstamm gefunden hat! Schau', unsere Maria, die auf dem Pfeiler sitzt! Entsprechend gestaltet sind die Marienbildnisse in den Kirchen – bis hin zu ergreifendem Kitsch. Maria als Schmerzensmutter, Maria mit kullernden Tränen. Ebenso wie bei dem für Spanien spezifischen „Lokalstolz" (vgl. Stichwort „Stolz" in „Der spanische Alltag A–Z") hat man es hier mit „Lokalreligion" zu tun. Ausgehend von diesem Terminus, schreibt der deutsche Religionswissenschaftler *Karl Braun:* „Die Virgenes sind somit lokale Größen, die ihr zugeschriebene Macht fließt in das Selbstwertgefühl ihrer Gläubigen ein, die Präsenz des jeweiligen Bildes wird als reale erlebt und beschrieben: Die Virgen *kommt* in die Stadt, wenn ihr Imagen in die Stadt getragen wird, die Virgen *kleidet sich* in verschiedenen Farben, wenn das Imagen bei der Novene täglich mit einem anderen Gewand geschmückt wird. Was die Virgen des einen Ortes will und tut, will und tut diejenige des Nachbarortes gerade nicht: Lokale Traditionen werden dadurch zum Willen der Lokalheiligen und sind als solche begründet."

Solcherlei Denken stärkt den **Volksglauben,** der sich nicht einzig auf bedingungslose Frömmigkeit stützt. Heidnische Traditionen spielen eine ebenso große Rolle wie Maria als Mittelpunkt eines folkloristisch umrahmten *local event* bei Wallfahrten und Prozessionen. Dies mag die ungebrochene Teilnahme selbst von jenen erklären, die nicht der Sparte praktizierender Katholiken zufallen. So gilt es in Spanien stets fein zu differenzieren zwischen Religion und Kirche, genauer: religiös bestimmten Handlungen und dem Zugehörigkeitsgefühl zur Amtskirche.

Ein Beispiel, in welch extremer Form sich Glaube und Aberglaube überlappen können, bietet die Kathedrale von Valencia. Frauen im letzten Schwangerschaftsmonat zieht es zur *Virgen del Coro,* einem gotischen Marienbildnis im Altarumlauf. Die Tradition besagt, dass sie von hier aus neun Runden durch das Kathedralinnere drehen – auf dass die Geburt gut gelingen und das Kind gesund zur Welt kommen möge.

Land der protzigen Kirchen und Klöster

„Lasst uns eine Kirche bauen, so grandios, dass jene, welche sie vollendet sehen, uns für von Sinnen halten." Gesagt, getan. Ihren größenwahnsinnigen Entschluss, gefasst an einem Julitag des Jahres 1401, setzten Sevillas Kirchenobere in die Tat um. Erwachsen aus den Resten der großen Almohadenmoschee, entstand bis ins 16. Jahrhundert hinein eines der imposantesten Gotteshäuser der christlichen Welt. Welch eine **Glaubensburg mitten im alten Sevilla!** Die Kathedrale der andalusischen Hauptstadt sieht sich einzig vom Petersdom in Rom und der St. Paul's Cathedral in London übertroffen und gehört – ebenso wie die Kathedrale von Burgos, die Zisterzienserabtei von Poblet und die Klöster von San Millán de la Cogolla – zum Weltkulturerbe der UNESCO.

Typisch *España:* Im Zeichen des Kreuzes und der **kirchlichen Pracht- und Machtentfaltung** schien zu keiner Zeit nichts zu teuer. Unverfroren machte man sich die engen Bande zwischen Staat und Kirche zu Nutze, verpulverte munter die Gelder und steckte sie flächendeckend in Prestige- und Präsenzobjekte. Jedes Dorf bekam seine Kirche, jede Kirche ihre wunderbar ausstaffierten Kapellen und Retabel. Ein Phänomen **sakralen Wohlstands,** das noch heute keinem Spanienreisenden entgeht. Allein eine Provinz wie Burgos vereint eine sagenhafte Zahl von über 50 Klöstern und um die 1.500 Kirchen, Kapellen und Einsiedeleien auf sich.

Die Mehrung des Reichtums kam so richtig ins Rollen, nachdem *Kolumbus* die „Neue Welt" für die Krone in Besitz genommen hatte und all die **Gold- und Silberflotten aus den Kolonien** für regen Nachschub in die Heimat sorgten. Wen interessierte da schon, dass die Indígenas zu Millionen in den Stollen Südamerikas krepierten, so wie im legendären bolivianischen Silberberg von Potosí? Hauptsache, die Gratis-Importe florierten und der nächste Altarschmuck war in ornamentaler Überfülle gesichert. Den Anfang aller machte der Hauptaltar des am Stadtrand von Burgos gelegenen Kartäuserklosters Miraflores – er wurde mit dem ersten gelieferten Gold aus den Kolonien überzogen.

Die Kathedrale von Burgos zählt zum Weltkulturerbe der UNESCO

Trotz allen Kirchenprunks und aller erzkatholischen Traditionen zeigt das Glaubenspanorama im Spanien des dritten Jahrtausends Risse. Plötzlich steht man im Land, das die Inquisition und Ordensgründer wie den heiligen *Dominikus* (um 1170–1221) und *Ignatius von Loyola* (1491–1556) hervorgebracht hat, vor ebenso **leeren Kirchenbänken** wie andernorts. Die Glaubensstärke sinkt, die Appelle der Amtskirche fruchten nicht mehr, der voreheliche Verkehr ist nicht mehr zu bremsen, Priestermangel macht sich breit, mitunter laufen die Schäflein den Hirten davon.

Aber nicht immer und überall. Intensität und **Zulauf** bei Wallfahrten, Heiligenverehrung und Madonnenkulten sind ungebrochen (vgl. auch Kapitel „Fiestas – Bräuche – Traditionen"). Und im Keimland seines Ordensgründers *Josémaría Escrivá de Balaguer* behauptet sich das okkulte Opus Dei als unanfechtbare Bastion des Konservatismus. Ebenso erstaunlich erscheint, in welchem **Verhältnis Glaube und Aberglaube** noch heute zueinander stehen – der altüberlieferte Aberglaube und die mit ihm verflochtenen Legenden und Wunder als Nährboden für christliche Gesinnungen und Pilgerzüge. Man denke allein an den Boom auf dem Jakobsweg nach Santiago de Compostela, wo der Glaube unverändert Berge versetzt.

Ob die Reliquien des heiligen Apostels *Jakobus* wirklich in der Kathedrale von Santiago de Compostela bestattet liegen, ist letztendlich Glaubenssache. Gleiches gilt für andere Ziele. Das in die kantabrische Gebirgswelt eingefasste **Kloster Santo Toribio de Liébana** nimmt für sich in Anspruch, ein Stück jenes legendären Kreuzes zu bergen, an dem Christus starb. Und der im galicischen Bergheiligtum **O Cebreiro** verehrte Kelch wird mit dem Kelch in Verbindung gebracht, der beim Letzten Abendmahl benutzt wurde und seit jeher den Gralsmythos beflügelt hat. Damit steht O Cebreiro allerdings in nationaler Konkurrenz zur Kathedrale von **Valencia,** wo es Gläubige in die Kapelle Santo Caliz zieht. Dort soll er zu sehen sein, der wahrhaftige **Abendmahlkelch** – streng gesichert hinter Glas.

Galicien – kultische Stätten der Kelten und symbolische (Aber-)Glaubensbekenntnisse

Galicien – Land der „Todesküste" Costa da Morte, der entlegenen Dörfer und tiefen Buchten, der nebelverhangenen Klippen und Berge, der grasgrünen Hügel und Weiden. Ein **Urgrund der Mythen und Mysterien,** der das restliche Spanien in den Schatten stellt. Die Landwirtschaftsregion im äußersten Nordwesten der Iberischen Halbinsel kultiviert ihr spezielles Geflecht aus Glaube und Aberglaube, dessen Wurzeln in **keltische Zeiten** reichen. In eine Epoche also, in der man ganz im Bann der Urkräfte stand und die Ausgeburten von Mutter Natur respektergeben verehrte. Sie bestimmten Leben und Tod. Kein Blitz, kein Donner, kein Sonnenuntergang, keine Sturmflut ohne Rückschluss auf göttliche Zeichen. In Steinen saßen heilende und wahrsagende Mächte, auf Bergen wie dem Monte Pindo residierten die Götter, in der Serra da Capelada waren rastlos wandernde Seelen zugegen, an der urwüchsigen Steilküste des Kaps von Fisterra endete die Welt und die Sonne sah sich allabendlich vom Wasser verschlungen. Nicht zu vergessen all die sonderbaren Felsformationen, Altäre aus Stein, in die man Betten und Wiegen hineininterpretierte und sie im Zuge des Fruchtbarkeitskults aufsuchte.

Die Bedeutung solcher Schauplätze machte sich das **Christentum** zu Nutze, überführte den Grundrespekt vor den Kräften der Natur auf eine zweite Ebene. An den Stellen kultischer Stätten der Kelten errichtete man Kreuze, entstanden **Heiligtümer** wie Nosa Señora da Lanzada, wo man noch heute bei Wallfahrten die Fruchtbarkeit beschwört: mit Anbetung des Marienbildnisses in der romanischen Kapelle und einem „Bad der neun Wellen" im benachbarten Meer (vgl. dazu das Kapitel „Bräuche und Fiestatraditionen in Galicien").

Ebenso magnetische Zugkraft übte das **Kap von Fisterra** auf die Menschen des Mittelalters aus, vor allem auf viele Jakobspilger, die ihre beschwerliche Reise nach Santiago de Compostela um dieses Wegstück verlängerten. Dort oben, über den brausenden Wogen des Atlantiks und mit Blick auf den Horizont, fühlten sie sich an den Tellerrand ihrer Erdscheibe gerückt. Mit Schauern auf dem Rücken schauten sie dem Untergang der Sonne zu, begriffen das Schauspiel als Wende zu neuem Leben und als Anfang der Rückkehr. Einer langen Rückkehr in die Heimat. Nicht ohne in Fisterra ein Gebet in der Kirche Santa María das Áreas gesprochen und ihre alte, übelriechende Pilgerkluft verbrannt zu haben.

Heidnische und christliche (Aber-)Glaubensbekenntnisse vermengen sich auf den steinernen Wahrzeichen des nordwestlichen Spanien: den *hórreos,* **Getreidespeichern,** die aus vielen Dörfern nicht wegzudenken sind und in alltäglichem Gebrauch stehen. Gefüllt mit Maiskolben und anderem Korn, durch ihre Pfahlkonstruktion vor hungrigen Mäusen ge-

Der Kelch im galicischen Bergheiligtum O Cebreiro

schützt, aus Holz oder Granit und in Klein- und Großformat. Vom Typus Hundehütte bis zu den über 30 Meter langen *hórreos* von Carnota und Lira in Galiciens äußerstem Westen. Gekrönt ist das Dach eines *hórreo* meist von zwei Aufsätzen: einem phallischen Symbol der Fruchtbarkeit sowie einem Kreuz im Sinne göttlichen Schutzes für die Ernten.

Ebenso verbreitet sind die *petos de ánimas,* **Seelen- oder Heiligennischen,** und die *cruceiros,* **Wegekreuze oder Bilderstöcke,** oft mit Fegefeuermotiv und – aus Sicht ihrer Auftraggeber – mit der Hoffnung auf göttliche Milde verbunden. Was auf eine ständige Konfrontation mit dem **Tod** hinweist, der in dieser Region der Fischer und Seefahrer seit jeher allgegenwärtig war. Schon der Name der „Todesküste", *Costa da Morte,* deutet auf tragische Schicksale hin. Dort, an den messerscharfen Klippen um das Fisterra-Kap, sind im Laufe der Zeit unzählige Schiffe zerschellt.

Die *cruceiros* deuten auf eine Verwandtschaft mit den *calvaires* der Bretagne hin. Besonders schöne Bilderstöcke erheben sich an Galiciens Unteren Meeresarmen in Combarro und Hío.

Hórreo (hier in Carnota), Getreidespeicher mit Kreuz und Fruchtbarkeitssymbolen

Die galicische Anderswelt –
Reich der meigas und der Santa Compaña

Galiciens *cruceiros* und all die Märchen und Mythen zielen auf ein Reich, das auf keiner Landkarte auftaucht: das Schattenreich einer galicischen Anderswelt, die Parallelen zu Irland aufwirft. Selbst im dritten Jahrtausend glaubt man vielerorts an Hexen und an die **gespenstische Prozession der Santa Compaña,** bei der die Seelen des Fegefeuers auf nächtliche Wanderung gehen und – eine ihrer Hauptfunktionen – das Haus eines Sterbenden aufsuchen. Genauer: Seelen, die auf der Vorwärmstufe des Fegefeuers stehen und auf ihre Chance hoffen. Da noch nicht geläutert, zeigen sie sich mit Pein erfüllt. Die Unruhegeister, so ist überliefert, ziehen mindestens zu fünft umher und haben ihre Arbeit redlich geteilt. Einer trägt das Kreuz, der zweite eine Laterne und ein Glöckchen, der dritte einen mit Weihwasser gefüllten Kelch, der vierte eine Standarte, der fünfte die Sterbesakramente. Mitunter schleppen sie einen Sarg mit sich herum.

Um die *Santa Compaña* gnädig zu stimmen, heißt man sie an vielen ländlichen Wegen und Wegekreuzungen mit Blumengebinden und einem kleinen Querschnitt aus der jüngsten Ernte willkommen. Außerdem schließt man sie ins Gebet ein und fragt sie – seelische Stütze in jeder Beziehung – um Rat bei der Lösung eines irdischen Problems. Wem die *Santa Compaña* geisthaftig erscheint, der wird nicht das angenehmste Gefühl verspüren. Faustregel für nächtliche Wanderer, die vermeinen, der *Santa Compaña* zu begegnen: Fäuste ballen und – Vorsicht, Falle – nur nicht das Kreuz des Ersten nehmen! Denn mit der abgelegten Last des Kreuzes ist dieser von seinen Sünden befreit, während man selbst den schwarzen Peter hat. Sollte die *Santa Compaña* an der eigenen Haustür vorstellig werden, gilt die Devise: Nur nicht hineinlassen! Denn das bedeutet den sicheren Tod. Wer dem vorbeugen will, sollte die Tür einen Spaltbreit öffnen und eine schwarze Katze auf die kleine Gemeinde zuhuschen lassen. Ein alter Bauerntrick, der schon immer gewirkt hat ...

In Galicien gilt es zwischen guten und bösen **Hexen** (*meigas*) zu unterscheiden. Die guten *(meigas curanderas)* zählen zur Kategorie der Heil- und Wunderkräutermixerinnen, die bösen *(bruxas)* stehen mit dem Teufel im Bunde und sind durchweg unangenehme Zeitgenossinnen aus der Anderswelt. Man „weiß", dass letztgenannte schon früher in der Johannisnacht auf dem bei Malpica gelegenen Monte Neme zusammenkamen, tanzten und später – jede auf einen Stein gebettet – ihre Gedanken um die Verbreitung gehässiger Taten kreisen ließen.

Gutes **Gegenmittel** aus galicisch-irdischer Sicht sind die reinigenden Johannisfeuer, mit denen man den bösen Zauber, den *meigallo,* fernzu-

halten und zu vertreiben versucht. Am besten mit möglichst viel Rauch. Andere Gegenmaßnahmen gegen den ungebetenen Besuch von *meigas* und ihre Übertragung des *meigallo* sind der Verschluss von Türen und Fenstern und das Ausstopfen der Ritzen mit Disteln. Man weiß ja nie ...

Wer wirklich gut und jederzeit vor bösen *meigas* behütet sein will, muss schon beim abendlichen Gang zum Briefkasten ein kleines Marschgepäck schnüren. Hinein gehören: Kreuz, Knoblauchzehe, Beifuß, ein geweihtes Medaillon mit Engelsmotiv, ein Tütchen mit einer Kastanie, das „Geweih" (= stark entwickelter Oberkiefer) eines Hirschkäfers sowie der

Hauer eines Schweins. Am besten alles zusammen, damit nichts passieren kann. Und an die Wände und Türen daheim gehören ohnehin Hufeisen und Hammelhörner.

Trotz aller Vorsichts- und Vorbeugemaßnahmen besteht keine Garantie, nicht vom *meigallo* befallen zu werden. Abhilfe schaffen die **Corpiño-Wallfahrt** in der Gemeinde Lalín sowie ein Besuch der Kirche von San Ourente de Entíns. Bei der *Romería del Corpiño* zieht es am 23. oder 24. Juni Tausende „Besessene" nach Santa Baia de Losón, um ein Bildnis der heiligen Jungfrau zu küssen oder zumindest ihren Überwurf zu berühren. In drangvoller Menschenmenge muten manche Szenen hysterisch an, gehen mit Ohnmachtsanfällen, wüsten Beschimpfungen von Gott und der Welt und den wildesten Schreien einher – was selbst unter größten Skeptikern die Frage aufwirft, ob es hier nicht wirklich von Meigallo-Infizierten wimmelt.

In **San Ourente de Entíns** verehren die Gläubigen seit dem 18. Jahrhundert die aus Rom überführten sterblichen Überreste des Märtyrers San Campio. Bei den alljährlichen Wallfahrten am ersten Julisonntag und am 29. September steht der Heilige allen Verzauberten bei. Vorausgesetzt, man ruft ihn mit einem magischen Sprüchlein laut um Hilfe an, wäscht sich an der Quelle Virxe do Rial, dreht ein paar Runden um den *cruceiro* und trinkt einen Schluck Öl. Sollte sich der Verzauberte vor Ende des Zeremoniells übergeben, bemerken die galicischen Volkskundler *Pemón Bouzas* und *Xosé A. Domelo,* muss der nach außen beförderte Mageninhalt nach Haaren abgesucht werden. Bei erfolgreichem Fund, gilt es, die Haare umgehend zu verbrennen. So verschwindet der böse Zauber ...

Baskenland – Hexenland
und Schauplatz der unseligen Inquisition

Ähnlich hexenbesessen wie Galicien zeigt sich das historische Baskenland. Geologische Voraussetzungen für die Hirngespinste des Volkes formten die verkarsteten und von Höhlen durchlöcherten Berge. Dort, so bildeten sich die Menschen vor Jahrhunderten und inmitten der tragischen Zeiten der Inquisition ein, sollen die Hexen ihre *aquelarres* abgehalten haben, **nächtliche Versammlungen der Hexen** unter Aufsicht des

Glückshexe im Souvenirsortiment, Santiago de Compostela

leibhaftigen Teufels. Genau der richtige Rahmen, um sich mit Mixturen aus zermahlenen Knochen, Tierkadaverresten und Kräutern einzusalben und auf Kröten-, Salamander-, Schlangen-, Pilz- und Schneckenbasis geheimnisvolle Elixiere zu fabrizieren ...

Die Kunde von *aquelarres* war ein gefundenes Fressen für die **Inquisition,** jener unseligen staatlichen Einrichtung, die zwischen Ende des 15. und Beginn des 19. Jahrhunderts alleine in Spanien Zehntausende von Todesurteilen bewirkte. Unter Großinquisitor *Tomás de Torquemada* (1420–1498) hatte es die Inquisition auf die Ausrottung und Vertreibung der Juden abgesehen. Neben der Todesstrafe sah der Strafenkatalog auch den Entzug von sämtlichem Hab und Gut sowie Kerkerhaft vor. Dies betraf mehrere hunderttausend Unschuldige, die den wissentlichen Falschaussagen von Neidern oder Kindern hilflos ausgeliefert waren. In den **Anklagen** gegen die Hexen tauchten nicht nur Teufelsbuhlschaft und

„Hexenhöhle" von Zugarramurdi

Käfigskelett im Inquisitionsmuseum von Santillana del Mar in Kantabrien

schwarze Messen, sondern Verwünschungen durch den bösen Blick *(mal de ojo)* und Verzauberungen des Meeres auf. So legte man ihnen den Einfluss auf Stürme zur Last, bei denen die Boote nicht den Weg zurück in den rettenden Hafen und Seeleute den Tod fanden.

Probates Mittel, um die „Hexen" zum Reden zu bringen, war die **Folter.** So wie bei einer jungen Frau namens *Mari Juana,* die aus Anocíbar stammte und an epileptischen Anfällen litt. Deuteten ihre zuckenden Gliedmaßen und der vor dem Mund gebildete Schaum nicht auf einen direkten Draht zum Teufel hin? Dachte der örtliche Kirchenmann und ließ im Jahre 1575 eine „Hexenuntersuchung" einleiten, die zu unglaublichen Foltermaßnahmen an *Mari Juana* führte. Um sie zum Geständnis zu bewegen, eine Hexe zu sein, goss man ihr siedendes Öl über die Füße. Sie verweigerte das Schuldbekenntnis, doch es nützte ihr nichts. Man richtete sie trotzdem durch Genickbruch hin und verbrannte danach ihren Körper.

Bekannter als der Fall *Mari Juana* ist jener der **„Hexen" von Zugarramurdi** geworden, denen man nachsagte, sie hielten ihre *aquelarres* in einer Höhle am Ortsrand ab: in der „Kathedrale des Teufels", durchzogen vom „Höllenbach", eigentlich ein harmloser Bachlauf namens Arotzarena. Im Jahre 1610 traf der Inquisitor *Don Juan del Valle Alverado* in Zugarramurdi ein und ging den Denunziationen auf den Grund. In der Gegend sammelte er Daten und „Fakten" zu 300 belasteten Personen, von denen 40 als vorläufig schuldig befunden und letztlich zwölf zum Tod auf dem Scheiterhaufen verurteilt wurden. Die Hexenverbrennung fand im November 1610 vor 30.000 Schaulustigen in Logroño statt. Heute wird die „Hexenhöhle" von Zugarramurdi touristisch vermarktet.

Zum Glück führte nicht jede Anklage automatisch auf den Scheiterhaufen. Im Jahre 1612 abgehaltenen **Hexenprozess** von Arraiotz kamen die fälschlich belasteten Frauen frei. Für *Graciana de Barrenechea* indes kam der Freispruch zu spät. Sie war an den Folgen der Folter verstorben ...

Überkommene Zeiten und Moderne

Es gibt Religionsgemeinschaften, die schon zu Zeiten der Inquisition bestanden und in denen sich bis heute nicht das Geringste verändert hat. Paradebeispiel unter den überkommenen Traditionalisten sind die **Kartäuser.** In der am Stadtrand von Burgos gelegenen Cartuja de Miraflores leben diese Menschen am Leben vorbei. Auch wenn der Pförtner am Eingang Besuchern Rosenkränze aus handgedrehten Rosenblättern der Brüder verkauft und diesen irgend jemand nach drinnen die Kunde zugetragen haben mag, dass *Franco* tot ist und der Euro die Peseta abgelöst hat, umgeben sich die zwei Dutzend überalterten Eremiten unverändert mit Weltentrücktheit. Schon dem Stifter des Kartäuserordens, dem aus Köln stammenden heiligen *Bruno* (Lebenszeiten um 1032–1101), war es oberstes Anliegen, sich in völliger Einsamkeit und radikal abgewandt von der Welt ganz der Suche nach Gott zu widmen. In Gemeinschaft leben die Kartäuser von Miraflores in Stille stumm und versunken nebeneinander her, kehren stets in ihre Zellen *(celdas)* zurück und gehen ihrem täglichen Rhythmus der Gebete, Einkehr und Beschäftigung nach.

Kein Vergleich mit den in Spanien häufig anzutreffenden **Benediktinern,** die sich aufgeschlossen, weltoffen und sogar stimmgewaltig geben.

Man denke an die Mönche des Klosters Santo Domingo de Silos, die mit ihren gregorianischen Gesängen schon in die Charts durchgestartet sind. Allerdings haben die Stimmen an Frische verloren – und der Nachwuchs in Spaniens Klöstern ist dünn gesät.

In Spanien gibt es **keine Kirchensteuer** im herkömmlichen Sinne, sodass für Kirchenaustritte kein finanzielles Motiv besteht. Bei der jährlichen Einkommensteuererklärung kann man per Kreuzchen bestimmen, ob der obligatorische Miniprozentanteil entweder der (katholischen) Kirche oder nicht näher definierten sozialen Zwecken zufließen soll. Im amtskirchlichen Bereich sind **Spenden** unerlässlich: ob in Form von Kollekten, Kerzenopfern – neuerdings oft: Elektro- statt Wachskerzen – oder über Spendenautomaten per Kreditkarte. Nonnenklöster sind bekannt für den Verkauf von Süßwaren und die Übernahme von Waschdiensten (Laken, Hand- und Tischtücher etc.) für Restaurants und Hotels.

Über den Katholizismus hinaus gibt es **kleinere Religionsgemeinschaften** in Spanien, durch die Zuwanderung aus Afrika bedingt auch **Muslime.** Laut einem Beschluss des Nationalen Gerichtshofes ist neuerdings sogar die **Scientology-Organisation** als Kirche anerkannt worden.

Amtskirche im Dauerdilemma

Im Nachhinein betrachtet, war die an den Nationalkatholizismus gebundene Franco-Zeit für die Kirche alles andere als ein Ruhmesblatt. Nach dem Tod des Diktators Ende 1975 kehrten viele dem Klerus den Rücken, eine Grundskepsis ist bis heute geblieben – aber nicht überall und nicht immer aus Überzeugung, sondern aus Gleichgültigkeit. Andererseits gibt es nach wie vor Tausende von konfessionell bestimmten **Bildungs- und Lehranstalten.** Sie liegen in Händen diverser Orden wie Salesianer und Ursulinerinnen, auch wenn das „normale" Lehrpersonal dort mittlerweile an Boden gewonnen hat. Besonders prägnante Einflüsse auf Bildungs- und Berufsleben hat sich das dubiose Opus Dei bewahrt (siehe nachfolgendes Kapitel).

Ihren Gottesglauben sehen viele Spanier weder an die Intensität von Kirchgängen noch an die Amtskirche gekoppelt, obgleich man deren Dienste bei Traditionsanlässen wie Hochzeiten und Taufen gerne in Anspruch nimmt. Gesamtgesellschaftlich gesehen, sind regelmäßig praktizierende Katholiken stark in der Minderheit. Generell mögen Spanier mehrheitlich die **Kirche als Institution** akzeptieren, stehen ihr aber ablehnend gegenüber, wenn sie sich, so der Historiker *Carlos Collado Seidel,* „in irgendeiner Weise an der Politik beteiligt oder moralisierend wirkt." *Collado Seidel* unterstreicht, dass Spaniens Kirche immer noch Schwierigkeiten habe, in einer säkularisierten und pluralen Gesellschaft zurechtzukommen und verweist auf ihre dauernde Zwickmühle: „Die Tatsache aber, dass das Eintreten der Kirche für bestimmte gesellschaftsrelevante Fragen durchaus begrüßt wird, sie gleichzeitig aber nicht in der Lage ist, die Bevölkerung an sich zu binden und eigene moralische und

Selbst kleinste Orte, wie hier Portomarin, verfügen über wuchtige Gotteshäuser

ethische Maßstäbe durchzusetzen, zeigt das Dilemma, in dem sich die Kirche heute befindet. Selbst praktizierende Katholiken übernehmen, bis auf eine kleine Minderheit, nicht ohne Einschränkung die moralischen Vorgaben der Amtskirche."

Priestermangel ist auch in Spanien ein Thema und Anlass, fehlenden klerikalen Nachwuchs aus Lateinamerika zu rekrutieren. Wer sein priesterliches Coming-out als gay hat, bekommt vom Bischof die rote Karte.

Genauso wie die Religionslehrerin, die einen Geschiedenen ehelicht. Ganz ohne Gnade oder Rücksicht auf persönliche Tüchtigkeit. Spaniens Kirche lässt sich von **moralisch Abtrünnigen** nicht in ihren Fundamenten erschüttern, weicht aber andererseits dem besonders heiklen Thema ETA-Terroristen am liebsten aus: Es wird nur ansatzweise diskutiert, ob man diese nicht aus den Kirchengemeinden ausschließen sollte ...

Offizielle Statistiken, die von über 90 % Katholiken in Spanien sprechen, sind kein Abbild der Glaubenspraxis. Vor allem bei der Jugend ist das Gottvertrauen gesunken; neuere Umfragen zeigen auf, dass sich heute weniger als die Hälfte der 15- bis 24-jährigen als Katholiken fühlen.

Das Opus Dei –
dubiose Kirchenmacht mit Keimzelle Spanien

Seine Organisationsstruktur ist geheimbundartig, die schärfsten Gegner sprechen von einer **„christlichen Mafia"**. Das Opus Dei, das „Werk Gottes", wurzelt in Spanien und hat als katholische Personalprälatur seinen Sitz in Rom. Ebenso unverblümt wie im Herzen Italiens bzw. dem Vatikan streckt das Opus Dei in Spaniens Hauptstadt seine Fühler aus und huldigt seinem Gründer. Mitten in Madrid, genau neben dem Königspalast, betritt man die Catedral de Santa María la Real de la Almudena, die nach der städtischen Schutzpatronin benannte Prachtkathedrale. Die polychromierte Holzskulptur der heiligen Jungfrau sitzt einem 18-täfeligen Retabel ein, wirkt jedoch mickrig gegen jenen, der sich in einer gesonderten Kapelle hinter Gitterschutz erhebt und sich stets frischer Blumen erfreut. Standesgemäß schaut man auf zur übermannsgroßen Statue des **Josemaría Escrivá de Balaguer** (1902–1975), der am 2. Oktober 1928 das Opus Dei in Madrid begründete. Wandtafel und Faltblätter erhellen den geschichtlichen Ursprung und lassen nicht den geringsten Zweifel daran, dass der Auftrag von oben kam. *Balaguer* folgte einer *inspiración divina,* einer „göttlichen Eingebung". Somit ebnete er den Gläubigen einen „neuen Weg der Heilighaltung" im Umfeld gewöhnlicher Alltagsarbeit und unter Erfüllung personeller, familiärer und sozialer Pflichten. Kurzum: Er bereitete den Nährboden für ein „intensives christliches Leben in allen Umgebungen". So steht's geschrieben.

Balaguer war und ist Vorbild für alle, die ein solch **konsequent christliches Leben** verfolgen. Den pathetischen Worten der Madrider Opus-Quellen zufolge trieb er das Wachstum seiner Organisation unter „ständi-

Front der Opus-Dei-Universität von Navarra

ger Buße und Gebet", „heroischer Ausübung der Tugenden" und „unermüdlichem Eifer für alle Seelen" persönlich voran. Wurzel und Zentrum seines inneren Lebens, so heißt es, sei die heilige Messe gewesen. Immer wieder suchte er die Almudena-Kathedrale auf und kniete sich vor dem Bildnis der heiligen Jungfrau zum Gebet nieder. An gleicher Stätte sieht er sich heute hochselbst von den Gläubigen gelobt und gepriesen. .

Der Widersinn der Geschichte zeigt, dass Spaniens Kronprinz *Felipe* 2004 im Angesichte dieser Skulptur *Balaguers* die Fernsehjournalistin *Letizia Ortiz* heiratete. Im Sinne des erzkonservativen Opus-Dei-Gründers dürfte das kaum gewesen sein, denn des Prinzen Herzensdame trat als Geschiedene vor den Traualtar – eine äußerst pikante Konstellation.

Balaguer, aus dem aragonesischen Barbastro gebürtig und 1925 in Zaragoza zum Priester geweiht, ist posthum zu hohen Ehren gelangt und hat dem Opus Dei zusätzliche Public Relations beschert. 1990 bestätigte ihm *Papst Johannes Paul II.* die „Heldenhaftigkeit seiner christlichen Tugenden", 1992 wurde er von ihm vor 400.000 Gläubigen auf dem Petersplatz selig und Ende 2002 **heilig gesprochen.** Aus Spanien starteten Unmengen an Sonderjets und -bussen Richtung Rom. Das für die Heiligsprechung erforderliche „Wunder" wurde in Form der Genesung eines anscheinend unheilbar Krebskranken beigebracht.

Das geheimbundartig organisierte Opus Dei hat in etwa 100 **Ländern** Fuß gefasst, vereinigt Laien und Priester und umfasst nach jüngsten Schätzungen zwischen 80.000 und 100.000 Mitglieder. Bei der gegenwärtigen Anhängerzahl geht man von etwa 1.700 Priestern aus. Immer wieder stößt man in spanischen Kirchen auf dubiose Infoblätter mit Opus-Dei-Ansprechpartnern sowie Heiligenbildchen mit dem Konterfei von *Escrivá de Balaguer.*

Trotz Opus Dei *worldwide* ist Spanien Keimzelle geblieben. Als wichtiger Baustein im Verbundwerk der erzkonservativen Kräfte fungiert die 1952 von *Balaguer* begründete Universidad de Navarra in Pamplona, eine bis heute florierende Privathochschule, die sich zehn Jahre darauf staatlich anerkannt sah: vom „Staat" der **Diktatur Francos.** Kein Wunder, denn der stand in jener Zeit unter maßgeblichem Einfluss des Opus Dei und liebte und lebte autoritären Konservativismus. Angesichts leerer Staatskassen, Inflation und sozialer Unzufriedenheit hatte *Francisco Franco* Ende der 1950er-Jahre mit einer wirtschaftlichen Umstrukturierung Spaniens begonnen und im Zuge einer neuen Personalpolitik wichtige Ministerien mit Technokraten besetzt, die enge Kontakte zum Opus Dei pflegten oder ihm direkt angehörten. So konnte die **dubiose Organisation auf höchster politischer Ebene** schalten und walten – eine Tendenz, die sich bis heute fortgesetzt hat! Immer wieder bringt man Führungskräfte der konservativen Volkspartei Partido Popular mit dem Opus Dei in Verbindung.

Ebensowenig geändert hat sich die klar ausgerichtete tendenzielle **Schulung an der Privatuniversität von Pamplona.** Auf den Grundsätzen *Balaguers* fußend, hat sich ihr christlicher Urgeist bis heute erhalten. Ein Jahr vor Hochschulgründung legte *Balaguer* Beweg- und Hintergründe offen: „Die Häresie und die Unfrömmigkeit rühren heute mehr aus den von den Profanwissenschaften verfochtenen Irrtümern her als aus unmittelbar theologischen Kontroversen; der Grund liegt nicht etwa darin, dass die Profanwissenschaften aus sich heraus der übernatürlichen Wahrheit entgegentreten können – das Licht der Vernunft, das von Gott kommt, kann nicht in einem Gegensatz stehen zu dem Licht der göttlichen Offenbarung –, sondern es liegt darin, dass die Menschen, die von den gleichen Leidenschaften bewegt werden wie zu anderen Zeiten, jetzt dabei, besonders in den sogenannten experimentellen Wissenschaften, auf das Fundament des Atheismus oder der Häresie stoßen." In seinem Buch „Opus Dei" hat *Peter Berglar* geschrieben: „Die Universität von Navarra ist deshalb ein ‚Portrait' Escrivás, weil sie seine Sendung, im Opus Dei und durch das Opus Dei die Einheit des Lebens schaffen oder wiederherstellen zu helfen, für den Bereich von Wissenschaft und Bildung verkörpert, dies wortwörtlich genommen. Die organische, leibhafte Einheit – ihre Wiederherstellung und Neubegründung – von Wissenschaft und Glaube, von Studium und Persönlichkeitsformung, von Beruf und Verantwortung, von Bildung und Religion, die der Gründer ein halbes Jahrhundert hindurch vorlebte und lehrte, ist das Gesetz, nach dem die Universität Pamplona angetreten ist."

Im Sinne des Balaguerschen Vermächtnisses und unter dererlei Gedankengut geschult, beeinflusst und manipuliert, werden Journalisten und Juristen, Wirtschaftswissenschaftler und Ärzte von Pamplonas Privatuni ins spanische Berufsleben entlassen. Auch im heute zeigen sie sich allzeit bereit, andere mit ihrem **Opus-Dei-Virus** zu infizieren. Nur Psychologen sind nicht unter ihnen – klar, dass Psychologie an der Universidad de Navarra nicht gelehrt wird! Allerdings wimmelt es unter den rund 10.000 Studierenden nicht einzig von Opus-Anhängern, ist die Universidad trotz allgegenwärtig präsenter Kreuze kein Glaubensghetto. Grundsätzlich willkommen ist jeder, der sich nicht auflehnt und reichlich Geld für die horrenden Semestergebühren aufbringt. Eine „natürliche Selektion", bei der vor allem Sprößlinge aus Spaniens Geldelite zusammenströmen. Alle „normalsterblichen" Studenten müssen mit latenten Bekehrungsversuchen und Anwerbestrategien von Lehrpersonal und Kommilitonen rechnen. Vieles beginnt im Stil von „Komm doch ruhig mal mit zur Messe ..."

Die Manipulationen des Opus Dei beginnen nicht erst in den Hörsälen. In ganz Spanien stehen rund 70 **Schulen** unter Kontrolle der Organisation, die meisten davon in den Autonomen Gemeinschaften Madrid, Andalusien, Katalonien und Galicien. Beim Blick auf die Sitze der Vikariate mag man ermessen, wo die Organisation ihre Einflüsse geltend macht: über Madrid und Pamplona hinaus in den großen Kirchenstädten Barcelona, Granada, Santiago de Compostela, Sevilla, Valencia, Valladolid und Zaragoza.

Für Nicht-Insider ist **schwer erkennbar, wer der Organisation angehört** und wer nicht. Ein reicher Kindersegen (wegen des konservativen Verhütungsmitteltabus), tägliche Messbesuche sowie der regelmäßige Rückzug in die Privatsphäre des Gebets und der Besinnung mögen als aufschlussreiche Indizien dienen. Hinter den sorgsam abgeschotteten Fassaden indes **verbergen sich** strikte hierarchische Strukturen, eine interne Zensur, nebulöse Finanzverteilungsquellen, zudringliche Spendenappelle, gebieterische Geschlechtertrennung und persönliche Selbstzüchtigungen bis hin zum blutigen Einsatz der Geißel. Ganz gleich, ob in Pamplona, Madrid oder andernorts in Spanien. Kein Wunder, dass Opus-Dei'ler in der Öffentlichkeit lieber den Mantel des Schweigens über ihre Mitgliedschaft breiten ...

Dass die nebulöse Organisation keine Kritik verträgt, bekam nicht zuletzt der „Kulturschock"-Autor zu spüren, der bei der letzten Auflage dieses Buches Anfeindungen aus Opus-Dei-Kreisen ausgesetzt war. Umso wichtiger ist es, die Öffentlichkeit zu informieren.

Legenden, Schauermärchen, Mythen und der heilige Jakobus

Spanier vergöttern ihre Helden- und Heiligenepen und ihre unheimlichen Legenden, die in enger **Verbindung zu Glaube und Aberglaube** stehen. Manchmal sind richtige Schauermärchen darunter, die einem die Gänsehaut auf den Rücken treiben und die Ergriffenheit und Ehrfurcht erklären, mit der noch heute viele Einheimische vor den Schauplätzen der Geschichten stehen. In Spaniens Legendengeflecht geht es um verwunschene Schlösser und Burgen, verzauberte Wälder und wandernde Seelen, lebendige Tote und sprechende Schädel, Drachen und siebenköpfige Schlangen, Zyklopen und Einhörner, Gnome und Hexen, Naturgewalten und Riesen, mysteriöse Bilderfunde und Auftritte des Teufels persönlich. Immer wieder nimmt der Klerus – Respekt einflößend und undurchsich-

tig zugleich – in Form von Mönchsgemeinschaften und wunderlichen Eremiten besonderen Raum ein.

Der **Ursprung vieler Geschichten** dürfte auf die Kirchenmänner selbst zurückgehen, die in der Ruhe und Abgeschiedenheit ihrer Klosterzellen und Einsiedeleien Wundersames zusammentrugen und Pilgern mit auf den Weg gaben. Manchmal brachten seltsam geformte Bäume am Wege, eine geheimnisvoll gluckernde Quelle, ein Blitzeinschlag, Kuckucksrufe aus einem düsteren Waldstück, von Pflanzen überwucherte Mauerruinen oder eine bizarre Felsformation am Rand des klösterlichen Ackers den Stein der Geschichte ins Rollen. Was mag sich hier zugetragen haben, welche dunklen Mächte hatten ihre Hände im Spiel …?

Man zerbreche sich nicht den Kopf bei der Frage nach dem **Wahrheitsgehalt** der Legenden. Am besten, man macht sich von Anbeginn mit dem Gedanken vertraut, dass sie einfach wahr sind. Punkt. Und aus Spaniens Geschichte, Gegenwart und lebendigem Kulturerbe nicht wegzudenken.

Sind Legenden mit Heiligen und **Wallfahrtsstätten** verknüpft, überrascht die religiöse und – man ist fast geneigt zu sagen: – kindlich-naive

Überführung des gerichteten Jakobus auf dem „Engelsschiff" nach Galicien, Relieftafel im Kathedralmuseum von Santiago de Compostela

Ernsthaftigkeit, mit der die Spanier quer durch alle Altersstufen und sozialen Schichten selbst im dritten Jahrtausend solche Orte angehen. Orte, die auf einem Fundament aus Wundern ruhen und in denen sich von alters her Glaube und Aberglaube vermischt haben. Ob in Santiago de Compostela, Montserrat oder kleineren Heiligtümern wie San Miguel de Excelsis.

Am Schluss des Kapitels haben wir unter dem Titel „Einige unheimliche Legenden" ein paar schauerliche Geschichten aus dem Norden Spaniens aufgegriffen und frei nacherzählt. Geschichten von Tod und Teufel, von Rache und grausamen Lehren, *blood-and-sex-and-crime* aus lange vergangenen Zeiten. Es sind Geschichten, die vor allem dem besseren Verständnis des Volks(aber)glaubens und seiner Wurzeln dienen mögen.

Die rastlos wandernden Seelen von San Andrés de Teixido

Manche Legenden spielen sich an nachvollziehbaren Schauplätzen ab, vor denen schon Spaniens animistisch beseelte Vorväter erschauderten. Klassisches Beispiel: das **galicische Nest San Andrés de Teixido,** das an den nördlichen Abstürzen der Serra da Capelada klebt, einer Steilküste um das Kap Ortegal, die sich in Zacken und nackten Flanken **dramatisch über dem Atlantik auftürmt.** Ihre Klippen werden häufig von Nebeln umspielt und von Stürmen und Regen gepeitscht. Kein Wunder, dass man die Gegend in vorchristlichen Zeiten von übernatürlichen Kräften umweht sah und die keltischen Bewohner Galiciens gerade dort an die Beseeltheit von Natur und Naturmächten glaubten: der über 600 Meter hohe Gebirgsstock der Serra da Capelada als Gebiet rastlos wandernder Seelen, gekrönt von heiligen Gipfeln, deren Ausstrahlung jeden Seemann erbleichen ließ und die Küstenschifffahrt brandgefährlich machte. Kenterte ein Boot, hatten böse Mächte ihre Hand im Spiel. Andernorts wurden solche Vorkommnisse zu Zeiten der Inquisition Hexen in die Schuhe geschoben, die auf dem Scheiterhaufen endeten und somit ihre „gerechte Strafe" erhielten.

Irgendwann – kein Mensch weiß, wie und woher und warum genau und was er beinhaltete – gelangte ein **Reliquienschrein des heiligen Apostels Andreas** auf wundersame Weise nach San Andrés de Teixido und wird seitdem von den Gläubigen im örtlichen Kirchlein verehrt.

Folgt man einem magischen Sprichwort, das eine Legende keinem Geringeren als Jesus Christus in den Mund gelegt hat, kommt man an Galiciens zweitwichtigstem Wallfahrtsziel (nach Santiago de Compostela) so oder so nicht vorbei. In der zwischen animistischen und christlichen Gedanken schwankenden Geschichte sagt er: „Wer als Lebender nicht hin-

gegangen ist, erreicht San Andrés de Teixido spätestens als Toter." Mit diesem Ausspruch wollte Jesus, so heißt es, den traurig gestimmten Apostel Andreas trösten. Dieser hatte sich beklagt, dass alle Pilgerströme einzig auf seinen Apostelkollegen Jakobus nach Santiago gerichtet wären und sein eigenes Heiligtum links liegen ließen. Jesus versprach ihm, dass

Wallfahrtskirche von San Andrés de Teixido in Galicien

niemand ins Himmelreich eintrete, ohne mindestens einmal in San Andrés de Teixido gewesen zu sein. Nach dem Tod im Zweifelsfall als **wandernde Seele** in Gestalt eines Frosches oder einer Kröte, eines Käfers oder einer Schlange. Wer dran glaubt, muss in und um San Andrés de Teixido herum höllisch aufpassen und sehen, wo er hintritt. Irgendwo am Wege könnte man die eigene Urgroßmutter plätten ...

Die Legende vom Jakobus und der Camino de Santiago

Spaniens althergebrachte Legenden wurzeln in einem Geflecht aus Glaube und Aberglaube und ranken sich häufig um Lebensgeschichten von Heiligen und Märtyrern. Wobei die für das Land so wichtige Jakobuslegende hervorsticht, ohne die der gesamte Jakobuskult und die Wallfahrten auf dem sagenumwobenen Pilgerweg nach Santiago de Compostela nicht denkbar wären. Überliefert ist, dass der **Apostel Jakobus der Ältere** in Judäa, Samaria und schließlich in Spanien das Evangelium verkündete – allerdings mit geringem Erfolg, denn er scharte höchstens zwei Handvoll Anhänger um sich. Oder gar nur einen, wie es mancherorts heißt. Belegbare Fakten? Keine. Aber im Zuge der Legendenbildung ein guter Grund, Jakobus als Märtyrer nach Spanien zurückkehren zu lassen.

Nimmt man die biblische Apostelgeschichte als Ausgang, „wissen" wir in knappen Zügen, dass Jakobus der Ältere auf Befehl des Königs *Herodes Agrippa I.* und zu Gefallen der Juden mit dem Schwert **hingerichtet** wurde. So geschehen im Jahre 44 in Jerusalem.

Die Legende fügt hinzu: In einer gewagten Aktion nehmen sich seine beiden **Jünger Athanasius und Theodorus** der sterblichen Überreste an und bringen sie auf ein Schiff, das der Engel des Herrn nach Spanien steuert. Genauer: in die entlegensten nordwestlichen Winkel nach Galicien. Streicht man mit dem Finger über die Landkarte, muss das Boot in den Meeresarm Muros e Noia eingelaufen sein und folgte dem Río Ulla flussaufwärts bis Iria Flavia. In seiner im 13. Jahrhundert verfassten *Legenda aurea* berichtet der Dominikaner *Jacobus de Voragine,* man habe dort das Reich der **Königin Lupa** erreicht und den Leichnam Jakobus' auf einen großen Stein gebettet, der dem leblosen Körper nachgab und sich auf wundersame Weise zu einem Sarg formte. Kleiner Zusatz aus dem Hier und Heute: Als fassbares Element der Legende ist der merkwürdige Fels unter dem Altar der Jakobuskirche von Padrón, dem vormaligen römischen Iria Flavia, zu sehen. Gegen Trinkgeld für den Kirchenhüter. Folgt man der Überlieferung weiter, war Königin Lupa in ihrem Kern diabolisch böse und listig. Sie schickte Theodorus und Athanasius zu vermeintlichen Rindern hinaus, um diese an einen Wagen zu schirren und den Leichnam ein Stück weiter über Land zu transportieren. Wobei sich die Rinder als ungezähmte wilde Stiere erwiesen, die während der Fahrt – so die insgeheime Absicht der Herrscherin – für den leibhaftigen Hals- und Beinbruch der Jünger und den Abwurf des lästigen Apostels sorgen sollten. Doch die Jünger schlugen ein Kreuz, besänftigten die Kolosse und spannten sie vor den Wagen. Und Königin Lupa – erschreckt, verstört und auf einen Schlag bekehrt – nahm sogleich den Christenglauben an.

Irgendwie muss es mit dem Stierkarren zwanzig weitere Kilometer landeinwärts ins heutige Santiago de Compostela gegangen sein, wo Jakobus bestattet wurde und sich allmählich Vergessen über die Stätte legte. Zumindest bis zum Beginn des 9. Jahrhunderts, als der Einsiedler *Pelayo,* geleitet von mysteriösen Lichterscheinungen, das Grab auf wundersame Weise wiederentdeckte. *Bischof Teodomiro* bestätigte sogleich den Fund, das Königshaus verbreitete die frohe Kunde, ein Aufschrei ging durch ganz Europa. Ein Wunder, das **Grab des Apostels Jakobus war gefunden!** Und die internationalen Wallfahrten konnten beginnen, anfangs initiiert von Mönchen aus Cluny.

Jakobus Maurentöter; Dommuseum von Burgos

Längst haben Geschichtsskeptiker eingeworfen, der heilige Jakobus (spanisch: Santiago) habe niemals spanischen Boden betreten. Weder als Lebender noch als Toter. Eher handele es sich um eine **künstlich aufgebaute Kultfigur,** die politisch-wirtschaftlichen Interessen gedient habe und – folgt man einem Gedanken des Jakobswegforschers *Rolf Legler* – mit Bedacht ausgewählt worden sei: „Jakobus d. Ä. war zu Beginn des 9. Jahrhunderts ein fast vergessener Apostel. Bis ins 8. Jahrhundert hinein genießt er in der ganzen Ökumene keine besondere Verehrung. Keine andere Stadt, kein anderes Land, beansprucht ernsthaft diesen wichtigen Jünger Christi für sich. Er war sozusagen verwendungsfrei. Deshalb konnte man auch, per Legendenbildung, nicht ohne Zwischenschaltung eines Wunders, sein Grab in Compostela propagieren."

Ein gelungener Schachzug mit Mehrfach-Effekt, bei dem Jakobus sogleich zum Schutzpatron der Spanier im Kampf gegen die Muselmanen erhoben wurde und manchmal sogar handgreiflichen Beistand leistete. In der Legende von der Schlacht von Clavijo erscheint er den christlichen Reconquista-Streitern zum ersten Mal als anspornend-vorbildlicher *Santi-*

ago Matamoros. Man stelle sich vor: **Jakobus als Maurentöter!** So sieht man ihn vielerorts in Reliefs und Skulpturen dargestellt, ob in der Kathedrale von Santiago de Compostela oder an der Jakobuskirche in Logroño. Ein wildgewordener Schlächter hoch zu Pferde, in der Hand das Schwert und umgeben von den rollenden Köpfen. Seht her, militante Christen, so geht's! Durch den Heiligen hochselbst legitimiert, hieb- und stichfest und munter hinein mit der Klinge in die Ungläubigen. Ein kleiner kunsthistorischer Kulturschock auf spanisch und nicht gerade Lieblingsmotiv heutiger nordafrikanischer Einwanderer ...

Im Mittelalter half der **Camino de Santiago** mit all den Pilgerströmen und neu geschaffenen Siedlungen den potenziell von Mauren bedrohten Norden Spaniens zu sichern – und in jeglicher Hinsicht zu bereichern! Neben dem Sicherungsaspekt also ein **gigantischer touristischer und ökonomischer PR-Effekt!** Ordensmänner und Händler kamen, Künstler und Kaufleute. Geistliche Ritterorden wie die geheimnisumwitterten Templer verschrieben sich dem Schutz der Pilger und der heiligen Stätten, Adlige und Könige nahmen den Weg unter ihre Schuhe und die Hufe ihrer Pferde. Wie Pilze schossen Herbergen, Klöster, Krankenhäuser, Kirchen, Burgen und Einsiedeleien aus dem Boden. Brücken erleichterten das Fortkommen, Pilgerzölle brachten den Orten und Kronen klingende Münze, der Lebensstandard stieg. Die beiden Hauptwege führten über die Pyrenäenpässe Ibañeta und Somport, von Süden her stieß die Vía de la Plata hinzu. Das Sehnsuchtsziel Santiago de Compostela avancierte nach Rom und Jerusalem zum **drittwichtigsten Pilgerziel der Christenheit.** Wallfahrermotto damals wie heute: Der Weg ist das Ziel.

Die einträgliche Geschäftemacherei rund um die Jakobus-Wallfahrt hat sich im **modernen Tourismus** fortgesetzt und in den letzten Jahren zu einer wahren Goldgrube entwickelt. Der *Camino* ist bestens markiert und mit Pilgerherbergen ausstaffiert, auf dem Jakobsweg zu wandern und Rad zu fahren ist in Mode gekommen. Unter Ausländern wie unter Spaniern, für die Jakobus der Schutzpatron des Landes geblieben ist. Sie alle kommen, sehen, marschieren, radeln und sind vereinzelt sogar mit dem Tretroller unterwegs. Ganz gleich, ob aus Sports-, Glaubens-, Kultur-, Meditations- oder Selbstfindungsgründen. Zeitungs- und Fernsehberichte, Promipilger und Bestseller wie der des Komikers *Hape Kerkeling* („Ich bin dann mal weg") haben die Neugier geweckt und zu einer regelrechten

Pilgerinnen auf dem Jakobsweg

Überflutung der Pilgerroute geführt. Ob „wahrer Jakob" oder nicht, spielt eine untergeordnete Rolle. Nicht jede Frage ist wissenschaftlich-greifbar zu beantworten. Unter den Wallfahrern unserer Tage dürfte kaum jemand eigens nach Compostela reisen, um seine Zweifel zu nähren, das Grab in der Kathedrale in Frage zu stellen und ein Trennungsverfahren zwischen Legende und Geschichte einzuleiten. Legenden sind einfach wahr …

Übersinnliche Phänomene und die Entstehung des Monte Perdido

Andere Legenden, von denen auch einige Stationen am Jakobsweg gesäumt sind, drehen sich um Erscheinungen der heiligen Gottesmutter Maria und ähnlich übersinnliche Phänomene und sind häufig mit belehrenden bis drohenden **moralistischen Fingerzeigen** versetzt. Manchmal sogar mit tragischem Ende. Sieh her, böser Mensch, so ergeht es dir, wenn …

In diese Sparte fällt die Legende um die Entstehung des *Monte Perdido,* des **„Verlorenen Berges",** der in den aragonesisch-französischen Pyrenäen mit seinen 3.355 Metern am Himmel kratzt. Sie dreht sich um einen zerlumpten Bettler, der einen Hirten mehrfach um Brot bat. Doch der zeigte ein eiskaltes Herz und dachte gar nicht daran, ein paar Bissen mit ihm zu teilen. Von einem Moment auf den nächsten zog eine grollende Gewitterfront auf, der Himmel verfärbte sich in tiefes Schwarz und wurde von zuckenden Blitzen durchfahren. „Rasch zu meiner Herde", sagte sich der Schäfer. Er brach auf und ward nie mehr gesehen. Verdammt von dem Bettler, der sich als heiliger Antonius zu erkennen gab. Sein **Fluch** zeigte den Ursprung des Monte Perdido auf: „Wegen deines Geizes wirst du für immer verschwinden. Und wo du verschwindest, wird ein mächtiger Berg zum Vorschein kommen, ein Berg so groß wie dein Mangel an Barmherzigkeit." Ein legendärer Fall, der den abergläubischsten Bergwanderern inmitten der grandiosen Natur des Parque Nacional de Ordesa y Monte Perdido noch heute zu denken geben dürfte. Also: im Zweifel lieber einen brüderlichen Happen mit dem Weggefährten teilen …

„Miserere de la Montaña", der Bußpsalm im Gebirge

Spaniens großem und erst posthum bekannt gewordenen Romantiker **Gustavo Adolfo Bécquer** (1836–1870) kommt das Verdienst zu, einige alte Legendenstoffe zu neuem Leben erweckt zu haben. Eine besonders schaurig-schöne spielt in der Bergwelt um **Fitero,** einem Örtchen in der

Übergangszone zwischen Navarra und der Rioja, wo *Bécquer* sich im richtigen Leben in den Thermen zu aalen pflegte.

Im Mittelpunkt der Geschichte steht ein einsamer **Musiker** aus fernen Landen, der eines Abends die Zisterziensermönche des Klosters Santa María la Real de Fitero um Aufnahme bittet und ihnen von der Suche nach seiner Inspiration erzählt, einen ergreifenden Bußpsalm zu komponieren. Ein örtlicher Bauer bringt ihn auf den richtigen Weg der Eingebung und erzählt ihm vom geheimnisumwitterten „Miserere de la Montaña", dem Bußpsalm im Gebirge. Schauplatz sind die Ruinen eines nahen **Kastells in den Bergen,** hinter denen sich eine tragische Geschichte verbirgt: Erzürnt durch die Abwege seines einzigen Sohnes, entschloss sich dereinst der Burgherr, ihn zu enterben und die Festung in ein Kloster zu verwandeln. In einen Ort, in dem die Mönche zu Gott um Barmherzigkeit für ihn und seinen Sohn bitten konnten. Doch der Sohn war der leibhaftige Teufel, der nun auf Rache sann und in einer Nacht von Gründonnerstag auf Karfreitag mit einer Schar von Räubern auszog, das **Kloster zu plündern** und dem Erdboden gleich zu machen. Sie drangen just in dem Moment in das Kloster ein, in dem die Ordensbrüder einen Bußpsalm zu singen begannen, ein Miserere: „Erbarme dich meiner, o Gott, der du barmherzig und gnädig ..." Kein Mönch blieb am Leben, die Banditen zündeten das Kloster an und verschleppten die Reichtümer.

Seit jener Zeit, so weiß der Ackerer zu berichten, kommen die leidvollen **Seelen der Mönche** in der Nacht auf Karfreitag in den Bergen zusammen und stimmen ihr Miserere an. Klar, dass in der Legende der programmierte Zufall Pate steht, denn gerade ist Gründonnerstagabend. Und höchste Zeit für den fremden Musiker, in die Bergwelt aufzubrechen, wobei er dem Wind und dem Regen trotzt. In der Dunkelheit wird er Zeuge eines gespenstischen Schauspiels, sieht, wie sich die Ruinen des Klosters zusammenfügen und die Mönche auferstehen: Skelette in Habite gehüllt, hohle Schädel in den Kapuzen. Leise beginnen sie ihren **Bußpsalm in den Bergen zu singen:** „Erbarme dich meiner, o Gott, der du barmherzig und gnädig ..." Nie hat der Fremde Ähnliches gehört. Ein Miserere erfüllt von tiefstem Schmerz, von einer wogenden Melodie und einer beispiellosen Ergriffenheit. Er verliert das Bewusstsein.

Am nächsten Morgen, so ist es überliefert, kehrt der fremde Musiker ins Kloster zurück und macht sich in seiner Kammer daran, die nie **gehörten Melodien festzuhalten.** Doch es gelingt ihm nicht, so sehr er sich bemüht. Er arbeitet Tag und Nacht, schreibt Strophen nieder und verwirft sie. Es ist alles vergeblich. Am Ende verliert er seinen Traum, verfällt dem Wahn und stirbt.

Auftritte des Herakles

Ein mythologisch verankertes Gastspiel des Herakles in Spaniens sonnigem Süden ist bei den Andalusiern mit Freude aufgenommen worden. Sie erhoben ihn gleich zum sagenumrankten **Gründer Sevillas** und verehren ihn als einen der dortigen städtischen Schutzpatrone.

Dabei hatte es Herakles ursprünglich nur auf die Rinderherde des Riesen Geryones abgesehen, der irgendwo in den südlichen Winkeln der Iberischen Halbinsel hauste. Einem **Auftrag des feindlichen Herrschers Eurystheus** gemäß sollte er die Tiere stehlen und somit die letzte seiner zehn Arbeiten auf dem Weg zur Unsterblichkeit verrichten. Zunächst galt es für den Helden, den Wasserweg von Nordafrika auf die Höhe von Cádiz zu überbrücken. Kein Problem mit einer flugs ausgeliehenen goldenen Schale des Sonnengottes. Nebenbei richtete er beidseits der Straße von Gibraltar zwei steile Bergfelsen auf: die **„Säulen des Herakles",** die noch heute die Meerenge flankieren.

Herakles' **diebische Mission** erwies sich als schwereres Unterfangen. Zum einen wurde die Herde von einem weiteren Riesen und einem doppelköpfigen Hund bewacht, zum anderen war mit Geryones nicht zu spaßen. Schließlich bestand das Ungetüm aus drei Köpfen, drei Leibern, sechs Beinen und sechs Armen. Mit Keulenschlägen machte er dem wildgewordenen Hund und dem wütenden Riesenhirten den Garaus, um dann den Geryones mit einem giftigen Pfeil ins Jenseits zu befördern. Zum guten Schluss brach er mit der Rinderherde nach Mykene auf.

Eine andere Legende weist den bärenstarken Herakles als Urheber der gesamten Bergformationen der **Pyrenäen** aus. Der Held, so heißt es, trauerte der schönen Prinzessin Pirene nach, die ein gewaltiger Brand in den Tod gerissen und dabei ganze Berge abgeschmolzen hatte. Mit unbändiger Kraft begab sich Herakles daran, der geliebten Pirene ein Grabmal zu errichten: ein Mausoleum in Form von riesigen Bergrücken. Zwischen Atlantik und Mittelmeer schob er die Gesteinsmassen mit bloßen Händen zusammen – naturgeschichtlich immerhin mehr als 400 Kilometer breit – und modellierte Gipfel und Spitzen. Am Ende überzog er sein Werk mit einem glitzernden Streifen aus Schnee und Eis. Prinzessin Pirene ist Namensgeberin des Gebirges: die Pyrenäen.

Rosige Zeiten in Katalonien und eine Region voller „Jordis"

Bei der Verbreitung von Legendenstoffen ist das Motiv des Drachentöters beliebt: **Sant Jordi,** den die Katalanen als Schutzheiligen verehren. Sant Jordi, der heilige Georg, stellt sich eines Tages einem furchterregenden

Drachen entgegen, als dieser sich anschickt, eine Prinzessin zu verspeisen. Held Jordi behält die Oberhand und tötet das Ungeheuer. Worauf das Drachenblut die Erde tränkt und sich zu einer kleinen Lache aufstaut, aus dem ein blühender Rosenstrauch erwächst. Alljährlich am Sant-Jordi-Tag, dem 23. April, beschenken Kataloniens Herren Kataloniens Damen in bestem *old-fashioned style* mit einer Rose. Schauplatz der Drachenepisode soll das katalonische Städtchen Montblanc gewesen sein – zumindest reklamiert es das Geschehen für sich.

Wie Kataloniens Männer heißen? *Jordi* natürlich. Nicht alle, aber in inflationärem Maße viele. In Kataloniens Frauenwelt gibt *Montserrat* den von Glauben, Aberglauben und katalanischem Nationalbewusstsein gezeichneten Namensweg vor. So benannt nach der **„Schwarzen Madonna" von Montserrat,** die von den Gläubigen in einem abgeschiedenen Bergkloster 60 Kilometer nordwestlich von Barcelona verehrt wird. Ihr Ursprung fußt ebenfalls auf einer Legende, der zufolge ein Schäfer – laut anderen Versionen Hirtenkinder – dank mysteriösen Lichtern und geheimnisvollen Gesängen auf ein Gnadenbild der Muttergottes in der Heiligen Höhle, der *Santa Cova,* aufmerksam wurden. Letztlich kam der Fund einer kirchlichen Autorität, einem Bischof, zu, der allerdings Böses im Schilde führte. Er wollte das Marienbildnis aus den Bergen in die geografischen Niederungen bringen lassen, doch die Heilige Jungfrau hochselbst machte ihm einen Strich durch die Rechnung. Als die feierliche Prozession bereit zum Aufbruch war, ließ sich das felsenschwer gewordene Bildnis nicht von der Stelle bewegen – ein klarer Fingerzeig Mariens, im Gebirge von Montserrat bleiben zu wollen. Eine Legende wie diese mag überdies als Beispiel dafür dienen, dass man die Jahrhunderte nicht auf die Goldwaage legen darf. Das Bildnis ist romanischen Stils, als Jahr des Fundes indes 880 verbreitet. Kunsthistorisch liegen zumindest 200 Jahre dazwischen ...

Das gewendete Erdreich von Montserrat

Grotte und Kloster von Montserrat sind in eine **spektakuläre Bergwelt** eingefasst, die sich in schroffen Felsenfingern und Steinfalten über 1.200 Meter hoch aufwirft. Eine schroffe, unwirkliche Szenerie, die Kataloniens Jugendstilgenie *Antoni Gaudí* wegweisend inspirierte und zu architektonischen Höhenflügen wie der Sagrada Família trieb.

Ganz ähnlich wie beim Monte Perdido, lässt des Volkes Version zum Ursprung der Serra de Montserrat keine geologischen Ansätze gelten. Statt eines armen Hirten, der sein Brot nicht teilen will, wird das Böse durch eine ganze Königsstadt symbolisiert. Eine reiche Stadt voll untu-

gendhafter Menschen, die auf Dauer Gott erzürnten. So entschloss er sich, die **Königsstadt ganz einfach zu wenden:** das Erdreich nach oben und die Siedlung nach unten. Für immer verschluckt und samt menschlichem Inhalt kopfüber ins Erdinnere hängend. An der Oberfläche waren nun ungeordnete Gesteinsmassen hervorgetreten, die eines heiligen Platzes nicht würdig schienen. Also entsandte Gott eine Engelsschar, die sich daran machte, das Kalksteingebirge zu modellieren und in einen **Zauberwald aus Stein** zu verwandeln. Wer heute zu der von Türmen und Kegeln durchsetzten Serra aufschaut, mag ermessen, welchen Respekt sie den Menschen früher eingeflößt haben mag.

Tapfere Helden vom Schlag eines Cid und eines Roland

Aus der mittelalterlich-ritterlichen Zeit stammen Legenden und Epen, die der **Verklärung von Helden** dienen. Wo die Historie aufhört und die Sagen beginnen, dürfte auch hier auf ewig im Dunkel verschwimmen.

So wie bei der Geschichte um *Rodrigo Díaz de Vivar* alias **El Cid, dem spanischen Nationalheros** und Vorzeigeritter der Reconquista (1043–1099). Er wurde von Kastiliens König *Alfons VI.* in die Verbannung geschickt, schlug sich vorübergehend auf die Seite der Mauren, wechselte erneut das Lager und nahm schließlich das muselmanisch besetzte Valencia ein. Allen galt er als Schrecken schlechthin, wurde von den Spaniern *campeador* („Kämpfer") und von den Mauren *sayyid* („Herr") genannt und trieb die feindlichen Heere noch als Toter in die Flucht: festgebunden auf seinem Pferd.

Die Taten des *Cid* sind im mittelalterlichen Epos „Cantar de mío Cid" (um 1140) verewigt, die einen stolzen tapferen Vorläufer vom Schlage des **Ritters Roland** im altfranzösischen „Chanson de Roland" haben, dem mutmaßlich Ende des 11. Jahrhunderts entstandenen „Rolandslied". Der Brückenschlag von Frankreich nach Spanien erklärt sich durch eine Schlacht im spanischen Grenzgebiet, wo das tragische Schicksal jenes bretonischen Markgrafen *Roland* im Jahre 778 besiegelt wurde. Er führte die Nachhut *Karls des Großen* an, der – mit wenig Erfolg – in Spanien gegen die Mauren zu Felde gezogen war und sich nun auf dem Rückweg über die Pyrenäen befand. Plötzlich geriet *Rolands* Trupp bei Roncesvalles in einen tödlichen Hinterhalt, eine mutmaßlich von Mauren und Basken gemeinsam vorbereitete Falle. Es gab kein Entrinnen. *Roland* und die Seinen kämpften tapfer, doch angesichts der übermächtigen Streitmacht nützte dem Helden auch sein Wunderschwert Durandal nichts.

Auf die rolandinischen Heldenepen folgten über Spaniens Grenzen hinaus zahlreiche Nachdichtungen und **thematische Nachbehandlungen** in Form von Dramen, Balladen und Romanzen. In Opern lernte man Roland gar als liebestollen Heros kennen, andernfalls – je nach Intention des Autors und seines geistlich-politischen Umfelds – als ergebenen höfischen Ritter oder als ehrfürchtigen Gottesstreiter und Märtyrer. Eine Legende aus dem Übergangsgebiet zwischen Navarra und der Rioja dichtet Roland den Kampf gegen den übermächtigen muselmanischen Riesen Ferragut an, die Legende endet mit dem tödlichen Dolchstoß in den Nabel des Giganten.

El Cid und Roland verbindet, dass man ihre **Spuren am Jakobsweg** verfolgen kann. Auf dem Pyrenäenpass von Ibañeta erhebt sich das Rolandsdenkmal, in der Kathedrale von Burgos tritt man ans Grab des Ritters El Cid heran. Und am Königspalast von Estella (Navarra) und im Heiligtum San Juan de Ortega (Provinz Burgos) rufen kunstvolle romanische Kapitelle ihren Betrachtern den sagenumwobenen Kampf zwischen Roland und Ferragut ins Gedächtnis. Wie mag es Pilger während der Reconquista-Zeiten beeindruckt haben, auf den Spuren der Helden zu wandeln! Bildhauerarbeiten wie jene in Estella machten die Legenden fassbar. Offenen Büchern gleich und als Nährboden von Mund-zu-Mund-Wiedergabe, gaukelten sie den Menschen des Mittelalters den Bezug zum vermeintlich wirklich Geschehenen vor.

Liebe in den Zeiten der Reconquista

Die Jakobuspilger regten einen steten internationalen Kulturaustausch an, einen – von Epoche zu Epoche – immer neu aufbereiteten Legendenmix aus bekannten Themen und Protagonisten. Doch nicht nur als Wallfahrtsziel, auch in anderer Hinsicht ist Spanien von jeher eine außergewöhnliche Rolle zugefallen: durch die Lage zwischen Atlantik und Mittelmeer, als Bindeglied zwischen Europa und Afrika sowie als Durchzugs- und **Kreuzungspunkt der Kulturen und Rassen.** Kelten und Griechen haben ebenso ihre Spuren hinterlassen wie Römer, Franken und Westgoten. Unter diesem Aspekt – und als sprudelnder Urquell von Legenden – war das knapp 800 Jahre lange Gastspiel der Mauren (711 bis 1492) ein historischer Glücksfall.

Auch wenn sich das Reconquista-Klima im Laufe des Mittelalters verschärfte, war das Miteinander nicht immer ein Gegeneinander und wurden die **Muselmanen** nicht nur als Böse gebrandmarkt, die als Vergewaltigertrupps durch die Lande zogen oder – einer Legende aus der Rioja zufolge – von den Christen jährlich den Tribut der Hundert Jungfrauen einforderten. Es gab ebenso Toleranz, Einflüsse auf Küche und Architektur und ein Leben arabischer Dichter und Weiser an christlichen Königshöfen.

Und natürlich gab es auch leidenschaftlich-verbotene Liebe! Ein Motiv, das der Romantiker *Gustavo Adolfo Bécquer* mit seiner Legende „La Cueva de la Mora" (**„Die Höhle der Maurin"**) thematisierte, die 1863 in der Madrider Tageszeitung „El Contemporáneo" erstveröffentlicht wurde. Darin geht es um einen stolzen christlichen Caballero, der den feindlichen Mauren bei einem Gefecht in die Hände fällt, in ihrem Felsenkastell hoch über dem Río Alhama eingekerkert und schließlich von den Seinen durch ein hohes Lösegeld freigekauft wird. Ganz glücklich ist er darüber nicht, denn ein unauslöschliches Feuer lodert in ihm. Während seiner Gefangenschaft hatte er die märchenhaft schöne Tochter des Burgherrn zu Gesicht bekommen und kann sie nicht vergessen. Ohne seine Getreuen von der wahren Absicht in Kenntnis zu setzen, lässt er die Festung stürmen – nur, um das anmutige Wesen in seine Arme zu schließen. Zur bösen Überraschung aller erwidert sie seine Liebe und bleibt mit ihm auf der von den Reconquistadoren eroberten Burg, die sich bald den Attacken der vertriebenen Muselmanen ausgesetzt sieht. Nach vergeblichen Angriffen entschließen sich die Mauren, die Festung langsam auszuhun-

Cid-Denkmal in Burgos

gern und setzen zum letztlich entscheidenden Vorstoß an. Der Caballero wird tödlich verletzt und von seiner Geliebten in einem schier übermenschlichen Kraftakt durch einen Geheimgang abwärts in eine Höhle am Río Alhama geschleppt. Um seine Leiden zu lindern, bahnt sie sich mit seinem umgestülpten Helm in der Hand den Weg zum Fluss und will ihm Wasser holen. Dort wird sie von zwei Pfeilen maurischer Krieger zu Tode getroffen und schleppt sich zu ihrem Geliebten. Im letzten Lebensmoment wird er sich ihrer gemeinsamen Liebessünde bewusst, bewegt sie zur Annahme des christlichen Glaubens und tauft sie mit dem Wasser aus dem Helm. Dann erlischt ihre Energie, beide scheiden umschlungen dahin. Ihre unruhigen Geister, so sagt man, wandeln nachts in der Gegend um den Río Alhama ...

Einige Jahrzehnte vor der romantischen Ära *Bécquer* hatte der US-amerikanische Dichter und Diplomat *Washington Irving* (1783–1859) Andalusiens Geschichten aus Tausendundeinernacht erweckt und der **maurisch-spanischen Kultur eine weitere internationale Note** gegeben. Hoch über Granada quartierte er sich auf der Alhambra ein und verdichtete – vom Flair seines exotischen Umfelds inspiriert – poesievolle Geschichten und Mythen um das rote Traumschloss der Mauren in seinem 1832 publizierten Band „The Alhambra".

Die „Liebenden von Teruel" und der triefende Kitsch

Ähnlich tragisch wie am Río Alhama muss es einst im aragonesischen Städtchen Teruel zugegangen sein, dessen Mudéjarbaukunst zum Weltkulturerbe der Menschheit gehört. Die Legende um die „Liebenden von Teruel" erzählt, dass die Eltern der **schönen Isabel** das Werben des **armen Juan** um die Gunst ihrer Tochter abweisen. Doch er setzt einen vermeintlichen Aufschub durch. Fünf Jahre lang will er ausziehen, um Reichtümer zu erwerben. So geht er in den Krieg, kehrt fristgemäß in die Heimat zurück und erfährt, dass Isabel einen Konkurrenten geheiratet hat. Gleichwohl brennt das Verlangen in ihm, sie zu sehen – doch beim verhängnisvollen Treffen verweigert sie ihm einen Kuss. Sogleich sinkt der Jüngling in einer Herz-Schmerz-Attacke tot zu Boden. Tags darauf werden die Exequien in der San-Pedro-Kirche gehalten. Isabel kommt in Trauertracht, küsst ihren verstorbenen Juan und **stirbt schlagartig an seiner Seite.** Zwei Mumien und das Alabastergrabmal in Teruels zentralem „Mausoleo de los Amantes" machen Glauben, dass es das unglückliche

Paar Isabel de Segura und Juan Diego Martínez de Marcilla wirklich gegeben hat.

Allerdings scheint selbst Spaniern die Story mit einigen Schichten **Kitsch zu dick aufgetragen.** Konsequenz ist der im Volksmund kursierende Zweizeiler *„Los amantes de Teruel / tonta ella, tonto él."* Also: „Die Liebenden von Teruel / dümmlich sie, dümmlich er."

San Isidro, der wundersame madrilenische Schutzpatron

Als Hauptstädter mag man sie für abgeklärt halten, doch auch Madrilenen verehren ihre Heiligen mit einem Höchstmaß an Achtung. Motto: Nichts Genaues weiß man nicht, aber wir glauben trotzdem fest daran. So wie an San Isidro, den wundersamen Schutzpatron, den die Einheimischen mit ihrem großen Stadtfest am 15. Mai feiern. Auf der Suche nach San Isidro führen **Nachschlagewerke** in einen Irrgarten der verschiedensten Geburts- und Sterbedaten, im San-Isidro-Museum hat man sich pauschal und historisch gelenkig auf das 12. Jahrhundert verständigt und hinzugesetzt: Anhand von dokumentierten Quellen ist das Leben des Heiligen nicht belegbar, das Wissen über ihn stützt sich einzig auf mündlich tradiertes Volksgut.

Der wahre Kult um den Schutzheiligen Madrids und den Schutzpatron der Landwirtschaft setzte erst 1622 mit der Heiligsprechung durch Papst *Gregor XV.* ein. Die Legende erzählt uns von einem frommen, demütigen

Bauern und einer **Flut von Mirakeln.** So sorgte Isidro für eine verblüffende Vermehrung des Weizens, ließ eine Quelle aus dem Nichts des Bodens per Stockschlag ersprudeln und rettete seinen in den Brunnen gefallenen Sohn, indem er das Wasser bis zum Brunnenrand ansteigen ließ. Und während sich Isidro den Gebeten hingab, bearbeiteten Engel den Acker – aus landwirtschaftlicher Sicht, so mögen weniger Legendengläubige einwerfen, eine überaus praktische Arbeitsteilung.

Nicht nur als Lebender, auch als Toter sorgte er für Erstaunen: mit der Erscheinung seines unversehrten **Leichnams** auf dem Friedhof der Iglesia de San Andrés. Was dazu führte, dass San Isidros sterbliche Hülle exhumiert und zu Beginn des 13. Jahrhunderts in die Hauptkapelle der San-Andrés-Kirche überführt wurde. Heute verehren ihn die Gläubigen an der Seite seiner Frau Santa María de la Cabeza in der Antigua Catedral de San Isidro.

Ein Geisterhaus in Madrid

Unglaublich, aber wahr: Über althergebrachte Überlieferungen hinaus stößt man in der Hauptstadt auf **Mysterien der Moderne.** Madrids Geisterhaus, der Palacio de Linares, liegt an der Plaza de Cibeles, einem der zentralsten Plätze der Stadt. Orgelmusik aus der verlassenen Hauskapelle, mysteriöse Lichter, im alten Tanzsaal die unheimliche Gestalt eines in Weiß gehüllten Mädchens mit langem lockigem Haar. All das wollen die Madrilenen im Laufe des 20. Jahrhunderts gesehen und gehört haben, als der Palast noch nicht renoviert und in die Casa de América verwandelt worden war. **Spuk oder Nicht-Spuk?** Unter welchem Zauber stand das herrschaftliche Palais?

Als ein mit Parapsychologen gespicktes Team Ende der 1980er- und eingangs der 1990er-Jahre Licht ins Dunkel der unheimlichen Welt zu bringen versuchte, stieß es bei seiner akribischen Kleinarbeit – glaubhaft erscheinenden Aufzeichnungen zufolge – auf **„anormale Phänomene".** Auf Tonband nahm man Stimmen und Orgelspiel auf, man hielt übernatürliche Leuchtquellen fest, registrierte plötzliche eiskalte Windhauche und den Sturz von sommerlichen Temperaturen bis unter den Gefrierpunkt. Mit kühlem Kopf versuchte man letzteres mit dem Strom der unterirdisch fließenden Bäche Bajo Abroñigal und Castellana zu erklären. Doch deuteten die Energiefelder aus Kälte und Lichtern nicht auf – Gespenster?! Und wenn ja, welche?

Die Suche nach unruhigen Seelen führt uns zurück in die Zeiten des **Markgrafen José de Murga,** der den Palast zwischen 1873 und 1888 erbauen ließ. Er lebte dort mit seiner Frau Raimunda, der Tochter einer Tabakverkäuferin. Die Liebesbeziehung zwischen José und Raimunda hatte Josés Vater vergeblich zu verbieten versucht. Warum, wurde José glühend heiß klar, als er eines Tages ein Schriftstück des verstorbenen Vaters fand: Sie war seine Halbschwester! Um weiteren Inzest zu vermeiden, trennten sie ihre Gemächer und lebten zwischen Schuld und Begierde. Doch hatte Raimunda nicht bereits ein deformiertes Kind zur Welt gebracht und in der Hauskapelle bestattet? Und setzte der Markgraf – gebeutelt vom Schicksal – seinem Leben nicht gewaltsam ein Ende und wurde ebenfalls dort begraben? Bei der Forschungsoffensive soll das Pendel über einem bestimmten Punkt in der Kapelle besonders stark ausgeschlagen haben ...

Schreckenskammer und Blutreliquie – Grüße aus dem Jenseits

Mit wohligem Grauen und dosierter Distanz brennen Madrilenen darauf, dem Jenseits ein Stückchen näher zu rücken. Irgendwie **teilzuhaben am Tod anderer** und ein bisschen Schauder zu empfinden – so wie bei den *corridas de toros*. Einen soliden Rahmen für solcherlei Erleben gibt nicht nur die Stierkampfarena Las Ventas, sondern auch das Monasterio de la Encarnación ab, ein zu Beginn des 17. Jahrhunderts von *Margarita de Austria* begründetes Kloster. Es liegt im Herzen der Metropole, Führungen leiten Besucher mitten hinein in den **Reliquienraum.** Kein Platz für zarte Gemüter. Die Szenerie kommt einem offenen Massengrab gleich, einer makaberen Kammer des Schreckens, der Gläubige und Abergläubische mit ein paar rasch geschlagenen Kreuzen begegnen. Rundherum Schränke aus Sandelholz, darin Schreine mit künstlichen Blumen verziert und mit menschlichen Resten gefüllt. Ein Knochen- und Schädelmikado auf madrilenisch. Nachzählen ist nicht nötig, da reicht eine schnelle Frage an den Guide. Insgesamt 33 Totenschädel, bemerkt er mit gedämpfter Stimme und misst der **„Blutreliquie"** des Märtyrers San Pantaleón besondere Bedeutung zu. Alljährlich am 27. Juli verflüssigt sie sich auf wundersame Weise ...

Einige unheimliche Legenden

Teodosio de Goñi und der Hohn des Teufels

Es begab sich im frühen Mittelalter, als die maurischen Heerscharen weite Teile der Iberischen Halbinsel bedrohten. Teodosio de Goñi lebte als Edelmann und Burgherr von Goñi auf einem Kastell am Rande der Sierra de Andía. Er war von hünenhafter Gestalt und hart, wenn es mit den

Seinen in den Kampf gegen die muselmanischen Feinde ging. Hinter der Schale des unnachgiebigen Streiters verbarg sich allerdings ein weiches Herz, das er seiner Frau Doña Constanza geschenkt hatte.

Eines Tages, es war ein früher Wintermorgen, galt es für Teodosio de Goñi, wieder einmal Abschied von Constanza zu nehmen. Das Reich wurde erneut von Invasoren bedroht und musste verteidigt werden. Im Vorhof der Burg ließ Teodosio sein Pferd von einem Diener satteln und galoppierte wenig später über die schneebedeckten Höhen der Sierra davon. Doña Constanza blickte ihm lange nach und sah, wie er mit seiner Truppe an der Brücke von Ollo zusammentraf. Leise vergoss sie ein paar Tränen.

„Hoffentlich wird es auch diesmal ein gutes Ende nehmen", sagte sie still in sich hinein und spürte dabei eine dunkle Vorahnung. Gut, dass sie nicht alleine blieb. Sie hatte eine kleine Dienerschaft, außerdem lebten Teodosios Eltern mit auf der Burg. In tristen Zeiten waren sie ihr ein großer Trost.

Teodosio de Goñi blieb monatelang fort und kämpfte erfolgreich auf den Schlachtfeldern gegen die Mauren. Von Tag zu Tag wurde sein Verlangen größer, Constanza wieder in seine Arme zu schließen. Als der Monat Mai nahte, sollte sich sein Wunsch erfüllen. Er brach in die heimatliche Sierra auf und konnte es kaum erwarten.

Als er die Brücke von Ollo überquerte und voller Freude in der Ferne seine Burg sah, hielt er plötzlich inne. Auf der anderen Seite kauerte eine eigentümliche Gestalt. Unter buschigen Brauen blitzten Teodosio zwei scharfe Augen entgegen. Es waren die eines buckligen Gnoms mit einem wirren Bart voller Zotteln. Er war in spärliche graue Tücher gehüllt und barfuß unterwegs. Teodosio glaubte, einen Eremiten vor sich zu haben. In den Bergen des Nordens waren Einsiedler keine Seltenheit. Sie lebten in abgeschiedenen Grotten und gaben sich ganz ihrem Glauben hin. Kamen sie unter Menschen, wirkten sie auf diese höchst wunderlich.

Teodosio stieg vom Pferd und näherte sich dem Unbekannten. Da es bereits dunkel war, erschien die Gestalt umso befremdlicher.

„Wohin des Wegs?" fragte Teodosio de Goñi.

„Ooh", sprach der Fremde, „ich bin auf dem Weg zurück in die Sierra und habe mich wohl im Wege verirrt. Nun bricht bald finstere Nacht herein. Ob Ihr mich auf ein Stück mitnehmen könntet?"

Der Edelmann verharrte auf der Brücke. Er kniff die Augen zusammen und schaute hinüber zu seiner Burg, wo im selben Moment einige Fackeln entzündet wurden. Er wusste, dass seine geliebte Constanza voller Sehnsucht auf ihn wartete, doch als frommer Christ war er stets bereit, eine gute Tat zu vollbringen.

„Wohlan, Fremder", antwortete er. „Steigt auf, ich will Euch an den Waldsaum bringen und hoffe, dass es Euch hilft."

Der unheimliche Fremde lächelte arglistig, als ihm Teodosio hinter sich aufs Pferd half.

„Legt Eure Arme um meinen Leib und haltet Euch gut fest!" rief er und trieb sein Ross über Stock und Stein.

Die Burg von Goñi verschwand bald in der Dunkelheit. Als sie den Waldsaum erreichten, bestand der Fremde darauf, sich ein weiteres Stück in den Forst bringen zu lassen. Nach einer Weile hielt Teodosio das Pferd auf einer Lichtung an, stieg ab und half auch dem Fremden hinab.

„Bis hierhin und keinen Schritt weiter", sagte Teodosio mit deutlicher Stimme.

„Ich weiß es Euch zu danken", antwortete der Unbekannte mit falschem Ton und setzte hinzu: „Ihr seid gewiß ein guter Reiter und ein tapferer Kriegsmann, doch anscheinend wisst Ihr nicht, wie es in Wirklichkeit um Eure Ehre bestellt ist."

„Was meint Ihr damit? Sprecht!"

„Nun, Teodosio de Goñi, Ihr ahnt wohl nicht, was während Eurer Abwesenheit auf der Burg geschieht."

Bei diesen Worten durchfuhr es den Edelmann heiß und kalt. Woher wusste der Fremde seinen Namen?

„Erklärt Euch!" brach er ungehalten aus.

„Nun, Euer Weib, Doña Constanza, und einer Eurer Diener halten es mit der Treue nicht so genau. Von Eurer Gemahlin dachtet Ihr, sie sei rein und unschuldig. In Wahrheit ist sie voll von niederen Instinkten. Geht und seht mit Euren Augen, wie sie das Bett mit einem anderen teilt. Auch jetzt. In dieser Stunde, in dieser Nacht."

Dabei stieß der Fremde ein bösartiges Lachen aus.

Teodosio geriet außer sich, tausend Gedanken schossen ihm durch den Kopf. Er stieß den Hutzeligen zur Seite, schwang sich aufs Pferd und gab ihm die Sporen.

Teodosio de Goñi sprengte über die Höhenzüge davon und erreichte, vom Licht des Mondes geleitet und kurz nach Turmschlag Mitternacht, sein Kastell. Er war von blindem Hass geblendet, drang in Windeseile in die gemeinsamen Gemächer vor und sah, wie zwei Körper eng aneinander geschmiegt ruhten.

„Bei Gott, der Einsiedler hatte Recht", entfuhr es Don Teodosio. Ohne zu zögern zog er sein Schwert. Mit einem einzigen Streich trennte er die beiden Köpfe vom Rumpf, dann stürzte er hinaus in den Vorhof.

„Teodosio, mein Gemahl, mein Geliebter!" rief plötzlich eine Stimme. In ein weißes, wallendes Nachtgewand gehüllt, stürmte Doña Constanza auf ihn zu. Sie hatte die Angewohnheit, zur mitternächtlichen Stunde ein Gebet in der Burgkapelle zu sprechen und Gott um gesunde Rückkehr ihres Mannes zu bitten. Nun sah sie ihn im Hof, mit wirrem Blick und in der Hand ein gewaltiges Schwert, von dessen Spitze Blut tropfte.

„Teodosio, Geliebter, was ist geschehen?" fragte sie fassungslos.

Constanza erzählte, dass sie nachts häufig Platz für seine Eltern machte, um ihnen ein bequeremes Nachtlager zu gönnen. Sie selbst nahm mit einer einfacheren Schlafstätte in der Kammer nebenan vorlieb. Teodosio war leichenblass. Er hatte seine eigenen Eltern im Schlaf getötet und begriff erst jetzt, dass der Einsiedler der leibhaftige Teufel gewesen war.

Teodosio de Goñi verließ seine Burg und begab sich auf Wallfahrt nach Rom, um den Papst persönlich um Vergebung zu bitten. Dieser trug ihm auf, ein Halseisen anzulegen und zwei schwere Eisenketten um die Hüften. Ohne sich einem Dorfe zu nähern, sollte er in die Heimat zurückkehren und dort mit seiner Last so lange durch die Gebirgshöhen streifen, bis die Ketten durch göttliche Kraft gesprengt würden.

Ergeben fügte sich Teodosio de Goñi seinem Schicksal und führte fortan ein spartanisches Leben. Er ernährte sich von Beeren und Kräutern und fand in der Sierra de Aralar eine Höhle, in die er sich zurückzog und die er nur verließ, um Nahrung und Feuerholz zu suchen. Hals und Hüften des einst so tapferen Kriegers waren durch die eiserne Bürde so wund geworden, dass sie sich ständig infizierten und eiterten. Er kämpfte mit dem Tod. Dennoch brachte er die Kraft auf, weiter zu leben.

Es war an einem späten Herbsttag, als Teodosio, gekrümmt von seiner Last, in den Eichen- und Buchenwäldern der Sierra nach trockenem Feuerholz suchte. Plötzlich bebte die Erde. Unter gewaltigem Grollen tauchte ein Drache vor ihm auf. In den Augen des furchterregenden Tieres erkannte Teodosio ein Blitzen, das ihn an den unheimlichen Fremden erinnerte.

„Es muss wieder der Teufel sein", entfuhr es Teodosio mit schwacher Stimme.

Im Angesicht des Todes schrie er: „Heiliger Michael, steh' mir bei!"

Im selben Augenblick donnerte es. Teodosio ging zu Boden. Als er aufblickte, war der Drache verschwunden. Neben ihm lag eine eiserne Kette. Mit seiner runzligen Hand tastete Teodosio nach seinem Hals und seinen Hüften. Nichts war mehr übrig von der Last der Jahre. Er war frei und hatte seine Buße beendet.

Der Edelmann machte sich auf den Weg zu seiner heimatlichen Burg. Doña Constanza hatte in all der Zeit auf ihn gewartet und niemals aufgehört, an seine Rückkehr zu glauben. Sie schlossen sich für immer in die Arme.

Teufelsmotiv aus der Jakobuskirche in Logroño

Teodosio de Goñi entschied sich, dort, wo er von seinen Ketten befreit wurde, ein Heiligtum zu errichten. Er benannte es nach dem heiligen Michael: San Miguel de Excelsis. Es wurde zu einem der wichtigsten Wallfahrtsziele in Nordspanien.

Das tödliche Laternensignal von Bermeo

Zwischen den Kaps Matxitxako und Ogoño breitet sich der Meeresarm von Mundaka aus und nimmt die Süßwasser des Río Oka auf, der aus der grünen baskischen Bergwelt hinabströmt. Dem breiten Mündungstrichter und dem westlich des Auslaufs gelegenen Hafenstädtchen Bermeo ist die Insel Izaro vorgelagert, die vor vielen Jahrhunderten von Mönchen bewohnt war. Die frommen Ordensbrüder hatten am Festland Holz gerodet und es mit Hilfe der Fischer von Bermeo in Booten auf das felsige Eiland geschafft. Auf dem höchsten Punkt der Insel errichteten sie eine Kapelle und ein schlichtes Domizil für sich selbst. Hier wollten sie der Welt entsagen und unter allen Entbehrungen eins sein mit Gott. Trotz ihres genügsamen Lebens wären sie ohne die Hilfe der Fischer von Bermeo bald verhungert und verdurstet. Von Zeit zu Zeit brachten diese den Mönchen Frischwasser und milde Gaben hinüber: Stockfisch, Brot, Schinken, Wein und etwas Gemüse.

Es begab sich in einer stürmischen Winternacht, als einer der Mönche plötzlich aus dem Schlaf aufschreckte. Waren es nicht Hilferufe, die durch das Zischen des Windes drangen? Er stand auf, hastete die Steintreppe bis zum Bootslandeplatz hinunter, kniff die Augen zusammen und schaute sich um. Im bedrohlichen Dunkel hoben und senkten sich die Wellen, dazwischen flimmerten weiße Schaumkronen auf. Tatsächlich: Irgend jemand schrie um Hilfe! Die Stimme war ganz nah. Da entdeckte der Mönch auf den Steinen die Gestalt eines Mannes. Er stürzte hinüber, nahm ihn in seine Arme und trug ihn hinauf ins Wohnhaus.

Der Fremde war halb erfroren, bibberte am ganzen Leibe und brachte kein einziges Wort hervor. Hose und Hemd waren zerrissen, seine Stirn aufgeschlagen, seine Hände zerschrunden und blutig. Die Mönche bereiteten ihm einen heißen Trunk und ein warmes Lager aus Decken. Nach einigen Tagen der Pflege gelangte der Unbekannte zu Kräften und erzählte, was ihm widerfahren war. Seine Geschichte drehte sich um eine unglückliche Liebe zu einer jungen Frau aus Bermeo und ihren drei eifersüchtigen Brüdern. Den jüngsten, so berichtete er, hatte er in jener verhängnisvollen Nacht aus Notwehr und im Streit um seine Geliebte erschlagen. Dann war er in einem Fischerboot geflüchtet, das bald Ruder und Mast verlor und kurz vor Izaro in der brausenden See versank. Gerade noch habe er sich auf ihre Insel retten können.

Die Mönche nahmen den Fremden auf. Er möge solange bleiben wie er wolle, sagten sie ihm, verlangten jedoch, dass er in täglichen Gebeten Gott um Vergebung seiner Sünden bitten müsse. Mangels anderer Kleidung gaben sie ihm eine Kutte.

Während der kommenden Monate gab sich der Fremde, dessen Name uns nicht überliefert ist, dem Gebet und der Einkehr in der Einsamkeit hin. Er brachte sich immer stärker in die Gemeinschaft ein, während seine Erinnerung an die junge Frau aus Bermeo verblasste. Das asketische Leben veränderte sein Aussehen. Er war nicht wiederzuerkennen. Seine Knochen traten stärker hervor, sein Körper wurde sehniger. Außerdem bedeckte ein wildwuchernder Vollbart sein Gesicht.

Es war an einem milden Frühsommertag, als er sah, wie ein Fischerboot aus Bermeo auf die Insel zuhielt. Es kam wie stets, um Vorräte wohltätiger

Spender zu bringen, doch heute war etwas anders als sonst. Zum ersten Mal begleitete der Fremde einen der Mönche zur Anlegestelle hinab und wollte ihm helfen, die Bündel hinaufzutragen. Die Gefahr, wiedererkannt zu werden, hielt er für gebannt. Für die Bewohner Bermeos war er längst ein toter Mann.

Als das Boot an den Felsen anlegte, erblickte er hinter den beiden Fischern eine Frau an Bord. Täuschte er sich? War es nicht seine Geliebte? Er zog die Kapuze seiner Kutte tief ins Gesicht. Als die beiden Fischer und der Mönch in einem unbemerkten Augenblick mit dem Rücken zu ihnen standen, gab er sich der Frau zu erkennen. Sie zuckte zusammen und erschrak, doch aus ihren Augen ließ sie erkennen, dass ihre Liebe nicht erloschen war. Blitzschnell verabredeten sie, dass er in der Nacht des darauffolgenden Tages an Land schwimmen solle. Am nördlichen Zipfel der Bucht von Bermeo wolle sie auf ihn warten und mit einer Laterne den Weg zu ihr weisen. Vor dem ersten Sonnenlicht des Tages müsste er wieder nach Izaro zurückkehren.

Als die Ordensbrüder am vereinbarten Abend schliefen, brach der Fremde klammheimlich auf, stieg die Treppe hinab und ließ die Kutte in einer Felsenöffnung zurück. Seine Sehnsucht überstieg die Angst vor allen Gefahren. Es war eine milde Sommernacht. In der ruhigen See schwamm er den Konturen des Festlands entgegen und sah bald den Lichtschein der Laterne. Er folgte dem Leuchten und ging an Land, wo seine Geliebte auf ihn zustürzte. Endlich schlossen sie sich in die Arme und liebten sich wie nie zuvor.

So ging es bis in den späten Sommer hinein. Ein über die andere Nacht wiederholten sie das Wagnis und gaben sich bei lauer Witterung ihrem leidenschaftlichen Verlangen hin. Niemand schien etwas zu bemerken.

Im Herbst schlug das Wetter um. Stürme peitschten die See, es heulte und blies und machte die nächtlichen Aufbrüche zu gefährlich. Doch nach Tagen des ungeduldigen Wartens spürte der Fremde eine übermächtige Sehnsucht und begab sich auf den üblichen Weg. Unter größten Gefahren schwamm er hinüber an Land und erblickte wie stets den Schein der Laterne. Doch er ahnte nicht, dass sie diesmal ein anderer hielt ...

Die junge Frau hatte nicht bemerkt, dass ihre beiden Brüder hinter die sündigen Treffen mit ihrem Geliebten gekommen waren und nun den Augenblick der Vergeltung gekommen sahen. An jenem Abend folgten sie ihr bis zum Strandsaum. Als sie hinter sich ein Rascheln im Gebüsch bemerkte, war es zu spät. Die beiden ergriffen ihre Schwester, zogen ein Messer hervor und schnitten ihr kurzerhand die Kehle durch. Dann streifte einer der Brüder ihren Umhang und ihr Kopftuch über und lenkte den

arglosen Schwimmer mit der Laterne in Händen an Land. In blindem Hass stachen sie auf den Wehrlosen ein, diesen schamlosen Schänder ihrer Schwester! Danach schleppten sie die beiden leblosen Körper auf ein Fischerboot und wickelten sie zusammen mit schweren Steinen in Säcke. Sie legten ab, fuhren hinaus und warfen ihre gut verschnürte Fracht in die stürmische See.

Wenn heute die Herbststürme vor der Küste Bermeos aufziehen, scheint es, als dringe durch das Heulen und Zischen des Windes ein schmerzerfülltes Jammern. Gerade so, als könnten rastlose Seelen nicht zueinander finden ...

Mysteriöse Messe in den Pyrenäen

Bevor der Winter in die westlichen Pyrenäen hinaufzieht, brechen die Hirten mit ihren Herden auf und verbringen die kommenden Monate in den wärmeren Weiten des Ebro-Beckens. Zwischen Frühjahr und Spätherbst jedoch ist das Gebirge ihre Welt. Damals wie heute.

Vor lange vergangenen Zeiten trug es sich zu, dass einige Schäfer gelegentlich in einer Berghütte zusammenkamen. Es war immer dieselbe einfache Hütte in der Sierra de Arrigorrieta, einem kleinen Gebirgszug zwischen den Tälern Roncal und Ansó. Der Wunsch nach menschlicher Nähe vereinte sie und bot gute Gelegenheit, über ihre Tiere, die Weidegrunde und die Tage der Einsamkeit zu sprechen.

Eines Abends kauerten sie wieder einmal in trauter Runde im Stroh, als sich einer der Schäfer erhob und hinaus in die Finsternis trat. Er lauschte in den Wald hinein und sah plötzlich ein merkwürdiges Licht, das von der Waldkapelle San Esteban herüberdrang. Erschreckt wich er zurück und winkte die anderen Schäfer heran. Sie erschauderten.

„Hat einer von Euch schon jemals ein solches Leuchten gesehen?" fragte einer der Hirten.

Die anderen schüttelten wortlos den Kopf.

„Ob zu dieser Stunde eine Messe gelesen wird?" fragte ein zweiter.

„Aber wer soll um diese Stunde dorthin gehen?" warf ein anderer ein.

Die Schäfer entschlossen sich, zunächst die folgende Nacht abzuwarten. Sie wollten beobachten, ob das Licht erneut aufflackerte. Und so geschah es. Ganz deutlich war es in der Kapelle zu sehen.

Sieben Nächte hintereinander beobachteten die Hirten das merkwürdige Schauspiel. Schließlich schlug einer vor, sich andere Weideplätze zu suchen. Ein anderer sagte mutig:

„Wir müssen ergründen, was es ist."

Dabei war ihm alles andere als wohl zumute.

Als das Licht in der nachfolgenden Nacht wieder durch das Astwerk flimmerte, nahmen sie all ihren Mut zusammen. Sie bekreuzigten sich, ergriffen ihre kräftigen Hirtenstäbe und brachen zur einsam gelegenen Kapelle auf. Die kleine Schar schlich durch den Wald und wurde von immer größerer Angst befallen, je näher sie dem Licht kam. Vor ihnen tauchten die Umrisse der Kapelle auf, aus dem Innern fiel heller Schein durch die Fenster. Die Tür war angelehnt.

Ihre Neugier siegte über die Angst. Sie traten ein. Überall waren Lämpchen entzündet, neben dem Altar stand – mit dem Rücken zu ihnen gewandt – eine verwachsene Gestalt in einer Kutte und bereitete die heilige Messe vor.

„Seid ihr bereit, damit ich den Gottesdienst beginnen kann?" fragte der Bucklige ganz so, als hätte er sie erwartet.

„Ja", entfuhr es einem der Schäfer.

„So kommt näher und nehmt Platz", sagte die mysteriöse Gestalt mit zittriger Stimme.

Sie taten, wie ihnen geheißen und zwängten sich auf zwei knarrende Bänke. Als sich der Bucklige schwerfällig zu ihnen umdrehte, erstarrten die Hirten. Angsterfüllt starrten sie im flackernden Schein der Lampen in das Gesicht eines steinalten Mannes. Er war leichenblass und von Pusteln und Runzeln übersät. Allesamt waren sie wie gelähmt, hatten keine Kraft zu fliehen und kamen nun nicht umhin, ihm zu lauschen. Mit einer Hingabe, wie sie sie nie zuvor gehört hatten, hielt der faltige Alte die Messe. Aus seinen Worten drang eine unvergleichliche Ruhe und Weisheit. Als er zum Ende kam, schienen Stunden vergangen zu sein. Zum Schluss stieg er vom Altar herab und ging auf die Bänke zu.

„Seid gesegnet für das, was ihr getan habt", sprach er. „Lange Zeit habe ich warten müssen und stets herbeigesehnt, meine letzte Messe vor gläubigen Christen zu halten. Ihr müsst wissen, dass seit meinem Tod viele Jahre vergangen sind. Nun erwartet mich die ewige Glückseligkeit und ich werde dort für Euch alle beten."

Damit beschloss er seine Rede, senkte zum Dank sein Haupt und löste sich vor den Schäfern in Luft auf.

In den Jahren darauf wurden den Hirten stolze und kräftige Lämmer geboren. Zu ihrer Berghütte und der Kapelle San Esteban in der Sierra de Arrigorrieta kehrten sie jedoch nie mehr zurück.

Prinzessin Guiomar und das Einhorn

Vor langer Zeit lebte König Sancho mit seiner Frau, seinen Töchtern und einem kleinen Hofstaat auf dem Felsenschloss von Ozkoroz. Eines Tages wurde er von einer rätselhaften Krankheit befallen. Seine Augen begannen fiebrig zu glänzen, sein Antlitz wurde zunehmend blasser, nachts wälzte er sich unter Krämpfen im Bett. Kein einziger heilender Trunk half, kein Umschlag aus Kräutern und kein Rat von Gelehrten und Quacksalbern.

Die Sieche Sanchos schritt voran. Schließlich holte man einen Eremiten aus den Bergen herbei, der glaubte, die Krankheit behandeln zu können. Um eine Salbe anzurühren, sagte der wunderliche Alte, fehlte ihm ein Pulver, das aus dem Horn eines Einhorns gerieben werden müsse. Nur dadurch könne der Herrscher wieder gesund werden.

Man schickte Jäger aus, die wussten, in welcher Gegend ein Einhorn lebte. Doch es war listig und scheu und gefährlich und verschwand im dichten Unterholz, sobald es sich beobachtet fühlte. Es konnte, so hieß es, einzig zu einer holden Jungfrau Vertrauen fassen. Die Jäger kehrten auf die Festung zurück und schlugen vor, Prinzessin Guiomar, die jüngste Tochter des Königs, solle sie beim nächsten Streifzug begleiten. Sie hatte ein nordisches Aussehen, blondes Haar, blaue Augen und wunderbar zart geschnittene Gesichtszüge. Die Prinzessin, so der Plan, sollte das Einhorn anlocken, damit es die Schützen im entscheidenden Moment erlegten. Obwohl Guiomar ihren Vater über alles liebte, sträubte sie sich. Worauf man ihr Gewalt androhte und ihr nichts anderes übrig blieb, als mitzukommen in die Wildnis. Alle gelobten eine baldige Rückkehr, da sich der Zustand des Königs von Tag zu Tag verschlechterte.

Nach langem Marsch erreichte der Tross einen versteckten Teich. Die Jäger waren sich sicher, dass hier eine Wasserstelle des Einhorns lag. Man ließ Prinzessin Guiomar am Ufer zurück, während die besten Schützen des Königs mit angelegten Bögen im nahen Dickicht Position bezogen. Am Mittag des dritten Tages saß Prinzessin Guiomar wieder still am Ufer des Teichs, als ein Rascheln sie aufhorchen ließ. Auf der anderen Seite des Weihers tauchte ein Einhorn auf. Seine stolze weiße Gestalt spiegelte sich auf der glatten Oberfläche des Gewässers. Vorsichtig näherte sich das Tier der Prinzessin und schien die Falle nicht zu bemerken. Als es der Königstochter ganz nahe war und schnüffelte, streckte sie treuherzig ihre Hand aus, um es weiter zu locken.

Plötzlich ging alles ganz schnell. Das Gemüt des Tieres schlug um. Vor den Augen der machtlosen Jäger wurde es zur wilden Bestie und durchbohrte die Prinzessin mit einem einzigen Stoß. Guiomar stöhnte auf. Ein Laut so wie einst, als sie sich im Gesträuch der königlichen Gärten von Ozkorroz einem jungen Diener hingegeben hatte. Doch jetzt war es der Laut des Todes. Rasch waren die Helfer zur Stelle und streckten das Untier mit ihren Pfeilen nieder. Für Prinzessin Guiomar kam jede Hilfe zu spät. Da sie dem Einhorn nicht als Jungfrau gegenüber getreten war, konnte es zu ihr kein Vertrauen fassen.

Die Begleiter trennten das Horn vom Tier ab und kehrten mit dem Körper der toten Schönen auf das Schloss von Ozkorroz zurück.

Die Trauer am Hofe war groß. Dennoch bereitete der wunderliche Einsiedler für König Sancho eine Salbe aus dem Horn des Tieres. Der Herrscher gesundete, aber der Schmerz über den Verlust seiner Tochter war zu stark. Im Herbst darauf schied Sancho dahin.

DIE SPANISCHE GESELLSCHAFT – STAAT, POLITIK UND WIRTSCHAFT

*Spanien ist bereit,
sich für Unsinn in den Ruin zu stürzen,
es ist chaotisch, es träumt, es ist irrational.*

(Cees Nooteboom)

Spaniens jüngere Geschichte

Wägt man das Miteinander von Gerechtigkeiten und Ungerechtigkeiten des Daseins ab, ist **Spanien im Lauf seiner Geschichte** nicht schlecht davon gekommen. Bei den durchlebten Extremen reicht der Pegelausschlag von der Stellung als himmelhochjauzende Weltmacht im 16. und 17. Jahrhundert bis zur zu Tode betrübten Franco-Nation, als Spanier arbeitssuchende Bittsteller waren, die sich gezwungen sahen, im Ausland ihr Glück zu versuchen. Heute, im vorangeschrittenen dritten Jahrtausend, ist Spanien zurückgekehrt in die europäische Politik- und Wirtschaftselite und seinerseits zum populären Einwanderungsland für arbeitswillige Kräfte aus Afrika und Lateinamerika avanciert.

Quer durch alle Epochen hat Spanien durch **selbstverschuldetes Verhalten** und verkrustete Obrigkeitsstrukturen immer wieder bekommen,

Ein Eichenstumpf erinnert an die 1937
durch die Legion Condor zerstörte baskische Stadt Guernica

was es verdient hat. Ob wirtschaftlich-kulturelle Rückschritte durch Ausweisung von Juden und Mauren, den auf Geringschätzung des Gegners fußenden Untergang der „Unbesiegbaren Armada" oder zu Beginn des 18. Jahrhunderts – dank kriegerischer Verstrickung an anderen Fronten – den Verlust von Gibraltar. Auf jene Zeiten des Erbfolgekrieges gründet sich die bis heute andauernde Fremdherrschaft der Bourbonen, die sich in der Linie der Königsfamilie um *Juan Carlos I.* und Thronfolger *Felipe* fortsetzt. Internationale Zankäpfel sind Gibraltar und die beiden Exklaven Spaniens auf afrikanischem Boden, Ceuta und Melilla, geblieben. Marokko beansprucht die Hoheit über die beiden Mittelmeerstädte für sich, was unlängst zur ausdrücklichen Missbilligung eines Besuches von König *Juan Carlos I.* führte. Seitens Marokkos ist ein ums andere Mal von den „besetzten" oder gar „geplünderten" Städten Ceuta und Melilla die Rede.

Spanien ist ein politik- und **geschichtsverdrossenes Land,** in dem man die Vergangenheit in Windeseile ad acta legt. Im Gegensatz zu den Deutschen und ihrer historischen braunen Erblast käme es kaum einem Spanier in den Sinn, **Schuldgefühle** über die Völkermorde seiner Vorfahren zu hegen. Der in Mittel- und Südamerika über Jahrhunderte an den Indígenas verübte Genozid gäbe allen Grund dazu, aber interessiert ebensowenig wie die kürzer zurückliegenden Greuel im eigenen Land. Als Beispiel mag der Bürgerkrieg dienen, bei dem sich Hunderttausende gegenseitig die Köpfe einschlugen und der den blutigen Boden für das Franco-Regime bereitete. Für Spanier liegt allein dies zu lange zurück, um es bei Analysen erneut aufzugreifen. Die Bürgerkriegs-Vergangenheit, die mit gelegentlichen Funden von Massengräbern bis in die Gegenwart hineinreicht, wird allenfalls halbherzig aufgearbeitet. Internationaleren Charakter bekam sie 2007, als 498 Bürgerkriegsmärtyrer von Papst *Benedikt XVI.* selig gesprochen wurden. Allerdings nicht in Spanien, sondern in Rom.

Schwerer Weg ins 20. Jahrhundert – ein zerrissenes Land

Wirft man einen Blick auf das Spanien zu Beginn des 20. Jahrhunderts, sieht man ein rundum zerrissenes Land. Ein **an innen- und außenpolitischen Fronten schwächelnder Staat,** der gerade den Verlust der letzten wichtigen Kolonien (Kuba, Puerto Rico und Philippinen) hat hinnehmen müssen, der industriell unterentwickelt und im internationalen Kontext kaum wettbewerbsfähig ist. Kirche und Militär üben unverändert große Einflüsse auf die Politik aus, in den fortschrittlichen Peripherieregionen Baskenland und Katalonien regt sich zunehmend Unmut gegen das vom vergleichsweise unterentwickelten Madrid aus zentralistisch gesteuerte System, längst überholte Besitzstrukturen lösen **soziale Krisen** aus. Die

Arbeiter haben in der Sozialistischen Arbeiterpartei (*Partido Socialista Obrero Español,* kurz PSOE) und Anarchistenverbänden ihre politischen Auffangbecken gefunden und scheuen sich nicht mehr, auf die Straße zu gehen. Sie protestieren gegen Großbürgertum und Großgrundbesitzer, mit denen es Spaniens Machthaber vor allem im Süden immer gut gemeint haben und die selbstredend auf Beibehaltung ihrer Einflüsse und ihres Besitzstandes pochen.

Zeit zum Durchatmen bringt der **Erste Weltkrieg,** in dem sich Spanien der Neutralität verschreibt und bei den Krieg führenden Mächten wichtige Absatzmärkte erobert. 1917 ruft die spanische Arbeiterschaft zum Generalstreik auf, der sich zu einer allgemeinen **Staatskrise** ausweitet und das Dilemma vor Augen führt: Die verhärteten Fronten zwischen Linken (liberal-progressiven Kräften) und Rechten (nationalistisch-konservativen Kräften) sind kaum noch in den Griff zu bekommen.

Abhilfe soll eine neue Regime-Kombi schaffen. Mit Zustimmung von *König Alfons XIII.* setzt General *Miguel Primo de Rivera* ab 1923 auf eine **Militärdiktatur,** die nach Gutdünken schaltet und waltet, die politischen Parteien untersagt, die Verfassung außer Kraft setzt und zum Feind der Arbeiterbewegung wird. Trotz angelaufener Modernisierungsmaßnahmen in Landwirtschaft und Infrastruktur und trotz aller Selbstschau und Paraden wie bei der Expo in Barcelona (1929) und der Iberoamerikanischen Ausstellung in Sevilla (1929/30) ist nach einigen wenigen Jahren klar, dass auch – oder gerade – das Militär die Krise im Land nicht zu lösen vermag.

Zu Beginn des Jahres 1930 gibt sich *Primo de Rivera* geschlagen, ein Jahr darauf verlässt der König das sinkende Schiff. Das Intermezzo der **Zweiten Republik** (1931–36) bringt ein Drunter und Drüber zwischen Links und Rechts und den verschiedensten Regierungen, unter denen Reformversuche in Agrar- und Sozialstruktur ebenso schnell verschwinden, wie sie aufgetaucht sind. Die Fronten verschärfen sich, Streiks und soziale Ausschreitungen nehmen landesweit zu. Die **Gewalt eskaliert** und mündet in den Spanischen Bürgerkrieg (1936–1939), schlussendlich ausgelöst durch eine Militärrevolte im Juli 1936 in Marokko.

Bürgerkrieg und Franco-Regime

Zu Beginn des Spanischen Bürgerkriegs wird **General Francisco Franco** zum Chef der „nationalen" Regierung ernannt. Er stammt aus dem galicischen Küstenstädtchen Ferrol, ist Jahrgang 1892 und entspricht dem Typus eines eingefleischten Militärs. Hinter ihm liegt eine glänzende Militärlaufbahn, die ihn zum seinerzeit jüngsten spanischen General hatte aufsteigen lassen (1926) und 1934 nach Asturien geführt hatte, wo er an der blutigen Niederschlagung des Bergarbeiteraufstands beteiligt war. Während des Bürgerkrieges wird er zum *caudillo*, zum **„Führer Spaniens"**, dessen Hass vor allem den auf Abtrünnigkeit bedachten Fortschrittsregionen Katalonien und Baskenland gilt. Mit Persönlichkeiten, die dem Volk Regimefeindliches einimpfen oder vorleben können, macht er **kurzen Prozess:** ob sie namhafte Dichter sind und *Federico García Lorca* heißen oder Politiker wie der Katalane *Lluis Companys,* der 1940 auf der Montjuïc-Festung von Barcelona hingerichtet wird.

Für sich selbst und die Seinen ist *Franco* der *generalísimo,* der **„große General"**, über den der von den Repressionen der Diktatur betroffene Romancier *Juan Goytisolo* geschrieben hat: „Er verlangte keine Treue gegenüber irgendeiner Weltanschauung, sondern nur den schlichten Gehorsam. Die offizielle Skala der Tugenden und Verdienste kannte nur diesen einen Maßstab: die Ergebenheit gegenüber seiner Person."

Im Bürgerkrieg stehen sich Spanier und Spanier drei unnachgiebig lange Jahre mit grausamer Härte gegenüber: Nationalisten und Republikanhänger. Ein Schlag für die republikanischen Kräfte und das Baskenland ist die **Bombardierung von Guernica,** der sogenannten „heiligen Stadt der Basken". An einem Apriltag des Jahres 1937 wirft die hitlerdeutsche Legion Condor im Sinne *Francos* ihre Bomben über Guernica ab und testet im Vorfeld des Zweiten Weltkriegs ihre Schlagkraft. An die Greuel erinnert *Pablo Picassos* großformatiges Jahrhundertbild „Guernica", das heute im Reina-Sofía-Museum in Madrid hängt.

Die **Bilanz des Spanischen Bürgerkrieges** liest sich schrecklich: 600.000 Tote (in einigen Quellen ist sogar von einer Million Toten die Rede), teilweise Verwüstung des Landes sowie 400.000 Exilierte und ein Exodus von Intellektuellen in Richtung Frankreich und Lateinamerika. Hinzu kommt eine schier endlos lange Militärdiktatur, 36 bleierne Jahre, die erst Ende 1975 mit dem Tod *Francos* enden.

Unmittelbar nach dem Bürgerkrieg hat Spanien Glück im Unglück. Trotz vehementem Drängen von *Hitler* und *Mussolini* bleibt dem Land eine Beteiligung am **Zweiten Weltkrieg** erspart. Es ist wirtschaftlich und demografisch ausgeblutet. Die Nachkriegszeit ist von Hungerjahren und **internationaler Isolation** geprägt, die zu Beginn der 1950er-Jahre vor allem auf Betreiben der USA durchbrochen wird. Der Deal ist eindeutig und nicht an Nächstenliebe gekettet. Beide Parteien profitieren: Nahrung und Wiederaufbauhilfe im Tausch gegen Militärstützpunkte in der antikommunistischen Bastion Spanien.

Mit dem UNO-Beitritt 1955 öffnet sich Spanien außenpolitisch weiter, während **Zensur und Verbote** den Alltag bestimmen. Es herrscht Versammlungsverbot, es gibt keine politischen Parteien und natürlich kein freies Wahlrecht. Ausgehend von der zitierten „Ergebenheit gegenüber seiner Person" schreibt Juan Goytisolo in „Spanien und die Spanier" über Francos Zeiten: „Das ließ – neben einer korrupten Minderheit, die eifersüchtig alle Vergünstigungen und Pfründe hamsterte – ein Heer von Bürgern entstehen, denen die Gesetze eine lebenslängliche **Unmündigkeit** auferlegten. Die Gelegenheit zu wählen, in einer Zeitung andere Ansichten als die der Regierung zu finden, ohne Zensur ein Buch zu lesen oder einen unzensierten Film zu sehen, sich mit anderen Oppositionellen zusammenzutun, gegen Missbräuche zu protestieren oder freie Gewerkschaften zu bilden – sie blieb ihnen immerzu versagt."

Katalonien und das **Baskenland** sind gewaltigem innenpolitischem Druck und Repressalien ausgesetzt, der Gebrauch der jeweiligen Sprachen (català, euskera) ist ebenso verboten wie die Verwendung regionalistischer Symbole. Kein Wunder, dass der baskische Widerstand neue Formen annimmt und beginnt, dem Regime die Stirn zu bieten. 1959 geht als Gründungsjahr der **baskischen Untergrundorganisation ETA** in die jüngere Geschichte Spaniens ein. Die aus Jugend- und Studentenkreisen hervorgegangene ETA steht als Abkürzung für „Euskadi ta Askatasuna", „Baskenland und Freiheit". Zunächst frei von Waffengewalt, wendet sie sich als radikale und extremistische Bewegung gegen Repressionen und Zentralismus und plädiert für die Unabhängigkeit des Baskenlandes – und weiß Teile der unterdrückten Bevölkerung hinter sich. Erst 1968 nimmt die ETA ihren bewaffneten Kampf auf und ist, wenngleich unter anderen Vorzeichen, bis zum heutigen Tag aktiv (siehe Kapitel „Spanien heute").

Zeitgleich mit der ETA-Gründung, Ende der 1950er-Jahre, läutet das von Beratern und Ministern aus dem Umfeld des Opus Dei durchsetzte Franco-Regime mit einer Reihe von neuen Gesetzen die **Modernisierung Spaniens** ein. Man hat eingesehen, dass man sich mit altverhaftetem Denken selbst im Weg steht und nicht auf ewig um die eigene Achse kreisen kann. Will man dauerhaft lebens- und überlebensfähig sein, müssen neue Geld- und Einkommensquellen her. Man setzt auf eine Reihe von Stabilisierungsmaßnahmen, gibt grünes Licht für die Liberalisierung ausländischer Investitionen und ebnet die Wege für die Abwanderungen von Gastarbeitern nach Mitteleuropa.

All das bereitet die Basis für das spanische **Wirtschaftswunder** der 1960er- und 1970er-Jahre. Spanien wandelt sich von einer Agrar- in eine Industriegesellschaft, Motoren der Wirtschaftsentwicklung sind der Industrieboom, die von den Emigranten überwiesenen Gelder sowie die Devisen aus dem beginnenden **Massentourismus.** Ohne an Langzeitfolgen zu denken, hat das Regime der Spekulation und Naturzerstörung Tür und Tor geöffnet. Plötzlich fallen Urlauberscharen in eine Sonnenregion wie Andalusien ein, seinerzeit „Spaniens Armenhaus", bringen Geld ins Land und stimulieren den Geschäftssinn der Einheimischen. Was darin gipfelt, dass viele ihre Grundstücke zu Schleuderpreisen verkaufen und die zugemauerte Landschaft in Kürze nicht mehr wiedererkennen werden. Im Vergleich zum Wirtschaftsaufschwung hinken die **sozialen Fortschritte** meilenweit hinterher. Ein Phänomen, das sich in unseren Tagen unverändert feststellen lässt!

Innenpolitisch weht *Franco* der Wind nach 1968 stärker ins Gesicht. Die baskische Untergrundorganisation ETA nimmt Züge einer bewaffneten Guerilla an und bombt sich ins Bewusstsein. Ihre Anschläge richten sich zuvorderst gegen staatliche Einrichtungen und Repräsentanten jedweder Art, ob Richter, Soldaten oder Polizisten. Immer stärker nehmen die Etarras den Tod von Zivilisten in Kauf; die ETA spaltet sich außerdem in diverse Flügel und Kommandos. Im Jahre 1970, durch den Prozess von Burgos, trägt *Francos* eigene Justiz zum **Negativimage der Diktatur** bei und steigert den **ETA-Bekanntheitsgrad.** Vor Gericht stehen 16 Aktivisten, denen vorgeworfen wird, Mitglieder einer terroristisch-separatistischen Vereinigung und am tödlichen Attentat gegen Polizeichef *Melitón Manzanas* beteiligt gewesen zu sein. Trotz dubioser Anklagepunkte verhängt man mehrere Todesurteile, was landesweite Proteste und internationale Petitionen nach sich zieht. Im Gegenzug klagt die ETA die Foltermethoden der Polizei an und macht die Knebelung des baskischen Volkes weiter publik.

Was kommt nach Franco? Der Dikator regelt die Antwort selbst. Per *Ley de Sucesión,* dem „Nachfolgegesetz", bestimmt er, wie es nach seinem Tode weitergehen soll. Er ernennt *Juan Carlos de Borbón,* den Enkel von König *Alfons XIII.,* zum künftigen König Spaniens und ist sich eines taktisch überlegten Schachzugs sicher. Der Historiker *Walther L. Bernecker* schreibt: „Als Juan Carlos 1969 zum Nachfolger Francos bestimmt wurde, glaubte der Generalissimus schon deshalb kein Risiko hinsichtlich des Fortbestand seines Systems einzugehen, weil seit 1967 sein engster Vertrauter, Luis Carrero Blanco, in seiner Funktion als ‚Stellvertretender Präsident des Ministerrats' praktisch die Geschäfte von Staat und Regierung führte." Theoretisch hätte *Juan Carlos'* Vater, *Juan de Borbón y Battenberg,* Anspruch auf den Thron gehabt, doch er erklärt später seinen offiziellen Verzicht.

Beim Mächtespiel um **Carrero Blanco** hatte *Franco* seine Rechnung ohne die ETA gemacht. Ende 1973, unter dem Deckwortdoppel „Operation Menschenfresser", sprengen die Etarras *Carrero Blanco* samt Auto in die Luft und dürfen sich bis heute rühmen, damit ihr politisch wichtigstes Bombenattentat verübt zu haben – zumal man *Carrero Blanco* nachsagte, er sei franquistischer gewesen als *Franco* selbst.

Am 20. November 1975 ist der greise **Diktator tot,** das – nach Worten des Historikers *Wolfgang Wippermann:* „halbfaschistische" – Regime hat ausgedient. Zwei Tage darauf wird der erst 37-jährige Prinz als *Juan Carlos I.* zum König Spaniens proklamiert.

Moderne Zeiten –
von der transición bis ins dritte Jahrtausend

König Juan Carlos I. sieht sich von vielen zunächst mit Skepsis beäugt, befreit sich jedoch schnell aus der Franco-Ecke und bricht mit überkommenen Strukturen. Er steigt – und das zeichnet seine bis heute andauernde Popularität aus – zum Motor der **Redemokratisierung** des Landes auf, das mitten in der *transición* steckt, einer Periode des Übergangs. Kritischere Stimmen würden rückblickend sagen: Der Monarch hat sein Fähnchen nach dem richtigen Wind gehängt, denn der Aufbruch zu neuen Ufern war ohnehin unabwendbar. Nach den ersten freien Parlamentswahlen 1977 und dem Sieg der Demokratischen Zentrumsunion unter dem ebenfalls hoch angesehenen *Adolfo Suárez* ziehen Regierung und Opposition an einem Strang und verständigen sich im „Moncloa-Pakt" auf eine gemeinschaftliche Überwindung der Wirtschaftskrise.

Ende 1978 nehmen die Spanier ihre **neue Verfassung** in einer Volksabstimmung mit großer Mehrheit an. Verfassungsgemäß bildet *España* eine konstitutionelle Monarchie mit parlamentarischem Regierungssystem. Staatsoberhaupt und Oberbefehlshaber der Streitkräfte ist der König, die Verwaltung gliedert sich in 17 Autonome Gemeinschaften *(Comunidades Autónomas)* sowie 50 Provinzen. **Katalonien, Galicien und das Baskenland** werden als „Historische Nationalitäten" eingestuft, in denen die Zweisprachigkeit (Katalanisch, Baskisch, Galicisch) ausdrücklich vorgesehen ist. Mit Blick auf das einstige Königreich Navarra sowie das Baskenland gelten altangestammte Sonderrechte *(fueros).* Eigene Autonomiestatuten garantieren weitreichende Selbstverwaltungsrechte – ein Schritt, der einigen Regionen nicht weit genug geht und bis in die heutige Zeit für Konfliktpotenzial sorgt.

Ein **Putschversuch** der Guardia Civil bringt die junge spanische Demokratie 1981 in Gefahr, doch der König greift mit aller Entschlossenheit durch. Das Jahr 1982 bringt den Beitritt zur NATO und den **Sieg der Sozialisten** bei den Parlamentswahlen. Die Sozialistische Arbeiterpartei

wird von *Felipe González* (* 1942) angeführt, der sich dank mehrerer aufeinanderfolgender Wahlerfolge bis 1996 an der Macht halten kann.

Zu **González- und PSOE-Zeiten** tritt Spanien der Europäischen Gemeinschaft bei (1986), geht als NATO-Mitglied gestärkt aus einem Referendum hervor (1986 spricht sich die Bevölkerungsmehrheit für einen Verbleib in der Atlantischen Allianz aus). Die Peseta wird 1989 ins Europäische Währungssystem eingegliedert.

Spanien organisiert 1992 die Weltausstellung in Sevilla und die Olympischen Sommerspiele in Barcelona. Auf dem Negativkonto fallen der gegen die Wirtschafts- und Sozialpolitik gerichtete Generalstreik (1988), die mehrfachen Peseta-Abwertungen sowie die immer neuen Attentate der Terrororganisation ETA an.

In aller Heimlichkeit **schlagen die Sozialisten gegen die ETA zurück** und ordnen gezielte Beseitigungen von ETA-Separatisten an – sicher nicht das probate Mittel in einem demokratischen Rechtsstaat. Umso peinlicher, dass die „Antiterroristischen Befreiungsgruppen" (*Grupos Antiterroristas de Liberación,* kurz GAL) mitunter Zielpersonen verwechseln und die falschen entführen. Sozialistenführer *González* will von alledem nichts gewusst haben, doch die **PSOE-Krise** ist nicht mehr zu stoppen. Über den „schmutzigen Krieg" gegen die ETA hinaus kommt es zu Korruptions und Parteifinanzierungsskandalen, einer großanlegten Abhöraffäre beim Geheimdienst sowie schlussendlich zum Bruch des Regierungsbündnisses zwischen der sozialistischen Minderheitsregierung und der katalanischen Regionalpartei namens Konvergenz und Union.

Die Quittung lässt nicht auf sich warten. Aus den vorgezogenen Parlamentswahlen 1996 geht die **konservative Volkspartei** *(Partido Popular, kurz PP)* unter *José María Aznar* (* 1953) als Sieger hervor und stützt sich während ihrer ersten Legislaturperiode (1996–2000) auf die Mithilfe katalanischer und baskischer Regionalparteien. Der Wahlerfolg straft *Aznars* Kritiker Lügen, die glaubten, man könne mit der Laufbahn, dem Habitus und dem dazu passenden ausdruckslosen Gesicht eines Finanzinspektors keine Karriere auf großem Politikparkett machen ...

In die erste **Regierungszeit Aznars** fallen diverse Arbeitsmarktreformen, Privatisierungsmaßnahmen bisheriger Staatsbetriebe, ein rapider Konjunkturaufschwung, die Eröffnung des Guggenheim-Museums von Bilbao (1997), die Umweltkatastrophe im andalusischen Nationalpark von Doñana (1998) sowie die schrittweise Einführung des Euro.

Abseits der politischen Bühne ging die **Königsfamilie** 1998 mit der Geburt von Stammhalter *Froilán de Todos los Santos* in eine neue Generation; mittlerweile hat sich die nächste Generation der Royals reichlich vermehrt.

Besonders schmerzlich kurz vor dem Jahrtausendwechsel: die neuen **Terrorwellen der ETA.** Die besonders feige Exekution von *Miguel Ángel Blanco* (1998), einem jungen Gemeinderatsmitglied aus dem baskischen Ermua, treibt Hunderttausende Menschen zu Friedensdemonstrationen auf die Straße. Pazifistische **ETA-Gegner** gründen das Forum von Ermua, während die baskischen nationalistischen Parteien ihr „Manifest von Estella" verabschieden, mit dem sie ihre Einheit und mehr politisch-gesellschaftliche Einflüsse beschwören. Erleichtert aufgenommen wird die von der ETA verkündete Waffenruhe, die bis Ende 1999 Bestand hat. Anfang 2000 beginnen die Etarras erneut zu töten.

Bei den **Parlamentswahlen 2000** erhält die *Partido Popular* 44,5 % der Stimmen und erringt somit die absolute Mehrheit. Während seiner **zweiten Amtszeit** sonnt sich **José María Aznar** 2003 in der Weltöffentlichkeit an der Seite von US-Präsident *George W. Bush* und Großbritanninens "Sunnyboy" *Tony Blair* als strahlender Kriegstreiber gegen den Irak. Massenproteste können ihm ebensowenig etwas anhaben wie die Demonstrationen gegen die politische Inkompetenz aller führenden Politspitzen

---

Montjuïe in Barcelona war 1992 Schauplatz der Olympischen Sommerspiele

nach der verhängnisvollen Ölkatastrophe des Tankers „Prestige". Warum? Weil selbst – oder gerade – die vom hemdsärmeligen *José Rodríguez Zapatero* angeführte PSOE nur hohles Gerede verbreitet und in Krisenmomenten keine griffigen Gegenkonzepte vorzulegen vermag. *Aznar* sitzt im Zweifelsfall alles aus.

2004 geht als Jahr von Verhängnis und politischer Wende in Spaniens Geschichte ein. Man schreibt den elften März, ein ganz normaler Donnerstag, wenige Tage vor den Parlamentswahlen. Plötzlich gehen im morgendlichen Berufsverkehr Madrids fast zeitgleich **Bomben in mehreren Pendlerzügen** hoch. Die Explosionen reißen annähernd 200 Unschuldige in den Tod, über 1500 werden verletzt. Grausame, makabere Szenen: Bei Toten klingeln die Handys, im Feldlazarett sterben den Helfern Verwundete unter den Händen weg. Spanien hat seinen elften September erlebt, eine ganze Nation steht unter Schock und geht zu Protesten und Trauerkundgebungen auf die Straße. Die Verwirrung ist groß, vor allem weil die Regierungspartei PP gezielte Falschinformationen zur Urheberschaft der ETA lanciert.

Mit düsterer Informationspolitik versuchen *Aznar* und die Seinen im letzten Moment den allseits prognostizierten Wahlsieg zu retten – vergeblich. Als die für sie positive ETA-Theorie nicht mehr zu halten und klar ist, dass die Attentate von Madrid auf das Konto einer radikalislamischen Gruppe gehen, fällt es den Bürgern wie Schuppen von den Augen. Mit seinem pro-amerikanischem Kurs im Krieg gegen den Irak hat kein anderer als *Aznar* selbst das Inferno in seinem eigenen Land provoziert! Innerhalb von ein, zwei Tagen kippt die Stimmung im ganzen Land. Bei den **Parlamentswahlen** strafen die Spanier die Volkspartei mit ihrem Kandidaten *Mariano Rajoy* (der sich während der Öltankerkatastrophe durch die Verbreitung von Unwahrheiten besonders hervorgetan hatte) ab. Von der absoluten Mehrheit geht es abwärts auf 37,6 %, während die Sozialisten um den eigentlichen Underdog *José Luis Rodríguez Zapatero* (Jahrgang 1960) 42,6 % der Stimmen auf sich vereinen. So richtig freuen darf sich der sozialistische Sieger nicht – der internationale Terrorismus und das vergossene Blut seiner Landsleute haben ihm zur Macht verholfen. Kurz nach den Parlamentswahlen erfüllt *Zapatero* zumindest sein Wahlversprechen und zieht die spanischen Truppen aus dem Irak ab.

José Luis Rodríguez Zapatero auf einem Wahlkampfplakat

Die Ära Zapatero 2004–2008

Die erste Legislaturperiode Zapatero (2004–2008) ist mit kontinuierlichem **Wirtschaftswachstum** verbunden – dies ist jedoch eher ein Selbstläufer als gezielt politisch lanciert. Auf ein gespaltenes Echo trifft Zapateros **„liberaler Kurs"**, der im traditionsgemäß katholischen Spanien mit Vorwürfen einer antikirchlichen Haltung einhergeht. Dazu zählt die offizielle Akzeptanz der **gleichgeschlechtlichen Ehe,** die zwar eine zivilrechtliche Absicherung der Lebenspartner mit sich bringt, aber das Familienmodell von Vater-Mutter-Kind untergräbt. Gleichgeschlechtlichen Paaren nämlich steht überdies das Recht auf Adoption zu – unter biologischen Fortpflanzungsaspekten widersinnig und möglicherweise nicht zum Wohl adoptierter Kinder, die zu Hause schlechtestenfalls nach einem doppelten „Papa" rufen. Papst *Benedikt XVI.* hält bei seinem Besuch 2006 zum Welttreffen der Familien in Valencia seine unterschwellige Spanien-Kritik nicht zurück: „Die Familie ist eine vermittelnde Institution zwischen dem Individuum und der Gesellschaft, und nichts kann sie gänzlich ersetzen. Sie beruht nämlich vor allem auf einer tiefen interpersonalen Beziehung zwischen Ehemann und Ehefrau, die von Zuneigung und gegenseitigem Verständnis getragen wird." Eingeführt wird von der Zapatero-Regierung das neue Recht auf **Blitzscheidung** – nach ein paar Monaten ist alles vom Tisch. Heute wird landesweit alle vier Minuten eine Ehe geschieden.

Dauernder Streitfall ist das Verhältnis zwischen **Zentralstaat und Regionen.** So setzt **Katalonien** 2006 ein neues Autonomiestatut durch, verbunden mit der de-facto-Anerkennung als „Nation". Dies bringt andere autonome Gemeinschaften wie Andalusien auf den Geschmack, aus Spanien eine „Nation der Nationen" zu machen. Ergänzend pochen die Politlenker im **Baskenland** unvermindert auf ein Referendum, um „frei über die eigene Zukunft zu entscheiden". Die Aufnahme von **Verhandlungen mit der Terrororganisation ETA** rücken den

Regierungschef ins Zwielicht, verbunden mit Zapateros naiver Einsicht, sich auf Terroristen nicht verlassen zu können. So geschehen nach dem Anschlag Ende 2006 auf den Madrider Flughafen, der in die Zeit der offiziellen Waffenruhe der ETA fiel. Die Entlassung eines über 20-fachen ETA-Mörders in die Freiheit löste Massenproteste gegen die Regierung aus.

In die Ära Zapatero fallen überdies die Zugeständnisse des Bleiberechtes vormals illegaler Einwanderer (ab 2004), das per Referendum ermittelte „Ja" zur europäischen Verfassung (2005), die in viele Rathäuser reichenden Korruptionsaffären auf dem Immobiliensektor (ab 2006), die offizielle Wiederaufnahme des bewaffneten Kampfes der ETA (2007), der Prozess und die Urteilsverkündigung gegen die islamistischen Drahtzieher des Terroranschlags drei Jahre zuvor in Madrid (2007), die Proteste gegen das spanische Königshaus (ab 2007) und die Vorbereitungen auf die Weltausstellung 2008 in Zaragoza.

Spanien heute

Konjunktureller Höhenflug

Nach langen Durststrecken mischt das Spanien des fortschreitenden dritten Jahrtausends wieder im Konzert der europäischen Großen mit und zeigt sich selbstbewusst genug, den allmählichen Anschluss an die Welt-

spitze zu suchen. Von recht niedriger Ausgangsbasis her startend, hat Spanien in den letzten Jahren Höhenflüge seiner Konjunktur erlebt. Das **Bruttoinlandsprodukt** verzeichnet ein jährliches Wachstum um die 3 %, Frauen stehen im Arbeitsleben längst ihren Mann, pro Jahr kommen über 50 Millionen Touristen und halten den gigantischen **Dienstleistungssektor** auf Touren. Trotz des Einzugs der Moderne und aller Stilllegungsprämien aus EU-Töpfen ist der **Landwirtschaftssektor** nicht verschwunden. Oliven und Tomaten aus Andalusien, Orangen aus Valencia und Castellón, Milch und Käse aus Galicien und Asturien stehen unverändert hoch im Kurs. Als einer der weltweit wichtigsten Weinproduzenten schwimmt *España* weiterhin auf der Erfolgswelle; alleine die Starregion La Rioja liefert jährlich um die 300.000 Hektoliter Wein. Hingegen zeichnet sich die traditionelle Fischerei durch Fangflauten und preisliche Aufwinde aus – die Konsequenzen aus überfischten Gründen, auferlegten Fangquoten und neu definierten Fischereirechten.

Die **Beschäftigung** ist überall spürbar gestiegen. Die Arbeitslosenquote von offiziell knapp 10 % dürfte in Wahrheit jedoch wesentlich höher liegen, geschönt wird das Bild durch die verbreitete Schwarzarbeit (*economía sumergida*). Als offizielle Alternative zu Arbeitslosigkeit oder Schwarzarbeit bliebe, sich in die Selbstständigkeit zu verabschieden – doch jenen, die sich mit Mut und Initiative selber Arbeit verschaffen, wirft Vater Staat alle erdenklichen Knüppel zwischen die Beine. Die Bürokratie ist kaum zu überbieten. Außerdem: Wer als Selbstständiger arbeitslos wird, ist ohnehin verloren und taucht in Statistiken gar nicht erst auf.

Im Gegensatz zu den schwammigen Arbeitslosenzahlen gibt es an der vergleichsweise hohen **Inflation** nichts zu rütteln. Sie bewegt sich in Bereichen um jährlich 3,5 %. Während bei **Umweltschutz** und Schadstoffausstößen außerordentlich viel zu tun bleibt, sind in letzter Zeit, dank freundlicher Mithilfe aus EU-Töpfen, extrem viele Gelder in den Bau von Schnell- und Umgehungsstraßen geflossen. Mit der umfangreichen Erweiterung der EU hat sich jedoch das Ende der Fahnenstange – sprich: der finanziellen Zuwendungen – abgezeichnet. Positiv für den spanischen Aufschwung sind die steigende Binnennachfrage und die hohen Anlageinvestitionen. Experten sagen voraus, dass Spaniens Bruttoinlandsprodukt weiterhin viele Jahre über dem Durchschnitt im Euroraum liegen wird.

Ist zu einer festen Kulturgröße in Spanien erwachsen:
das Guggenheim-Museum in Bilbao

Auffällig wie die rapide Entwicklung ist die weit auseinander klaffende **beruflich-soziale Schere.** Das seltsame Miteinander umfasst die oberste Geldelite und Hightechbetriebe, in denen modernste Windkraftanlagen entwickelt werden, aber auch Tagelöhner und Landarbeiter, die ärmsten Socken mit löchrigem Sparstrumpf, die nach alter Väter Sitte auf Wanderschaft gehen und sich bei Oliven- und Baumwollernten verdingen. Hier jedoch werden nach und nach beamtete Finanzkontrolleure vorstellig und schieben solcherlei Arbeitstraditionen einen Riegel vor.

Wettbewerbsgesellschaft mit Mängeln

Spanien ist zu einer europäischen Wettbewerbsgesellschaft erwachsen. Zu einem **modernen Dienstleistungs- und Industriestaat** mit breiter Mittelschicht, in dem einschneidende Verbesserungen im sozialen Netz allerdings nicht Schritt gehalten haben mit dem Fortschritt. Auch die **niedrigen Gehälter** stehen in keinem Verhältnis zum ökonomischen Boom, halten das Land im internationalen Kontext jedoch konkurrenzfähig. Alles mit einer Einschränkung: noch! Im europäischen Verbund holt Spanien, im Positiven wie im Negativen, mit Siebenmeilenstiefeln auf. Nicht zuletzt beim Preisniveau und der andernorts bereits perfektionierten Fähigkeit, die Ellbogen auszufahren ...

Wo und wie und mit welchen Taktiken man den Bürgern das Geld aus der Tasche zieht, hat man unter maßgeblichen Einflüssen aus Mitteleuropa längst begriffen – nicht jedoch, dass man auch in anderer Hinsicht vorausschauend denken sollte. Auf dem Gebiet der **Sozialleistungen** ist Spanien hochgradig unterversorgt. Rentenversorgung und Arbeitslosenunterstützung sind beschämend, das Bildungssystem und qualifizierte Berufsausbildungen dümpeln marode vor sich hin, die Krankenversorgung steht mancherorts auf Dritte-Welt-Niveau. Ein Beispiel: Selbst mit erlittenem Meniskusriss muss man sich in entwickelteren Regionen monatelang bis zur Arthroskopie gedulden – von der nachfolgenden Warteschleife bis zur Operation ganz zu schweigen.

In Spanien mangelt es an **Familienbeihilfen.** Fast wie ein Hohn mutet das Kindergeld an. Heute gibt es 100 Euro pro Monat – aber nur bis zum Alter von drei Jahren. Mitte 2007 wurde überdies ein **einmaliges „Begrüßungsgeld"** in Höhe von 2500 Euro **für jeden neuen Erdenbürger** eingeführt, was das Satiremagazin „El Jueves" zum Anlass nahm, Kronprinz

„Viva España" – Bootsausflug von Schulkindern,
Naturpark L'Albufera bei Valencia

Felipe und Gatte *Letizia* beim Intimverkehr zu zeigen und Spaniens Thronfolger sagen zu lassen: „Wenn du jetzt schwanger wirst, habe ich zum ersten Mal in meinem Leben etwas getan, was wirklicher Arbeit ähnelt." In einem aufwendigen Gerichtsverfahren wurde die Zeitschrift wegen Majestätsbeleidigung zur Zahlung einer empfindlichen Geldbuße verurteilt. Das alles lenkte vom ureigenen Ansatz ab: Was nützen „Begrüßungsgeld" und minimale Monatszahlungen (für Besserverdienende gibt es im Übrigen nichts), wenn ab dem dritten Lebensjahr des Kindes ohnehin alles vorbei ist? In Spanien stiehlt sich Vater Staat mit Vorliebe aus der Verantwortung und lässt durchblicken, dass Kinderhaben auf demselben Level steht wie Kindermachen: Privatvergnügen. Gesamtgesellschaftlich dürfte eine solche Haltung auf Dauer nicht tragbar sein, wie allein ein Blick auf die Statistik verrät. Spanische Kinderscharen in Orgelpfeifenformation gehören der Vergangenheit an, heute gilt man **mit drei Kindern schon als „vielköpfige Familie"** *(familia numerosa)*. Insgesamt steht Spanien mit **rund 1,3 Kindern pro Frau** bei den Geburtenraten am Ende der europäischen Skala. Ohne die in den letzten Jahren aus Afrika und Lateinamerika hinzugeströmten Immigrantinnen sähe dererlei Gebärstatistik noch düsterer aus – doch gerade bei der Einwanderung (siehe folgendes Kapitel) zeichnen sich neue Konflikte ab. Vor dem Hintergrund sprunghaft gestiegener Lebenshaltungskosten – inklusive Immobilienblase, Hypotheken, Strom- und Gaspreisen – verlangen selbst konventionelle Partnerschaften nach zwei Vollberuflern. Dass für den Nachwuchs kaum Zeit und noch weniger Geld bleibt, müssen sogar die treugläubigsten Opus-Dei-Verhüterligegner einsehen. Kinder, die Stützen der Gesellschaft von morgen, bleiben auf befremdliche Weise außen vor und spielen selbst in Wahlkämpfen keine Rolle. Kaum zu glauben, dass Spaniens Kinder und Familien den Politikern nicht einmal falsche Wahlkampfversprechen wert sind. Ganz im Sinne von Verdrängungsmentalität hat bislang niemand unter Spaniens roten oder schwarzen Politspitzen einen tieferen Gedanken daran verschwendet, wer die rapide überalternde Gesellschaft irgendwann einmal mit seiner Arbeitskraft finanzieren soll.

España ist **soziale Gerechtigkeit** traditionsgemäß fremd, doch niemand muckt auf. Warum? Weil das Anspruchsdenken an den Staat grundsätzlich gegen Null tendiert (also dorthin, wo deutsche Lenker und Denker mit praller Pensionsberechtigung ihre Bürger hinführen wollen) und man ohnehin nicht die Hoffnung hegt, dass die politisch Allmächtigen etwas verschenken. Und wenn ja, vermutet man gleich ein paar üble Fallstricke. Das Leben ist teuer geworden, die Kindergartengebühren sind hoch. Und die Preise für Schulbücher ebenso. Pro Kind und Schuljahr fallen regelmäßig einige Hundert Euro an. Ob es für Lehrmittel finanzielle Unterstützung gibt, hängt von der jeweiligen *Comunidad Autónoma* ab. In einer ärmeren Autonomen Gemeinschaft wie Castilla la Mancha werden sehr wohl Zuschüsse locker gemacht – aber in einer Wohlstandsregion wie Navarra nicht. Dort kümmert sich die politische Selbstherrlichkeit lieber um Prestigeprojekte wie neue Musik- und Messepaläste und Jahresabonnements für die Regierungsspitze aus öffentlichen Geldern. Um politische Glaubwürdigkeit geht es längst nicht mehr, einzig um gut gefüllte Futtertröge und Genuss aus der ersten Reihe. Kritik und böse Leserbriefe sitzt man in Seelenruhe aus und lässt im Gegenzug über die Ämter die neuesten Bescheide ins Haus flattern: Wohnsteuer, Gewerbesteuer, Zinsabschlagsteuer ...

Einwanderungsland mit Konfliktpotenzial

Der Mangel an Kindern und Arbeitskräftenachschub aus den eigenen Reihen hat Spanien zum gelobten Einwandererland für Menschen aus **Lateinamerika, Asien und Afrika** und in den letzten Jahren zur Multiculturalismo-Nation werden lassen. Mittlerweile sind unter den 45 Millionen

Einwohnern über 180 Nationen vertreten; der **Ausländeranteil** ist inzwischen auf zehn Prozent gestiegen. Zu den am stärksten vertretenen außereuropäischen Fremdlingen zählen Marokkaner (ca. 580.000), Ecuadorianer (ca. 430.000), Kolumbianer (ca. 260.000) und Bolivianer (ca. 200.000). Aus Europa ist die Zahl der Rumänen (ca. 530.000) am höchsten. Heute entfallen die höchsten prozentualen Ausländeranteile auf die Regionen Balearen (18,4 %), Valencia (14,9 %), Murcia (14,4 %), Madrid (14,1 %), Katalonien (13,4 %), Kanaren (12,3 %) und La Rioja (11,9 %).

Vom afrikanischen Kontinent her treibt es vor allem *boat people* zu den Kanaren und über die Straße von Gibraltar, an manchen Tagen landen sie zu Hunderten in brüchigen Kähnen an. Auch wenn viele Illegale zurück in die Heimat abgeschoben werden, ist man sich darüber im Klaren, dass man nicht mehr ohne Immigranten auskommt. Da Spanier bei der Wahl ihrer **Beschäftigung** mittlerweile anspruchsvoller geworden sind (man kennt das aus nicht allzu fernen deutschen Zeiten!), stellt sich die Frage, wer sonst den Dreck wegräumen, die Orangen von den Bäumen pflücken, die Straßen pflastern, unter ölverschmierten Autos in der Werkstatt liegen und bis tief in die Nacht in der Kneipe kellnern soll. Ein wiedererwachtes Statusdenken und die Tatsache, dass in spanischen Familien mit Kindern beide Elternteile zum Broterwerb beitragen müssen, hat den Berufsstand des ausländischen (= billigen) Hausmädchens gefördert. Spaniens gegenwärtiger Arbeitsmarkt bietet ein weites Feld für fleißige Immigranten.

Nicht immer gelingt Einwanderern die gesellschaftliche Integration, nicht überall werden sie mit offenen Armen empfangen. In einem Land, in dem der Mob schon vor Jahrhunderten unter Juden und Mauren gewütet hat, kommt es ungeachtet aller Appelle an die Toleranz immer wieder – wenn auch nur vereinzelt – zu **rassistischen Auswüchsen:** von Graffitis über Handgreiflichkeiten bis zu Brandbomben auf Baracken und Häuser. Betroffen sind vor allem Nord- und Schwarzafrikaner. Der Fremdenhass trifft Weiße nicht und verfügt bislang weder über einen parteipolitischen Background noch eine Organisation im Springerstiefelstil.

Es ist nicht von der Hand zu weisen, dass die aktuelle Immigration – auch wenn sie legal erfolgt sein mag und die Immigranten politischerseits ein ums andere Mal als Ankurbler der Wirtschaft hingestellt werden – in Zukunft zu größeren Problemen führen dürfte. In seinem Buch „Alles unter der Sonne" hat *Raimund Allebrand* bereits darauf verwiesen, dass „in Spanien eine **latente Xenophobie** grassiert, die akut zum Ausbruch kommen kann, wenn zugewanderte Fremde mit den Interessen der Einheimischen kollidieren." Und das ist an mehreren Fronten der Fall, so zum Beispiel beim Ansturm auf staatliche Kindergartenplätze oder beim Erwerb von Wohnungen, die von der öffentlichen Hand bezuschusst werden. Da das (geringe) Einkommen und die Zahl der Familienangehörigen ins Gewicht fallen, haben Zugewanderte aus Staaten wie Ecuador und Kolumbien nicht nur die gleichen Rechte, sondern plötzlich sogar bessere Karten als alteingesessene Spanier. Hier liegt unweigerlich ein **Keim für Konflikte.** Weiteres Beispiel: das ohnehin kränkelnde Gesundheitswesen. Laut Statistik schlagen die Arztbesuche von Immigranten überproportional zu Buche, was bedeutet, dass die *locals* bei den komplizierten Überweisungen zu den Spezialmedizinern deutlich längere Wartezeiten in Kauf nehmen müssen. Und das wird nicht gerade mit Freude quittiert, zumal ohnehin mit Warteschleifen von mehreren Monaten zu rechnen ist.

Meinungsumfragen zu den größten Problemen, mit denen Spanien zu kämpfen hat, belegen die schwelende Spannung. Gleich hinter dem Terrorismus liegen Arbeitslosigkeit und Immigration gleichauf. Statt Integration kommt es verstärkt zur **Ghettobildung,** die sich allein schon an den Wochenenden in städtischen Parks beobachten lässt. Manche Zonen wirken wie Klein-Quito oder Klein-Guayaquil, wo die Latinos bei Picknick und Ballspielen unter sich bleiben. Die **Gründung eigener Kulturzentren und Interessensverbänden** – eines von vielen Beispielen: *Angirü Apytepe,* ein Zusammenschluss von Auswanderern aus Paraguay in der baskischen Provinz Vizcaya – schürt ebenfalls noch das Unter-sich-Bleiben.

Dass viele Spanier immer mehr Abstand von Immigranten nehmen, zeigt sich nicht zuletzt im **Schulwesen.** Manche staatlichen Schulen haben einen außereuropäischen Ausländeranteil von 75 Prozent, denn Spanier schicken ihren Nachwuchs verstärkt auf Privatschulen oder zumindest auf teilsubventionierte Privatschulen, die ebenfalls gebührenpflichtig sind.

Andererseits: Legt man als Maßstab den geschichtlichen Überbau der letzten Jahrhunderte an, ist die Entwicklung vielleicht auf merkwürdige Weise gerecht. Denn das boomende Wohlstandsland Spanien wird nun in Scharen von den Nachfahren jener aufgesucht, über die man einst in Lateinamerika den Knüppel der Kolonialgewalt schwang. Willkommen im Mutterland *España* ...

ETA-Terrorismus

Präsent ist und bleibt die Separatistenorganisation ETA, das **bedrückendste Problem im Spanien von heute.** Schließlich beschränken sich die blutigen Aktionen nicht einzig auf das baskische Stammland. Die **Terrorkommandos sind landesweit unterwegs,** horten Waffenarsenale an der Mittelmeerküste, zünden ihre Autobomben in Andalusien wie in Aragonien. Damit will man dem Staat nachdrücklich zeigen: Seht her, wir sind hier, wir sind überall! Tröstlich stimmt, dass die Zahl der Terrorattentate in jüngerer Zeit deutlich zurückgegangen ist. Dies verrät, dass die Struktur der Separatisten an Durchschlagskraft verloren hat. Das vereinte Europa hat ein ums andere Mal erfolgreiche Gemeinschaftsaktionen spanischer und französischer Polizisten gezeitigt und Etarras hinter Gitter gebracht. Die Bevölkerung ist wachsamer, mutiger geworden. Außerdem sind im Europa der offenen Grenzen manche Grenzen doch nicht so offen. Im Baskenland finden häufig Kontrollen an den alten Genzübergängen zu Frankreich statt.

Im Kapitel zu Spaniens jüngerer Geschichte haben wir den **Ursprung der ETA** verfolgt: Ende der 1950er-Jahre, mitten zu *Francos* repressiven Zeiten. Im historischen Kontext der Unterdrückung der Basken scheint der Untergrundkampf wenn nicht entschuldbar, so zumindest erklär- und nachvollziehbar. Die Terroristen wussten um breite Rückendeckung und Sympathie im baskischen Volk, das in ihnen „Freiheitskämpfer" sah.

Doch schon der Tod des Diktators 1975 und die nachfolgende Redemokratisierung des Staates führten zur Desorganisation in der ETA, zur Suche nach neuen Zielen und Vorgaben, um **Gewaltaktionen zu rechtfertigen.** Manche Etarras gingen in linksnationalistischen Gruppen und parteipolitischen Gemeinschaften auf. Andere plädierten für den Fortbe-

stand des militärischen Zweigs und der terroristischen Anschläge, die nicht abgerissen sind. Zwischen 1968 und heute sind über 1.000 Menschen bei **ETA-Attentaten** ums Leben gekommen. Hinzu kommen zahlreiche Verletzte und Sachschäden in Millionenhöhe.

Wie lauten die **gegenwärtigen Ziele der ETA?** Offiziell gilt der bewaffnete Kampf nach wie vor der Unabhängigkeit von *Euskadi,* dem Baskenland. Endziel ist ein nach innen und außen souveräner baskischer Staat mit sozialistischer Gesellschaftsordnung, bestehend aus den sieben historischen Baskenprovinzen: vier auf spanischer Seite (Álava, Guipúzcoa, Navarra und Vizcaya), drei auf französischer (Basse Navarre, Labourd und Soule). Mit gegenwärtiger Wirklichkeit und praktikabler Umsetzung haben die Pseudo-Ideologien nichts zu tun. Zumal im Baskenland nicht nur Basken leben und längst nicht alle Basken mit einer Unabhängigkeit einverstanden wären, erst recht nicht im weniger radikal veranlagten Frankreich (wo es auch keine Franco-Diktatur gegeben hat). Ganz abgesehen davon, dass der spanische Zentralstaat die reiche Industrieregion Baskenland niemals aus seinen Fängen ließe – wer sollte sonst bedürftige Landstriche wie die Extremadura (über die üblichen Umlagen) mit durchziehen ...? Zu Ende gedacht haben die Befürworter einer baskischen **Unabhängigkeit** ihre Gedanken vermutlich selbst nicht: vom Aufbau einer weltweiten Diplomatie bis zu Anträgen auf Aufnahme in die Europäische Union ...

Um die Vorgabe des politisch-greifbaren Ziels der Unabhängigkeit scheint es den Etarras ohnehin nicht mehr zu gehen. Der „Freiheitskampf" für das Baskenland dient eher als willkommenes **Deckmäntelchen für das Ausleben von Gewalt,** für die immer wiederkehrende Realityshow aus Blut und Bomben. Ganz so, als wären Spaniens Straßen ein großer Abenteuerspielplatz für Twens, die willkürlich Angst säen. Warum? Weil's Spaß macht und kribbelt und einen Kick gibt, als würde man bei den *Fiestas de San Fermín* vor den Hörnern der Stiere davon sprinten.

Vor allem an Wochenenden nehmen die Radikalsten der Radikalen kostenlose Übungseinheiten in Städten und Orten des Baskenlands und Navarras. Unter dem Aufruf *kale borroka* machen sie sich in den **Straßenkampf** auf. Anonym und vermummt setzen sie Geldautomaten in Brand, zertrümmern Telefonzellen, werfen Molotowcocktails gegen Postämter und Parteibüros, schleudern Steine gegen Polizisten und – neueste Mode – entern Linienbusse, lassen alle Passagiere aussteigen und zünden sie an. Solcherart wird der Nachwuchs der ETA dank Kampferfahrung gut angelernt, und der Fortbestand der ETA ist gesichert.

Die **Polizei** greift ein und durch, verhaftet diesen und jenen, doch wo bleiben die abschreckenden Strafen für die Teilnahme an *kale borroka*? Auch die **Richter** haben Angst und werden bedroht. Unter tödlichem Druck von außen haben Geschworene schon nachweisliche Mörder zurück in die Freiheit entlassen. Teufelskreis im Baskenland ...

Im Fadenkreuz potenzieller Opfer stehen zuvorderst **Militärs, Justizangehörige und Polizisten.** Viele baskische **Lokalparlamentarier,** die zur sozialistischen wie zur konservativen Volkspartei gehören und in erster Linie ganz normale Berufe ausüben, sind heute mit Bodyguards unterwegs. Gleiches gilt für Bürgermeister kleiner, unbedeutender Gemeinden. Zu ihrem und dem Leben ihrer Familien gehört die ständige Angst, zählen Morddrohungen per Post und Telefon. Immer wieder legen einige ihre Ämter nieder und kehren dem Baskenland den Rücken. Doch ebenso oft rücken Mutige nach, bereit sich einzusetzen und den Radikalen die Stirn zu bieten. Auf den schwarzen Listen der ETA stehen unbeugsame Journalisten und **Geschäftsleute,** die nicht auf die üblichen Schutzgelderpressungen (von der ETA „Revolutionssteuer" genannt) eingehen.

Konservative wie Sozialisten sind seit Jahrtausendbeginn einen schier unglaublichen **Schlingerkurs in der Terrorismuspolitik** gefahren. Einer-

---

So sehen sie aus, die Plakate von ETA-Sympathisanten,
wie hier in der Altstadt von San Sebastián

seits haben sie **harte Hand** gegen die ETA gezeigt, was unter anderem mit dem Verbot der terrorismusnahen Partei *Euskal Herritarok* (vormals *Herri Batasuna*) verbunden war. Andererseits wurden geheime **Verhandlungen mit den Separatisten** aufgenommen und Zugeständnisse gemacht, vor allem bei der erheblichen Reduzierung von Haftstrafen für Attentäter bzw. der Verlegung von Strafgefangenen aus heimatfernen Gefängnissen zurück ins Baskenland. Zwischenzeitlich wurde sogar ein über 20-facher Mörder namens *Iñaki de Juana Chaos* in die Freiheit entlassen. Auch die allseits bekannten Treffpunkte von ETA-Sympathisanten, die *herriko tabernas*, sind entgegen früherer Ankündigungen bis heute nicht geschlossen worden. Im Gegenzug zu solcherlei Vorgehen oder Nicht-Vorgehen hat die ETA mehrfach eine offizielle **Waffenruhe** verkündet, zuletzt 2006 bis 2007; in diese Zeit fiel paradoxerweise das verheerende Sprengstoffattentat auf den Flughafen von Madrid, das zwei Menschen in den Tod riss und Sachschäden in Millionenhöhe verursachte. Vor größeren Blutbädern, wie noch in den 1980er-Jahren, schreckt die ETA heute zurück, um sich nicht die letzten „Sympathien" zu verscherzen. Insofern gehört es zum üblichen Vorgehen, bei Behörden oder Zeitungen anzurufen und eine deponierte Autobombe in dieser oder jener Zone anzukündigen. Das gibt die Möglichkeit, die Gegend räumen zu lassen und Schlimmeres zu verhindern.

2007 folgte der **Abbruch der Verhandlungen** mit der Regierung und das offizielle Ende des „Friedens" – bislang hat die ETA jeden Waffenstillstand ohnehin wieder gebrochen. Die Erfahrung zeigt, dass sich mit Verblendeten nicht verhandeln lässt und Konzessionen staatliche Schwäche bedeuten. Und die **trügerischen Friedenszeiten** von Waffenstillständen wurden von den ETA-Drahtziehern benutzt, um sich in relativer Ruhe neu zu formieren, Mitglieder zu rekrutieren, Wohnungen zu mieten sowie Fahrzeuge und Sprengstoff zu beschaffen.

Im Zuge offen bekundeter **ETA-Sympathien** gibt es aber nach wie vor zahlreiche Transparente auf Privatbalkonen – Auswüchse von Demokratie und freier Meinungsäußerung in ihrer sonderbarsten Form. An vielen Altstadthäusern im Baskenland und Navarra künden weiße Plakate mit der Aufschrift *„Euskal presoak – Euskal herria"* von der allgegenwärtigen Präsenz der ETA-Sympathisanten. Der Slogan heißt: Baskische politische Gefangene *(Euskal presoak)* zurück in Gefängnisse des Baskenlandes *(Euskal herria)*. Dazu muss man wissen, dass viele Terroristen fernab von Kontaktpflege mit den alten Weggefährten in möglichst weit weg gelegenen Hochsicherheitstrakten einsitzen.

Das Baskenland ist auf dem weißen Untergrund der Plakate stets als schwarze Fläche abgebildet – und zwar so, wie es nach dem Willen der

Unabhängigkeitsbefürworter in Zukunft einmal aussehen soll. Inklusive Navarra und der französischen Regionen. Ein Traumgebilde schwarz auf weiß.

Übliche Aktionen unter dem Slogan *Euskal presoak* im Baskenland und Navarra bestehen aus angekündigten und – im Fiestagetümmel oder selbst bei friedlichen Weihnachtsumzügen – aus **nicht-angekündigten Demos** mit Vermummten und Nicht-Vermummten, Plakaten und lauthals herausposaunten Parolen. Auf dem Papierweg haben Euskal-Presoak-Sympathisanten unter Beweis gestellt, wie auch hier **demokratische Prinzipien auszuhebeln** sind. Als „Reisebeihilfe für den Besuch bei politischen Gefangenen" hat eine dubiose Organisation schon 50.000 Euro staatlicher Unterstützungsgelder abgezweigt ...

Was bleibt, ist eine Hoffnung auf Frieden im Baskenland. Immer wieder macht die breite Volksmehrheit seinem Unmut gegenüber der verschwindend radikalen Minderheit ETA Luft und versammelt sich **zu Protestmärschen gegen die Terroristen.** Es gibt einen Verband der Terroropfer, es gibt das Friedensforum von Ermua. Der Ausgang der Baskenfrage ist ungewiss.

Vier-Sprachen-Nation

„Wäre es nicht besser, statt von Spanien über ‚die Spanien' zu sprechen?" hat der Essayist *Juan Goytisolo* einmal gefragt und hinzugesetzt: „Die spanische Wirklichkeit Kataloniens ist nicht dieselbe wie diejenige Galiciens, und diejenige Andalusiens stimmt nicht mit der im Baskenland überein." Die Unterschiede werden alleine durch den Gebrauch unterschiedlicher Sprachen ersichtlich. Außer dem **Hochspanischen** *castellano,* das laut Verfassung jeder Spanier kennen muss, gibt es drei weitere offizielle Sprachen: Katalanisch *(català),* Galicisch *(galego)* und Baskisch *(euskera).* **Katalanisch und Galicisch** gehören zu den romanischen Sprachen, tragen dieselben Wurzeln wie *castellano* und können mit ein wenig Mühe von Spanischsprechern verstanden werden. **Baskisch** hingegen hat mit alledem nichts zu tun. Es handelt es sich um eine nicht-indogermanische Sprache, deren Herkunft ebenso ungeklärt ist wie die des baskischen Volkes selber. Manche Forscher haben einen Teil des Sprachwortschatzes mit dem Kaukasischen in Verbindung gebracht. Das Baskische hört sich hart und fremdartig an und wird beidseits der Pyrenäen von etwa 700.000 Menschen benutzt, gekannt oder aktiv gesprochen; gewagtere Schätzungen belaufen sich auf über 1 Mio. Baskisch-Kenner. In ihrer Sprache bezeichnen sich die Basken als *euskaldunak,* „Menschen, die *euskera* reden".

Deutlich verbreiteter ist das *català*, das in Katalonien mitunter so radikal aufgezwungen wird, dass Spanisch regelrecht zur Fremdsprache geworden ist. Der **Gebrauch des Katalanischen** beschränkt sich nicht einzig auf Katalonien, sondern hat sich dank alter Herrschaftsgebiete, Militärexpansionen und des Seehandels in Teilen Aragoniens, der Provinz Valencia, in Andorra, auf den Balearen, im Roussillon und selbst auf Sardinien erhalten. Allerdings ist das in Katalonien gesprochene *català* ein anderes als beispielsweise das in der **Region Valencia** – und öffnet ein zusätzliches Konfliktfeld im Spanien als „Nation der Nationen". Während aus katalanischer Sicht in Valencia nur eine Sonderform des *català* besteht, beharrt man aus valencianischer Warte auf einer eigenen Sprache, dem *valencià*.

Während manche die Sprachen einzig als kulturelles Erbe begreifen und es auf der zweisprachigen Ebene Galiciens durchweg moderat zugeht, ist bei manchen Basken und Katalanen ein radikalerer Ausdruck **regionalen Selbstbewusstseins** zu beobachten. Gestärkt durch sprachpolitische Programme, schotten sich viele bewusst ab vom spanischen Nationalstaat, knüpfen die sprachlichen Zeichen ihrer regionalen Identität an stärkere Autonomie- bis hin zu Unabhängigkeitsgedanken. Damit einher geht eine gestiegene Aggressivität, die Nicht-Sprecher in den eigenen Gebieten ausgrenzt und ein Zusammenleben erschwert.

Es gibt eigene baskische, katalanische und galicische **TV- und Radiosender, Zeitungen, Bücher und Schulungsprogramme.** Hinweisschilder im **Straßenverkehr** sind in Galicien und im Baskenland meist zweisprachig, in Katalonien im Regelfall nur einsprachig ausgewiesen – auf Katalanisch. Um den Nachwuchs zu formen, unterhält man im Baskenland eigene Sprachschulen, die *ikastolas.* Allen eigenständigen Sprachregionen gemein ist, dass bei der Jobsuche die Kenntnis der jeweiligen Regionalsprache das entscheidende Erfolgskriterium sein kann.

In der sprachlichen Vorreiterregion Katalonien geht es besonders kompromisslos zu, was in der Praxis jedoch **bizarre Züge** annehmen kann. Die behördliche Anweisung, Patientenakten im Gesundheitswesen auf *català* und nicht auf *castellano* zu führen, hätten einen Herzpatienten fast das Leben gekostet. Bei einer dringenden Behandlung in seinem neuen Wohnort in Andalusien konnte niemand die auf *català* verfasste Akte richtig verstehen ...

Palacio Real – der spanische Königspalast in Madrid

Das Königshaus

Die Royals sind **Spaniens Vorzeigeclan** – eigentlich. Eine gute Großfamilie ohne Aussetzer und Skandale – eigentlich. Sicher, man kennt Beispiele aus anderen Ländern wie Monaco und Großbritannien, die reihenweise die Gazetten füllen. Sex hier, Drogen dort. In Spanien ist das anders, denn es kommen ohnehin nur bereinigte Bilder auf den Tisch. Dahinter steht eine **strenge Zensur.** Noch heute gibt es Gesetze, denen zufolge Majestätsbeleidigung und die Verbreitung von Negativschlagzeilen über das Königshaus mit Gefängnisstrafen geahndet werden können. So herrscht in den Sphären von Spaniens Royals vornehmlich **heile Welt.**

König *Juan Carlos I.* und seine aus Griechenland stammende Gemahlin *Sofía* sind sich ihrer **gesellschaftlich-sozialen Vorbildfunktionen** bewusst. Sie legen – immer geschickt lanciert – höchsten Wert auf Augenmaß und Würde, auf Toleranz und Aufgeschlossenheit. Man gibt sich menschlich und sammelt **Sympathiepunkte.** Der König mit seinem Humor und seinem Faible für Sport, Kronprinz *Felipe* mit einer locker-flockigen und *Sofía* mit einer zurückhaltenden Art. Für Millionen Spanier ist der Prinz seit ehedem so etwas wie der zusätzliche Enkel, Neffe, Sohn, Cousin. Mit Interesse und Neugier nimmt die Nation Anteil am Leben der Royals. Dass *Juan Carlos* und *Felipe* bei ihren Reden stocksteif dastehen und vor den Mikrofonen mehr oder minder emotionslos ihre vorbereiteten Texte ablesen, stört in Spanien kaum jemanden. Außerdem hat der

Monarch einen **geschichtlichen Bonus.** In uneingeschränkt positivem Sinne haben die Spanier ihrem *Juan Carlos* nicht vergessen, wie er den demokratischen Aufschwung des Landes in Post-Franco-Zeiten vorantrieb und eingangs der 1980er-Jahre einen Putschversuch abschmetterte. „Von allen sozialen Gruppen oder Institutionen erfährt die Krone das größte Vertrauen von seiten der spanischen Bürger", so der renommierte Historiker *Walther L. Bernecker.* Gleichauf in der Beliebtsskala liegen die **Infantinnen Elena und Cristina,** die mit ihrer Gebärfreudigkeit den Fortbestand der kommenden Königsgeneration garantiert haben. Dem hinkt **Kronprinz Felipe,** geboren 1968, nicht hinterher. Nachdem er es jahrelang unter dezenter öffentlicher Anteilnahme spannend gemacht hatte und vorübergehend zwischen die Schlüpfer eines norwegischen Unterwäsche-Models geraten war, heiratete er 2004 die Fernsehjournalistin und **Nachrichtensprecherin Letizia Ortiz,** Jahrgang 1972. Bald darauf wurde sie zur Prinzessin von Asturien ernannt. Den – im traditionsgemäß katholischen Spanien: – Makel, dass des Prinzen Auserwählte bereits geschieden war, überging man von Beginn an lieber diskret. Die **Zensur** verhinderte, dass über *Letizias* ersten Ehemann Näheres durchsickerte. Und über die unübersehbare **Magersucht** der Prinzessin sowie ihre mutmaßlichen Probleme im Umgang mit der höfischen Etikette berichtete nur die *Yellowpress* im Ausland. Sorge macht man sich in Spanien bislang um einen **Thronfolger,** denn *Letizia* hat bislang „nur" zwei Mädchen das Leben geschenkt: den Infantinnen *Leonor* (2005) und *Sofía* (2007). Die „Produktion" scheint nicht abgeschlossen, hatte der Prinz doch einmal erklärt, er wolle „mehr als zwei, aber weniger als fünf Kinder" haben. Nach spanischem Thronfolgerecht hat ein männlicher Thronfolger Vorrang. Sollte die erstgeborene *Leonor* einmal Königin werden, bedürfte es einer **Änderung der Verfassung.**

Oder ist Spaniens Monarchie ein **Auslaufmodell,** eines, das in Zukunft nicht mehr zeitgemäß sein könnte? Mit dem Jahr 2007 begann für die Royals um *Juan Carlos* gleich an mehreren Fronten die größte Krise, das Heile-Welt-Image bekam nachhaltig Risse. Es begann in mehreren katalonischen Städten wie Girona, Lleida und Manresa, wo radikale Jugendliche öffentlich **Bilder des Königs verbrannten** und gegen die Monarchie protestierten. Es kam zu tumultartigen Szenen, die eine Welle ins Rollen brachten und landesweit zu friedlicheren Demonstrationen vor Rathäusern führten. **„Die Monarchie ist nicht unantastbar",** stand auf Plakaten zu lesen. Da die Verbrennungen der Königsfotos zu Verhaftungen führten, kam gleichzeitig eine Debatte über die Gesetzeslage in Gang. Denn die sieht darin aus Gründen der „Beleidigung gegen die Krone" *(injurias a la corona)* Strafdelikte. Und das ist alles andere als angemessen, wie auch

Verfassungsrecht-Professor *Jorge de Esteban* in einem Beitrag für die Tageszeitung „El Mundo" befand. Das überkommene Strafgesetzbuch, das bei Beleidigungen der spanischen Krone Freiheitsstrafen von bis zu zwei Jahren vorsieht, stehe im Widerspruch zu der laut Verfassung garantierten freien Meinungsäußerung. Jedem sei freigestellt, gegen die Monarchie zu protestieren, so *Esteban*.

Die **Beleidigung der Königsfamilie** ging im selben Jahr überdies von einer Karikatur aus, die auf dem Titelbild der Satirezeitschrift „El Jueves" erschien und Kronprinz *Felipe* mit Gatte *Letizia* beim Sex zeigte. Sicher, das Motiv hatte die Grenzen des guten Geschmacks überschritten, aber in Spanien hörte der Spaß so richtig auf. Das Ende vom Lied: Beschlagnahmung des Magazins kurz nach Erscheinen, Gerichtsverfahren und **Geldstrafen** für die beiden verantwortlichen Humoristen. Der Nationale Gerichtshof befand sie für schuldig, dem Ansehen der Monarchie geschadet zu haben. Nun gelten sie als vorbestraft und sind Beispiele dafür, wie es um die Pressefreiheit in Spanien bestellt ist.

Das bittere Jahr 2007 endete mit einer Mitteilung des Königshauses, das die **Trennung der Infantin Elena von ihrem Mann** *Jaime de Marichalar* bekannt gab. Das seit Mitte der 1990er-Jahre verheiratete Paar hat zwei Kinder, *Felipe* und *Victoria*. Die Trennungsgründe boten Beobachtern des Königshauses einen Nährboden der Spekulationen, wobei vor allem die Verschiedenheit der Charaktere ins Gewicht fiel. Während sich *Jaime de Marichalar* gerne im Rampenlicht zeigte, gilt die Infantin eher als scheu. Die bittere Trennungsnachricht löste Betroffenheit bei vielen Spaniern aus – denn bei den Royals liebt und leidet man gerne mit.

DER SPANISCHE ALLTAG A–Z

Anstatt das Haben zu vermehren,
vermindert er das Müssen;
anstatt sich anzustrengen, um zu leben,
lebt er, um sich nicht anzustrengen.

(José Ortega y Gasset über den Typus des Andalusiers)

Begegnungen – Wangenküsse und Duzfreundschaften

Ein feuchter Händedruck verrät ein tendenziell trockenes Wesen. Zumindest im zwischenmenschlichen Austausch des spanischen Alltags, wo sich Mann und Frau sowie Frau und Frau im Regelfall mit je einem **Rechts-Links-Wangenkuss** begrüßen und verabschieden. Küsse sind Eisbrecher, schaffen eine Vertrauensbasis. Allerdings sollten sie stets dezent und mehr symbolisch hingehaucht denn mit Nachdruck und eindeutig zweideutigen Absichten draufgeschmatzt sein. Unter Männern bleibt es im Begrüßungs- und Verabschiedungszeremoniell beim strammen **Händedruck.** Herzliche Umarmungen erfordern eine tiefere Verbundenheit.

Ähnlich wie das englische *How're you doing?* ist die **Begrüßung** oft mit der Floskel *¿Qué tal?* verbunden. Auf dieses „Wie geht's?" erwartet man eigentlich keine ernsthafte Antwort zum persönlichen Wohlbefinden und noch weniger ein „Danke, schlecht". Statt eines förmlichen *Buenos días* („Guten Tag"; zu gebrauchen: vormittags) und *Buenas tardes* („Guten Tag"; zu gebrauchen: ab spät mittags) setzt man tagesdurchgängig lieber auf ein fröhliches *Hola* („Hallo"). Zum **Abschied** heißt es *Adiós* oder *Hasta luego* („Bis bald")!

Der Lockerheit des spanischen Seins entspricht die Tatsache, im Alltag mit Gott und der Welt auf **Duzfuß** zu stehen. Unaufgefordert, versteht sich. Ganz gleich, ob der Kunde dem Finanzberater der Bank gegenüber sitzt oder der Student seinem Uniprofessor. Die wie selbstverständlich gehegte Vertraulichkeit basiert auf der Formel **Vorname + Du** und kennt kein Zwischending wie das im Deutschen verwendete Vorname + Sie. In jüngerer Zeit lässt sich allerdings beobachten, dass Spaniens Lockerheit an Fahrt verloren hat und statt des „Du" *(tú)* verstärkt das „Sie" *(usted)* benutzt wird.

Despedida de soltero – frivoler Ledigen-Abschied

Spanische Feierlust erreicht bei den sagenumwobenen *despedidas de soltero* und *despedidas de soltera* den Siedepunkt. Es ist der Abend, die Nacht, ein ganzes weingespeistes Wochenende des Ledigen-Abschieds im Freundeskreis – kein Vergleich mit einem landläufigen deutschen Polterabend, denn hier geht es strikt **getrennt nach Männlein und Weiblein** zu. Die *despedida* gibt Gelegenheit und Vorwand zum exzessiven Bechern und fröhlich-frivolen Feiern. Dinner inklusive, bei dem man die kommende Braut oder den Bräutigam oft **verkleidet** (als rosarotes Playboy-Häschen zum Beispiel), mit einem Geschenksortiment Reizwäsche beglückt und Kuchen mit gigantisch erigiertem Penisaufsatz bestellt. Konditoreien haben sich ebenso auf den **freizügigen Markt** eingestellt wie Transvestiten oder ähnliche Verkleidungskünstler, die man für schlüpfrige Kurzauftritte engagiert. Selbst stadtbekannte Bordelle organisieren Despedidas-Einlagen in ihrem Stammsitz.

Domingueros –
die seltsame Gattung der Sonntagsausflügler

Realsatire. Immer wieder sonntags früh – vor allem im Sommer – laufen die **Vorbereitungen in spanischen Haushalten** auf Hochtouren. Da werden Tortillas präpariert, Baguettes belegt und Kühltaschen vollgestopft. Dann ist es fertig, das Familienpaket der *domingueros,* jener berühmt-berüchtigten Spezies der Sonntagsausflügler, die selbst ihre Landsleute zum Schmunzeln bringen und als Erfinder der Langsamkeit über Spaniens Straßen schneckerln. Auf diesem Weg geht's ab ins Grüne oder in Strandnähe, wo man den Schönheiten der Natur weniger abgewinnt als dem mitgebrachten Essen.

Das gewählte **Picknickplätzchen** liegt bestenfalls eine halbe Gehminute vom Wagen entfernt und kann sich ebenso gut auf den abgasgeschwängerten Parkplatz einer Landstraße oder einen Gehsteig vor wildfremden Gärten beschränken. Der „Kulturschock"-Autor hat schon öfter *domingueros* direkt neben Kläranlagen picknicken sehen – naja, in diesen Fällen war wenigstens auch das Meer nicht fern. Die Nähe zum Auto erleichtert den Transport von aufklappbaren Tischchen und Hockern, Sonnenschirm, Windschutz, Kühltaschen, Tupperware, Tellern, Tischdecke, Servietten, Tischgrill, Kohlesack, Gläsern, Besteck, Weinflaschen und batteriebetriebenem Radio, das fortan in **Geräuschkonkurrenz** zum südländischen Geschnatter steht. Mehr noch, wenn zwei bis drei Verbünde Sonntagsausflügler an einem ausgemachten Punkt zusammen kommen, die Oma schwerhörig ist, der Hund bellt und die Kinder ohne Unterlass plärren. Perfektionisten unter den *domingueros* bringen mobile Gasherde und Paellapfannen oder ausgewachsene Grills mit, auf denen sie ihre Sardinen auf den Rost legen und Rauch- und Geruchszeichen setzen, die nicht jedermann erfreuen.

Abgesehen von den Kindern und der zwischendurch treibenden Notwendigkeit des Gebüschdüngens, bleibt man im temporären Open-air-Esszimmer **sitzen**. Irgendwann ödet man sich an, streitet sich, räumt die Reste zusammen, wirft einen letzten flüchtigen Blick auf die Natur, tritt den **Heimweg** an und weiß: Nächsten Sonntag, selber Ort, selbe Zeit.

Einkaufen

Statt Geldersparnis und gezieltem Blick auf Öko-Siegel und Kalorien bestimmt vor allem **Bequemlichkeit** das Einkaufsverhalten der Spanier. Ohne diesen Hintergrund könnten sich all die **Gemischtwarenshops von Tante Emma** & Co nicht über Wasser halten. In den Lädchen mag alles teurer sein als im Supermarkt, aber sie bieten kleine Kontaktforen und liegen direkt um die Ecke. Ein wichtiger Aspekt in Altstädten, wo die kürzeren Wege vor allem älteren Menschen entgegenkommen und man im engen Gassengeflecht schwerlich mit dem Auto anfahren und ausladen kann. Außerdem braucht man sich in den Stammläden nicht gleich kiloweise mit Kartoffel- und Zwiebelnetzen einzudecken, sondern ordert – ganz typisch – alles stückweise: eine Tüte Milch, zwei Zwiebeln, drei Kartoffeln. Von Grammzahlen macht man selten Gebrauch. Weder am Gemüsestand noch in der Metzgerei oder Bäckerei, wo die Gewichtsangaben mangels Angebot an Ein-, Eineinhalb- und Zweipfundbroten ohnehin unbekannt sind. Beim **Bäcker** kauft man einfach seine traditionelle „PP"-

Ration: *pan y periódico*, „Brot und Zeitung". *Pan* ist gleichbedeutend mit der *barra,* dem Stangenweißbrot.

Der mobilere Spanier kauft oft und gerne in *hipermercados* ein, **Mega-Supermärkten** auf der grünen Wiese. Auch dort trägt der Faktor Bequemlichkeit Früchte: alles unter einem Dach und vom Einkaufswagen direkt ins Auto. Was vor allem deshalb wichtig ist, weil sich der Spanier palettenweise mit H-Milch eindeckt: immergleiche Zwölf-Liter-Kartons, von denen man gleich ein paar nach Hause befördert. Praktischer Hinweis für den Alltag, auch wenn es als deutsche Pedanterie ausgelegt werden mag: Kassenzettel kontrollieren! Nach des Autors langjähriger Erfahrung ist durchschnittlich jede dritte Rechnung aus dem Supermarkt falsch.

Hipermercados und Tante-Emma-Lädchen pflegen kundenfreundliche **Öffnungszeiten.** Die Supermarktgiganten öffnen montags bis samstags durchgängig bis in den späten Abend hinein und ohne mittägliche Rücksicht auf Siesta. Die kleinen Geschäfte schließen zwar über Mittag, dafür brennt abends nach Acht und mitunter sonntags das Licht. Rasante Zuwachszahlen verzeichnen Online-Bestellungen im Supermarkt. Das kostet zwar ein paar Euro mehr, wird aber nach Hause geliefert und spart Zeit.

Im Panorama spanischer Einkaufswelten kommen **Trödelmärkte** zu kurz. Nicht gemeint sind gelegentliche Wohltätigkeitsbasare oder Märkte mit Trödelprofis und -halbprofis, wie man sie überall in Großstädten findet. So gut wie unbekannt hingegen sind kleine Flohmärkte, auf denen Kinder und Eltern Spielzeug, Kleidung und Bücher verhökern.

Familie und Gesellschaft

Trotz aller Fortschritte haben sich manch gute **alte Familienhierarchien** in die Moderne hinüber retten können. Verkrustete, überkommene Strukturen, die sich irgendwie über Wasser gehalten haben, weil sich im Clan (noch) niemand laut- und aktionsstark dagegen aufgelehnt hat. Das Duett aus **Pascha senior und Pascha junior** gibt den Ton an und stimmt den weiblichen Anhang mundtot. An der Spitze Gottvater, das männliche Oberhaupt. Eine Stufe darunter – und bei der traditionellen Tischordnung dem Allmächtigen gegenüber, am anderen Kopfende – Gottsohn, der Erstgeborene, der sich gleichfalls von Mama bedienen lässt.

Bei der spanischen Gesellschaft von heute zeichnet sich eine Überalterung ab; Paar in Barcelona

Über kurz oder lang wird es allen Alt- und Junggöttern an den Kragen gehen. Setzt man die **gesamtgesellschaftlichen Rückstand** Spaniens im Vergleich zu Deutschland nach dem Pi-mal-Daumen-Prinzip mit zwei Jahrzehnten an, kann man sich ausrechnen, wann ihre letzte Bastion gefallen sein wird. Keine Regel ohne Ausnahme: Im nordwestlichen Galicien herrscht seit ehedem verkehrte Welt – Matriarchat statt Patriarchat.

Familie und Gesellschaft stecken im **Umbruch.** Das südländische Sippendenken verliert an Einfluss, die **spanische Frau** hat sich mit aller Macht und moderatem Karrierebewusstsein an die Arbeitsfronten ge-

stürzt, die **Heirat** hat an Wert verloren. Man schließt den Bund fürs Leben immer später – oder, folgt man den hohen Scheidungsstatistiken: zumindest für einen Lebensabschnitt – und hat sich den traditionellen **Kindersegen** von vornherein abgeschminkt. In einem Land, das bei Familienbeihilfen mauert (vgl. Kap. „Spanien heute"), mag das kein Wunder sein. Nachwuchs bedeutet: zweibeiniger Luxus. Und von Luxusartikeln wie diesen kann man sich allenfalls einen oder zwei im Leben leisten. In einer Ehe von heute, ob wild oder behördlich abgesegnet, müssen beide Partner ran an den Amboss. Die Folgen sind allseits bekannt: Spaniens Geburtenrate im tiefsten Keller und die drohende **Überalterung** der Gesellschaft. Schätzungen sprechen davon, dass im Jahre 2020 ein Drittel aller Spanier 65 Jahre und älter sein wird. Experten sagen voraus, dass in manchen Regionen im Jahr 2050 die Relation zwischen Rentnern und erwachsenen Arbeitskräften 1:1 lauten wird. Wie es dann wohl um die Pensionen bestellt sein mag?

Eine spürbare Entlastung in die alarmierende Alterspyramide bringt die Vielzahl von **Immigranten,** die Spaniens Arbeitsmarktpotenzial für sich entdeckt und das Land im Sauseschritt in eine Multikultimixtur verwandelt haben. Die Einwanderer kommen überwiegend aus Afrika und Lateinamerika und füllen die Lücken in den Niedriglohnbereichen (vgl. Kap. „Spanien heute").

Das Spanien des 21. Jahrhunderts ist ein Land geblieben, in dem sich die **Gehälter** weder auf der Höhe der Zeit noch auf jener der jährlichen Teuerungsraten und der astronomisch angestiegenen Wohnungspreise bewegen. Die Jugendarbeitslosigkeit ist ohnehin gravierend. Natürlich gibt es auch gut bezahlte Jobs und Yuppiekolonien wie in Madrid und Barcelona, aber häufig genug werden selbst Menschen, die über einen abgeschlossenen Beruf und Erfahrung verfügen, mit Dumpinglöhnen abgespeist. Vielfach dümpelt man als Arbeitskraft inmitten des hohen Preis- und Lebensniveaus als *mileurista* durchs Leben. **Mileurista,** das ist eine neue, gängige Wortschöpfung für all jene, die monatlich um die *mil euros,* „tausend Euro", verdienen und sich damit gar nicht schlecht bedient fühlen dürfen. Der gesetzliche Mindestlohn liegt bei 600 Euro.

In der spanischen Altersklasse von 18–35 Jahre fehlt häufig ein wichtiger Abschnitt: jener der **Unabhängigkeit,** der die so wichtige Lücke belässt zwischen Eltern- und Partnerschaftshaus. Noch immer steigen viele übergangslos vom alten Kinder- ins frischbezogene Ehebett, leben Dreißigjährige unverändert bei *Mamá* und *Papá.* Warum? Schiebt man den Faktor Bequemlichkeit beiseite, gerät man auch hier in den Sog der Teufelsspirale aus Niedriggehältern und **übertreuerten Wohnungen.** Nicht zu vergessen die Arbeitergeberscheu vor Langzeitverträgen und die daran geknüpfte latente Gefahr, plötzlich auf der Straße zu stehen. So bleibt beim Sprung in die eigene Unabhängigeit stets der Faktor Ungewissheit. Im Fall der (Entlassungs-)Fälle ist auf Vater Staat und seine bürokratischen Hürden auf dem Weg zum **Arbeitslosenalmosen** kein Verlass. Bleibt die Hoffnung auf Saison- oder Schwarzarbeit oder *enchufes*, „gute Beziehungen" ... Wer einmal den Absprung geschafft und sich abgenabelt hat, darf sich glücklich schätzen. Die Familie wird weiterhin als krisenfeste Institution im Hintergrund bleiben, doch häufig in weiter Ferne. Spanier sind **mobiler** geworden und zeigen – im Gegensatz zu früher – wachsende Bereitschaft, sich auch geografisch zu verändern und in strukturstarke Ballungsräume zu ziehen. Und angesichts neuer Bindungen gewinnt auch die Patchwork-Familie an Gewicht.

Was **Rolle und Situation älterer Menschen** betrifft, so schieben Spanier ihre Senioren nicht allzu leichtfertig ab ins Heim – zumal die Seniorenbetreuung längst nicht auf solch breitem, professionellem Fundament steht wie in Mitteleuropa. Mancherorts greift noch die traditionelle nachbarschaftliche Solidarität, der alte Familienzusammenhalt, bei der sich Söhne und Töchter in Betreuungs- und Pflegeschichten einteilen. In einer Gesellschaft, die unter steigendem Wettbewerbsdruck und Zeitmangel steht und in der die kinderreichen Zeiten passé sind, werden sich mit Blickrichtung Zukunft allerdings Auflösungserscheinungen abzeichnen. Prognose: mehr Senioren ab ins Heim, mehr neue Heimgründungen, mehr Arbeitsplätze in der Altenpflege und -betreuung. Staatlicherseits schert man sich wenig um das Wohlergehen der Senioren, die meisten Heime sind ohnehin privat. In Altenheimen steckt die Zukunft – zumindest für den, der eine lukrative Geschäftsidee verfolgt.

Gesundheit – die verkrustete Seguridad Social

Der Deutsche, sagt der Spanier, geht zum Arzt, wenn ihm das erste Haar ausfällt. Der Spanier, sagt der Spanier, begibt sich erst zum Arzt, wenn er eine Glatze bekommen hat. Alles, was zeitlich dazwischen liegt, ist ein Gemisch aus **Bequemlichkeit und Fatalismus** und einem täglich neu aufgelegten „ewigen Morgen", allseits bekannt als Mañana-Mentalität.

Die **ärztliche Grundversorgung** bildet einen Teil der Sozialversicherung *(Seguridad Social),* die sich in jüngster Zeit immer neuer Mitgliederhöchststände rühmt, ihre Rückständigkeiten jedoch im Schneckentempo aufholt. Wenn überhaupt. Die medizinische Versorgung hängt an einem bürokratischen Wasserkopf und einem ausgeklügelt komplizierten System, das im Sinne des Staates und im Gegensatz zu Deutschland den

Kostenüberblick und die zwischenzeitliche Verzweiflung Hilfebedürftiger sichert. Auf Kosten der Patienten. Man urteile selbst ...

Jeder Versicherte der *Seguridad Social* ist einem staatlichen Gesundheitszentrum *(centro de salud)* und dort seinem **Hausarzt** *(médico cabecera)* zugewiesen. Wer Schmerzen hat, lässt sich über die Telefon- und Terminzentrale ein Date beim *médico cabecera* geben. Umgeben von einem Sprechzimmer im einstelligen Quadratmeterbereich, beschränkt sich dessen Funktion zumeist auf eine verwalterische Tätigkeit. Er – oder sie – kann notfalls den Blutdruck messen, ein Stethoskop aufsetzen und ein paar Medikamente verschreiben, überlässt alles andere jedoch dem **Spezialisten.** Für diesen gibt es einen Überweisungsschein und – sollte es sich nicht um einen akuten Notfall handeln – einen extra **Termin,** zumal er in einem anderen Gesundheitszentrum sitzen kann. Dieser separate Termin wird oft per Briefpost zugestellt und ist verpflichtend, Änderungen sind kompliziert. Nimmt man den Termin, sagen wir: bei einem Unfallchirurgen, wahr, verfügt dieser in neunundneunzig von hundert Fällen nicht über das adäquate Gerät, um eine Diagnose zu stellen, sagen wir: für einen mutmaßlichen Kreuzband- oder Meniskusriss.

Also greift der Spezialist zum nächsten Überweisungsschein, der den Patienten in ein **Spezialzentrum** führt. Aber gemach, gemach, nicht sofort! Zunächst einmal darf man brav nach Hause gehen (oder humpeln) und per Briefpost auf den neuerlichen Bescheid des Spezialzentrums warten. Nach altbekanntem Schema: verpflichtend vorgegebener Termin, Änderungen kompliziert. Der Termin kann durchaus Monate entfernt liegen. Nimmt man diesen wahr, geht die Analyse später auf ihren Papierweg vom Spezialzentrum zum Spezialisten, der dem Patienten einen neuerlichen Termin zuweist, um ihm die **abschließende Diagnose** mitzuteilen und ihm gegebenenfalls zu einer Operation zu raten. Der Beginn eines weiteren Papierkreislaufs für einen Patienten, der wahrscheinlich längst geheilt oder dem Wahnsinn verfallen ist. Manches regelt sich zwischenzeitlich – und das ist leider kein makaberer Scherz – auf natürliche Weise. Sprich: durch den Tod des Patienten, denn auch die Wartelisten bei den Operationen von Herz- und Lungenkranken sind lang. Aus diesem Grund, fällt es nicht allzu schwer zu verstehen, warum der Spanier **ungern zum Arzt geht.** Man fühlt sich notverwaltet und dem System hilflos ausgesetzt. Ein Gefühl, das durch die Niedrigstmotivation vieler beamtenmäßig agierenden Mediziner in den *centros de salud* bestärkt wird und vor allem durch die Tatsache, dass die freie Arztwahl nicht gestattet ist.

Als Alternativen bleiben Privatversicherungen bzw. **Privatärzte,** bei denen man stattliche Beträge hinblättert. Ebenso wie beim **Zahnarzt** – der nämlich ist in der *Seguridad Social* gar nicht erst inbegriffen ...

Häusliche Gewalt

Die **Statistiken** sind bestürzend und **alarmierend** zugleich. In Spanien fallen pro Jahr viele Dutzend **Frauen** ihren aktuellen oder vormaligen Lebenspartnern zum Opfer – Tendenz steigend. Erdrosselt, erstochen, erschlagen, verbrannt. Durch tragische Einzelschicksale hält das Thema „häusliche Gewalt" (*violencia doméstica;* auch: *violencia de género*) häufig Einzug in die Nachrichten, das Muster ähnelt sich immer wieder. Oft sind es Machoknochen jedweden Alters und Sozialrangs, die mit dem steigenden Selbstbewusstsein ihrer Frauen nicht mehr zurechtkommen, mit dem Karrieredenken, mit dem gerichtlich zugesprochenen Sorgerecht für die Kinder. Dann legen sie Hand an und stellen sich danach freiwillig den Behörden. Oft geschehen die **tödlichen Taten** nicht aus Affekt heraus, oft haben Frauen zahlreiche Anzeigen gegen ihren gewalttätigen Partner bei der Polizei vorgebracht – ohne Erfolg. Insofern trifft die Behörden, die in Tatenlosigkeit verharren, eine Mitschuld. Sie greifen erst ein, wenn es zu spät ist. Mitunter sind es andere Institutionen (z. B. Sparkassen), die mit Ausstellungen und **Aufklärungskampagnen** für das Thema sensibilisieren und den Frauen Mut machen wollen.

Glücklicherweise geht nicht jeder Fall von häuslicher Gewalt tödlich aus. Kurz angemerkt, dass der „Kulturschock"-Autor unlängst sprachlos vor der Preistafel eines öffentlichen Schwimmbads in Pamplona stand. Dort gab es für Frauen, die nachweislich Opfer häuslicher Gewalt geworden waren, einen Preisnachlass. Ob es sich dabei um einen **geschmacklosen Scherz** handelt? Nein. Es war ebenso ernst gemeint wie die aus den selben Gründen erfolgte Halbierung der Müllgebühren in der valencianischen Gemeinde Paiporta ...

Kinder

Merke: **Kinder dürfen alles.** Keinem Spanier käme es in den Sinn, die kleinen Lärmer und Plärrer mit Schimpf und Schande in die Schranken zu weisen. Selbst nicht um Mitternacht.

Schon ab dem Säuglingsalter stehen Kindern **Ganztagskindergärten** offen. Die monatlichen Gebühren und hängen vom Einkommen der Eltern ab. Plätze in öffentlichen Kindergärten sind rar, während es in den meist übertreuerten Privatkindergärten häufig noch Plätze gibt. In staatlichen Kindergärten herrscht mit Blick auf die Immigrantenströme längst Multikulti. Nachteil für die arbeitende Elternschaft, die nicht der Lehrergattung oder ähnlichen Vielurlaubern angehört: Kindergärten legen eine mindestens zweimonatige Sommerpause ein. Wohin mit dem Nachwuchs während dieser unverhältnismäßig langen Zeit? Aus staatlicher Sicht bleibt dies Privatangelegenheit wie das Kinderkriegen selber ...

Auf den Kindergarten folgt die **Vorschule** (ab drei Jahren). Sie ist zwar nicht obligatorisch, doch Kinder, die älter sind als drei Jahre, finden im Kindergarten keine Aufnahme mehr. Also gibt es keine Alternative. Es sei denn, man entscheidet sich für den Verbleib in der häuslichen Umgebung und lässt den Nachwuchs von einem Elternteil oder einem privaten Kindermädchen betreuen.

Nach der Vorschule folgt für Sechs- bis Zwölfjährige der Einstieg in die Allgemeine Grundausbildung *(Primaria)*. Daran schließt sich die weiterführende **Schule** *(Secundaria)* an, die maximal sechs Jahre dauert und nicht mehrgliedrig aufgeteilt ist. Ein Einheitsbrei aus Gymnasium, Haupt- und Realschule. Die ersten vier Secundaria-Jahre sind obligatorisch *(Educación Secundaria Obligatoria, kurz ESO)*. Danach folgt der Zwei-Jahres-Weg hin zum **Abitur** *(bachillerato)*.

In den berühmt-berüchtigten **Pisa-Studien** rangiert Spanien regelmäßig auf den unteren Plätzen, durchschnittlich jeder dritte Schüler schließt nicht einmal die eigentlich verpflichtende *Educación Secundaria Obligatoria* ab. Ebenfalls durchschnittlich jeder Dritte wiederholt eine Klasse, so die Organisation für Kooperation und Wirtschaftliche Entwicklung *(Organización para la Cooperación y el Desarrollo Económico)*. Das Lehrpersonal, vor allem im Fremdsprachenbereich, steht häufig auf einem erbärmlichen Niveau. Das erklärt die relativ schlechten Englischkenntnisse vieler Spanier.

Korruption

Für die Bürger kommt die Korruption in Spanien eher unterschwellig teuer zu stehen. Nämlich dann, wenn das Portemonnaie beim Haus- oder Wohnungskauf übermäßig belastet wird. Dem voraus gehen verschlungene Geldwege im **Immobiliensektor,** die zu Verteuerungen führen, die selbstverständlich auf die Käufer abgewälzt werden. Bei der Korruption im Immobilienbereich haben Polizei und Staatsanwälte in jüngster Zeit in ein Wespennest gestochen. Spektakulärster Fall war die **„Operation Malaya"** im andalusischen Marbella. Dort hatten langjährige Rathausdenker und -lenker über die Vergabe von Baulizenzen munter in die eigene Tasche gewirtschaftet, was niemand bemerkte, da alle unter einer Decke steckten. Dann jedoch flogen die Bestechlichen gleich reihenweise auf, angeführt von der Ex-Bürgermeisterin *Marisol Yagüe* und dem ebenfalls ehemaligen Bürgermeister *Julián Muñoz;* auch dessen Lebensgefährtin, die bekannte Schnulzendiva *Isabel Pantoja*, landete unter dem dringenden Verdacht der Geldwäsche vorübergehend in Polizeigewahrsam. Bis dahin war niemandem aufgefallen, dass das in Luxus schwelgende Paar bei der gemeinsamen Steuererklärung mehr Ausgaben als Einnahmen deklariert hatte.

Gern lassen städtische Verantwortungsträger Agrarland in Bauland umwandeln, enteignen nach Belieben, nehmen auf Naturschutzgebiete keine Rücksicht, geben grünes Licht für neue Hotels, Staudämme und Freizeitanlagen. Vorausgesetzt, es fließt ein stattliches **Schwarzsümmchen** seitens der Baulöwen. Alles andere regelt sich danach auf wundersame Weise wie von selbst. „Die Korruption breitet sich wie ein Krebsgeschwür über die spanischen Rathäuser aus", hat die Tageszeitung „La Vanguardia" treffend formuliert. Die „Operation Malaya" war die berühmte Spitze des Eisbergs. Seither sind in ganz Spanien – bis hin zu Balearen und Kanaren – geldgierige Bürgermeister, Stadtverordnete, Gemeinderatsmitglieder und Baudezernenten unter Korruptionsverdacht angeklagt worden. Ob sie in aufwendigen Verfahren letztlich hinter Gitter wandern oder von pfiffigen Anwälten herausgeboxt werden, steht auf einem anderen Blatt.

Während in Spanien der Hang zu **Amtsmissbrauch** und Veruntreuungen überdurchschnittlich ausgeprägt und mit einem geringen Grad an Unrechtsbewusstsein verbunden ist, kommt Korruption im Umgang mit dem Alltagsbürger eher seltener vor.

Mode und Zeitgeschmack

In bäuerlichen Gebieten Andalusiens und der Extremadura stecken Altfrauenfüße am südlichen Ende ihrer Laufmaschenlandschaft in Filzpantoffeln für ein paar Euro – doch das ist kein Standard. Gemeinhin lebt die spanische Frau auf großem modischem Fuße und gibt einen nicht unerheblichen Part ihres Budgets in **Boutiquen, Parfümerien und Schuhgeschäften** aus. Von den Investitionen in **Frisöre** ganz zu schweigen, die mit Dauerwellen und Haarfärberei alle Hände voll zu tun haben. Bei acht von zehn Frauen, so eine subjektive Schätzung nach dem Pi-mal-Daumen-Prinzip, sind naturgegebene Farben und Wellungen des Haupthaars längst verschwunden und ersetzt worden. Haupttendenzen: Schwarz (oder Grau) in Blond, Schwarz in Rot. Mittlerweile schreckt man auch vor gewagteren Orange- und Grüntönen nicht zurück.

Zur gepflegten spanischen Frau von heute zählt ein Aussehen wie aus dem Ei gepellt. Über regelmäßiges Haarstyling hinaus gehört selbstverständlich dazu, sich mit diversen Methoden **Achsel- und Beinhaare zu entfernen** bzw. entfernen zu lassen. Schönheitssalons werben mit Slogans von der *depilación definitiva,* der „definitiven Enthaarung".

Nicht verschleiern lässt sich die **Konfektionsgröße** – über 60 % der Frauen trägt mittlerweile „44" oder darüber, haben unlängst Zeitungen berichtet. Doch auch die Herren der Schöpfung kommen verstärkt im XL-Format daher. Mittlerweile gilt jeder zweite Erwachsene in Spanien als übergewichtig.

Spaniens Frauen sind modebewusst, schwimmen wie selbstverständlich auf allen Tattoo- und Piercingwellen mit und zeigen sich gern. **Ungepflegt verlässt kaum jemand das Haus,** noch nicht einmal zum Zigarettenholen. Geschlechtsübergreifend sind ausgelatschte Gesundheitsschuhe, ärmellose Männershirts und Wollpullis mit integrierter kernig-schweißiger Aura Sache der Spanier nicht. Insofern erleben sie bei den alljährlich einströmenden Touristenmassen reichlich Kulturschocks im eigenen Land und schmunzeln still in sich hinein.

Was gleichermaßen für das öffentlich zur Schau gestellte Beinhaar des Herrn gilt. Während man Frauen zur wärmeren Jahreszeit freizügige Normen zugesteht (an denen man sich natürlich erfreut), **trägt Spaniens Mann ungern kurz.** Sehr ungern. Knielange Bermudas mögen über Tag in den Toleranzbereich fallen, knappe Shorts hingegen zu keiner Stunde. Abends trägt man(n) ohnehin wieder lang. Selbst in einer Sportart wie dem baskischen Pelota wahren Profis bei der Kleiderordnung streng die Etikette und laufen elegant in Weiß gekleidet ein und selbst zur heißesten Jahreszeit mit langen Hosen. Ohne Ausnahme. Auch der baskische (Sports-)Mann zeigt ungern Bein. Heimliches Motto: Chic statt bequem.

So ungezwungen sich viele Spanier geben, so sehr stoßen sie sich an Kleiderschockern made in Mitteleuropa. So wie an jenen Touristen, die ihr **abendliches Ausgehvergnügen** in Turnschuhen mit weißen Frotteesocken angehen. Aus Sicht der Spanier der blanke Horror, der sie fast den letzten Schrei ausstoßen und zu probaten Mitteln greifen lässt. Ohne Modeernst kein Freizeitspaß! Manche Diskos und Nightclubs schieben jenen vom Stamme der Turnschühler, Weißsöckler und Boxershortler ganz einfach ein Riegelchen vor. Im wahrsten Sinne der Worte: Der Gorilla am Eingang verwehrt einfach den Zutritt ...

Natur- und Umweltschutzdenken

Das Verhältnis des Spaniers zu seiner Umwelt ist – vorsichtig formuliert – stark ausbaufähig. Was gleichermaßen für das breite Volk wie für höchste **politische, wirtschaftliche und jedwede behördlichen Ebenen** gilt. In Spanien bekommt man dampfende Schlote wie zu Anfangszeiten der industriellen Revolution zu sehen, bäuchlings in Flüssen treibende Fische, durch glimmende Kippen ausgelöste Waldbrände und TV-Berichte über Meerverklappungen und ungeschoren davongekommene Natursünder. In Spanien rangieren ökonomische Interessen meilenweit vor ökologischen, **Umweltkatastrophen** wie Ende der 1990er-Jahre im andalusischen Nationalpark Doñana und zu Beginn des Jahrtausends vor der Küste Galiciens (Havarie des Tankers „Prestige") haben zumindest in Teilen der Gesellschaft und vor allem bei der jüngeren Generation ein **Umdenken** in Gang gesetzt. Wenn Leserbriefe in Zeitungen neuerliche Kahlschläge von Waldgebieten beklagen, darf das als Indiz für den Fortschritt gewertet werden. Gleiches gilt für die Gründung der galicischen Bürgerplattform *Nunca máis* (zu deutsch: „Niemals mehr"), die sich nach der Tankerkatastrophe der „Prestige" formierte und seither zahlreiche Protestaktionen im Sinne der Umwelt initiiert hat. Politiker und Behörden hinken leidlich hinterher und glänzen häufig eher mit Inkompetenz, wie ein persönliches Beispiel des Autors zeigt. Anruf bei der zentralen Rathausnummer mit der gewissenhaften Frage: Wie und wo werde ich den Tankrest einer stillgelegten Ölheizung los, die in diesen Tagen durch eine Erdgasinstallation ersetzt wird? Antwort: Keine Ahnung, aber wir werden uns erkundigen und rufen zurück. Eine Woche darauf stellt sich das Wunder ein. Man ruft tatsächlich zurück. Aktueller Stand der Dinge: Wir haben uns erkundigt und immer noch keine Ahnung, versuch's einfach mal an der nächsten Tankstelle. Da allerdings war es ohnehin schon zu spät. In Abwesenheit des Autors hatten die flinken Heizungswechsler die Reste kurzerhand durch die Wasserleitung entsorgt ...

In Spaniens Polit- und Parteienlandschaft haben **Natur und Umwelt weder Lobby noch durchsetzungsfähige Fürsprecher.** Dem mag man entgegen halten, dass in einer Großregion wie Andalusien immerhin ein Fünftel der Fläche offiziell unter Naturschutz steht und über 80 geschützte Gebiete ausgewiesen sind. Die graue Theorie verschleiert allerdings die grüne Praxis. Durch die Dünen des Doñana-Nationalparks donnern nach wie vor Geländewagentouren, während die Randgebiete unter dem Einfluss hoffnungslos überdüngter Felder, des Massenwallfahrtsdorfes El Rocío und des modernen Ferienortes Matalascañas stehen. Wie man Probleme vorsorglich vermeidet, hat der Grenzverlauf **Sierra-Nevada-Nationalparks** gezeigt. Per geschickt gelegter Schleife wurden gerade die großen Skigebiete, an denen sich die Naturschützer stoßen, aus dem Nationalpark ausgeklammert.

An Ignoranz gegenüber Mutter Natur war die Anlage des navarresischen **Stausees von Itoiz** nicht zu überbieten. Nicht nur, dass zwei Ministerpräsidenten über Korruptionsaffären stolperten. Staumauer und Flutungsgebiete wurden frech und freiweg und gegen die eigenen Gesetze in ein Naturschutzgebiet platziert. Woraufsich Proteste regten, unter anderem durch die kleine Umweltschutzorganisation *Agrupación Navarra de Amigos de la Tierra* („Freunde der Erde Navarras"), die nach dem gerichtlich verhängten Stopp gegen den Ausbau der Skipisten von Larra nun gegen das Stauseeprojekt anging. Das Ende vom Lied: Geholfen hat alles nichts. Warum? Weil das Schutzgebiet nachträglich zu „Normalland" erklärt wurde – und damit waren die vollzogenen Arbeiten wieder legal ...

Zum Glück scheint die **Ära vollkommener Gleichgültigkeit passé** zu sein. Beim Natur- und Umweltschutzdenken steckt etwas im Busch und regt sich! Wie so vieles in Spanien, steht auch der sensiblere Umgang mit der Natur am Beginn einer langen Übergangsphase, die in Staaten wie Deutschland längst Geschichte ist. In diesem Sinne sind Baumpflanzaktionen von Kindern, die Thematisierung von Umweltbelangen in Grundschulklassen, Flussreinigungsaktionen durch Freiwillige, die Aufklärungsarbeit in den Besucherzentren von Naturparks sowie der boomende "grüne Tourismus" als positiv zu werten. Im Zuge des grünen Aufschwungs sind Landhausunterkünfte (*casas rurales* oder *casas de aldea*) wie Pilze aus dem Boden geschossen, geruhsame Dörfer und urige Bauten fangen Stadtgestresste auf. Somit kommt neues Leben in entlegene Orte, die Landflucht wird gebremst, manche Dörfler erschließen sich durch Gäste neue Einkommensquellen und erhalten aus staatlichen Säckeln Renovierungszuschüsse. In den Landhäusern richten sich Erholungsbedürftige hinter klobigen Bruchsteinmauern behaglich ein, entzünden abends den Kamin und kommen in den Genuss eines gestiegenen Rundum-Service: vom hauseigenen Fahrradverleih bis zu Wander-Geheimtipps des Vermieters.

Politikverdrossenheit

Im Spanien des 21. Jahrhunderts regiert unvermindert Politikverdrossenheit, das Vertrauen in die führenden Kräfte bewegt sich in niedrigen Sphären. Gelegentliche Korruptionsaffären und Vetternwirtschaft auf höchster Ebene nimmt man im breiten Volk ebenso Schulter zuckend hin wie jedwede Steuererhöhungen und Beschwichtigungen nach Umweltkatastrophen. **Ändern kann man ohnehin nichts,** warum sich das Leben vergällen lassen? Schon aus Gründen der Daseinsberechtigung schreien ab und zu die Gewerkschaften auf, Taxifahrer und Landwirte blockieren die Straßen, Fischer und Bahner streiken, Iberia-Piloten heben drohend die Fäuste und fordern mehr Gehalt. Manches Handeln zeitigt kleine Erfolge, doch oft bleiben die Einwände auf Strohfeuereffekte beschränkt. Typisch spanisches Protestverhalten? Devise der Einheimischen: Bei angekündigten Benzinpreiserhöhungen tanken wir abends vorher noch 'mal richtig voll, lassen das Auto am nächsten Wochenende aus Protest in der Garage stehen – und in der Woche darauf ist alles egal und wie immer.

In der Politlandschaft Spaniens bleibt nicht viel Auswahl, sich seinem Schicksal willig zu fügen. Ähnlich wie in Deutschland bestimmen **zwei große Rechts-Links-Parteien** das Bild, ohne allzu weit von der gemäßigten Mitte abzurücken: auf der rechten Seite die konservative Volkspartei, *Partido Popular* (PP), auf der Linie links vom Mittelstrich die Sozialistische Arbeiterpartei, *Partido Socialista Obrero Español* (PSOE). Beim Wahlaufmarsch der Spitzenkandidaten hat man oft den Eindruck, als würde Not gegen Elend antreten. Links der Sozialisten steht die Vereinigte Linke, *Izquierda Unida,* während es weder eine starke Rechtsextreme noch aktivistisch gesonnene Grüne gibt.

Maßgebliche Impulse setzen die **Regionalparteien:** in Katalonien Konvergenz und Union, *Convergència i Unió* (CiU); im Baskenland die Baskische Nationalistische Partei, *Partido Nacionalista Vasca* (PNV); in Galicien der Nationalistische Galicische Block, *Bloque Nacionalista Galego* (BNG).

Was bislang niemand geschafft hat, ist, das Gedenken an Diktator *Franco* zu verbannen. Pompös ummantelt, findet sich sein Grab im Valle de los Caídos, dem rund 60 Kilometer nordwestlich von Madrid gelegenen „Tal der Gefallenen". Das Valle de los Caídos dient offiziell als Gedenkstätte für die 1936–39 im Spanischen Bürgerkrieg Gefallenen. Etikettenschwindel. *Diego Méndez* und *Pedro Muguruza* tauchen zwar in den 1940er- und 1950er-Jahren als Architekten auf, doch die Idee geht auf *Franco* zurück, der gerade im Bürgerkrieg über Leichen gegangen war. Auch *José Antonio Primo de Rivera* (1903–1936), der Gründer der auf den totalitären Führerstaat gerichteten *Falange* (Staatspartei, deren Programm von nationalsozialistisch-faschistischen Zügen geprägt war), ist hier beigesetzt.

Dubiose rechte Traditionen pflegt heute die Franco-Stiftung *(Fundación Nacional Francisco Franco),* die sich eigener Aussage zufolge um die Verbreitung des Franco-Bildes in seiner menschlichen, politischen und militärischen Dimension bemüht. In Wahrheit ist sie ein undurchsichtiges braunes Schwemmland. Da die Stiftung jedoch ein Archiv unterhält, wird sie mit öffentlichen Geldern bezuschusst ...

Rollenverhalten – starke Frauen, schwächelnde Machos

Kurz nach der Geburt mögen die Rollenmerkmale noch stimmen. Starke **Jungs** tragen blaue Strampler, zarte **Mädchen** rosafarbene. Darüber hinaus perforiert man die Ohren neugeborener Mädchen mit einem Paar Löcher und setzt – oh, wie niedlich! – Ohrringe ein. Häufige Konsequenz: Notarztbesuche wegen gerissener Ohrläppchen, doch das tut der Tradition keinen Abbruch.

Ausgedient hingegen haben die mit späteren Lebensabschnitten verbundenen Klischees. Die **moderne spanische Frau** ist dem Küche-Kin-

Ein pures Klischee, dass Spanierinnen immer schwarzhaarig sein müssen ...

der-Kirche-Image mit Siebenmeilenstiefeln enteilt, der Macho ist mega-out. Gut, in manchem Familiengefüge (vgl. „Familie und Gesellschaft") und vor allem im tiefen Süden gibt es unverändert machistische Restinseln. Vereinzelt sondern **„starke Männer"** ihre Anmachfloskeln ab. Attraktive junge Frauen werden im Vorübergehen mit Schnalzen und Pfiffen bedacht, dürften sich aber weder geschmeichelt noch besonders belästigt fühlen. Gelassen, fast mitleidig nimmt man das Imponiergehabe solch armer Wichte hin.

Alleine aus Gründen immens gestiegener Lebenshaltungskosten hat die **Rolle des Mannes** als „Ernährer der Familie" ausgedient. Sein Einkommen allein reicht kaum aus. Längst stehen Spaniens **Frauen** in allen Berufen ihren Mann: von der Busfahrerin und der Verkehrspolizistin über die Bürgermeisterin bis zur Ministerin und Parlamentspräsidentin. An Universitäten hat der weibliche den männlichen Anteil an Studierenden überflügelt. Frauen sind selbstbewusster und unabhängiger geworden und haben ihre Selbstentfaltung begonnen, setzen ihre Ellbogen aber nicht ganz so stark ein wie Geschlechtsgenossinnen in anderen Ländern.

Bei der Emanzipation um jeden Preis und bis in den letzten gesellschaftlichen Winkel zeigt sich die spanische Frau noch ein wenig soft, ein

Thema wie **gerechtere Bezahlung** steht im Entwicklungsprozess und hat in jüngerer Zeit Fahrt aufgenommen. Auf Dauer wird es sich niemand im Wirtschaftsgefüge leisten können, Frauen, die die gleichen Positionen wie Männer besetzen, mit deutlich weniger Gehalt abzuspeisen.

Wirft man einen **Blick zurück** in die Zeiten der Diktatur und des demokratischen Frühstadiums, ist es noch gar nicht so lange her, dass sich Frauen weder scheiden lassen noch ein eigenes Bankkonto eröffnen konnten – tiefstes Mittelalter in der Moderne. Mittlerweile gibt es zahlreiche Frauenhäuser, gesamtgesellschaftliche Aufschreie gegen männliche Gewalt in der Ehe (vgl. Stichpunkt „Häusliche Gewalt") und die behördliche Akzeptanz von De-facto-Parnerschaften für „Anders- oder Gleichgeschlechtler". Aufklärung in Frauenfragen verschafft das dem Arbeits- und Sozialministerium angegliederte **Institut der Frau,** *Instituto de la Mujer:* Rechte, Erziehung, Gesundheit, Arbeit, Quotenregelungen sind die Themen. Inklusive Hotline und Online-Beschwerdeformular *„denuncia de publicidad sexista",* mit dem man Sexismus in Werbung und Medien anprangern kann.

In der modernen Beziehung gehört die Übernahme **häuslicher Pflichten** für den Mann dazu. Ein spanischer Mann, der einkauft und kocht und die Spülmasche füllt und den Kinderwagen schiebt – ein fortschreitender Ist-Zustand und vor wenigen Jahren noch undenkbar.

Aspekte wie Treue und Eifersucht sind ähnlich individuell verschieden wie in Ländern Mitteleuropas. Das gestiegene Selbstbewusstsein der Frauen hat bewirkt, dass man sich von seinem Partner längst nicht mehr alles bieten lässt – was erklären mag, dass die **Scheidungsrate** in Spanien relativ hoch ist.

Schmutz und Pflege

Prinzipiell sind Spanier reinliche Menschen, die sich allerdings immer wieder den **Nestbeschmutzungen durch andere** ausgesetzt sehen. Konkret: tierischer Kot und menschlicher Urin von Kneipengängern und Fiestabesuchern vor der eigenen Haustür respektive an der eigenen Hauswand – was einem aus anderen Ländern nicht fremd ist. Da die Rathäuser um

Wäschespanngitter alten Stils sieht man selbst noch in der Weltstadt Barcelona

die Rücksichtslosigkeit von Zeitgenossen wissen, setzen sie häufig **nächtliche Schlauchkolonnen** ein, die mit festem Wasserstrahl und vollem Rohr aus Hydranten jedwede Fest- und Flüssighinterlassenschaften wegspülen. Maßlose Verschwendung und Megalärm, aber sauber! Auch bei der Hege und Pflege von **Grünanlagen** und vielen Plätzen sparen die Spanier an nichts. Stille Wahrzeichen von Parks und Plazas sind im übrigen Trinkwasserbrunnen *(fuentes),* an denen man sich herrlich erfrischen kann. Wahrzeichen in Altstädten hingegen – ob Burgos oder Barcelona – sind ausfahrbare **Wäschespanngitter,** auf denen sich Hemden, Blaumänner und Unterhosen sachte in der Brise blähen.

Bei der Schmutzbeseitigung in der eigenen Wohnung oder im Treppenhaus setzt der Spanier liebend gern auf *lejía*. Dieses mit Wasser verdünnbare **Putzmittel** ist eine Chlor- und Allzweckwaffe. *Lejía,* in Wörterbüchern harmlos und leicht verfälschend als „Waschlauge" übersetzt, lässt die Augen tränen und frisst Löcher in die Kleidung. Wer ohne Gummihandschuhe putzt, riecht *lejía* noch am nächsten Tag an den Händen. Ein echter Kampfstoff, eine **chemische Keule,** die Domestos und sämtliche WC-Enten klar in den Schatten stellt.

Sexualität

Während man vom spanischen Mann nicht behaupten kann, er habe jemals lange gefackelt, bis das Sofa wackelt, hat sich die **spanische Frau traditionsgemäß zugeknöpfter** gegeben. Wir reden nicht einzig vom One-Night-Stand, sondern ebenso von langen festen Beziehungen zwischen Freund *(novio)* und Freundin *(novia)*. Sicher haben die Hormone von Spanierinnen nicht anders gewogt als andernorts, doch der gesellschaftlich-familiäre Druck hat sie – zumindest in früheren Zeiten und nach außen hin – zwangskanalisiert. Während seiner Aufenthalte in den 1920er- und 1930er-Jahren in den Dörfern des granadinischen Alpujarras-Gebirges notierte der britische Schriftsteller *Gerald Brenan*: „Nach getaner Arbeit bildeten Liebesaffären natürlich die Hauptbeschäftigung. Jeder junge Mann wollte gern mit seiner *novia* schlafen oder gab es zumindest vor, aber niemand schaffte es, da die Mädchen wussten, dass es um ihre Heirataussichten geschehen war, wenn sie sich darauf einließen."

Das moralinsaure Spanien ist passé, **„wilde" Paare** gehören mittlerweile zur Normalität und **Pille** und **Kondome** zum vorehelichen Alltag. Jüngst aufgebrochene Diskussionen um das Für und Wider der Aufstellung von Kondomautomaten an weiterführenden Schulen untermauern, dass sich die Messlatte verschoben hat. Spanien hat sich geöffnet, na endlich! Natürlich hat nicht jeder sein Coming-out, natürlich pflegen manche immer noch platonische Liebe statt Kamasutra, natürlich gibt es noch traditionalistische Eltern, die im Unbekannten direkt den Verlobten sehen und mit aller Macht gegen den Geschlechtsverkehrsstrom ihrer Töchter anschwimmen.

Als allgemeine Tendenz bleibt festzuhalten, dass sich der Umgang mit Sexualität und dem eigenen Körper normalisiert hat, sich weiter entkrampft und dass die **Tabus weniger werden.** An den Stränden zeigt eine wachsende Zahl spanischer Frauen, was unter dem Oberteil des Bikinis wogt und gibt sich in jederlei Beziehung offener für alles.

Bei fleischlicher Lust stellt sich die alles entscheidende Frage: **Wo, bitte, machen wir's?** Hier sind Fantasie und Bereitschaft zum Quickie gefragt. Aus Gründen der Niedriggehälter und überteuerter Wohnungen wissen wir, dass es um die Unabhängigkeit junger Leute schlecht bestellt ist (vgl. Unterpunkt „Familie und Gesellschaft"). Trotz beruflichem Einstieg harren viele bis Dunstkreis Dreißig im elterlichen Heim aus und werden sich kaum im alten Kinderzimmer verlustieren. Also scheidet die eigene Matratze häufig aus. Meistgewählte Alternativen sind open-air und Auto – im Zweifelsfall das elterliche Fahrzeug, was bei der Spurenbeseitigung ein Grundmaß an Gründlichkeit erfordert …

Bordelle und horizontal-gewerbliche Damen hat es schon immer gegeben. Der französische Mönch *Aimeric Picaud* zeigte sich seinerzeit von Eindrücken am Jakobsweg entsetzt: „Die Dienstmägde der Wirtsleute am Wege nach Santiago, welche, aus Spaß an der Verführung und auch um Geld zu verdienen, nachts, auf Eingebung des Teufels, in die Betten der Pilger zu steigen pflegen, sind überaus tadelnswert." In einer Hafenstadt wie Barcelona, seit ehedem bekannt für guten Kundenfluss, wurden die Etablissements vor Jahrhunderten bereits von den Behörden toleriert. Geknüpft an die Auflage, dass sich das bewegte käufliche Leben einzig an den vorgegebenen Orten abzuspielen habe und die Damen des Gewerbes beim Verlassen des Hauses weiße Kleidung und blaue Schärpe anlegen mussten. Außerdem gab es ein Alterskorsett: höchstens zwanzig, mindestens zwölf!

Heute heißen die Bordelle hochoffiziell **Clubs,** liegen häufig an vielbefahrenen Nationalstraßen und locken nach Einbruch der Dunkelheit mit blinkendem Rotlicht. Wer als Unbedarfter Schildern zu einem „Club" folgt, liegt falsch, hier einen Nacht- oder Tanzclub zu vermuten und kann sich nach der Lektüre dieser Zeilen nicht mehr herausreden. Im Innern der Etablissements gehen vor allem junge Frauen aus Lateinamerika und der Karibik zu Werke und stecken häufig in den Fängen von Schiebernetzen, durch deren Hilfe sie nach Spanien geschlüpft sind. Nach Vorbildern mitteleuropäischer Länder haben Spaniens **Prostituierte** mittlerweile Mut geschöpft und gehen für ihre Rechte und die Anerkennung ihres Berufs auf die Straße.

Wer sich privat vergnügen will, braucht nur einen Blick in die **Anzeigenteile von Tageszeitungen** zu werfen. Ein Tummelbecken für jede Neigung, ob Sie-auf-ihm, Er-für-sie, Er-in-ihm oder Paar-für-Paar – Unverblümtes, wie aus deutschen Zeitungen gewohnt, aber in Spanien eine recht junge Tradition. Heute blättert man sich seitenweise durch Offerten und Anreißer für den sexuellen Appetit. Von Brustumfang bis zum Ausmaß des erigierten Zipfels („24 cm reales"), von Analerotik bis Stellungsvorschlag „69". Anrufer gehen oft mit telefonischen Hochpreisnummern in die Falle, vor allem, wenn mit kostenlosem Vergnügen geworben wird.

Alternativen zum professionellen Liebesdienst sucht man sich übers **Internet** oder **Videotextannoncen** bei Fernsehsendern. Hier findet man geschlechtlich aufgeschlüsselte Kontaktforen, in denen man unverblümt das Feigenblatt lupfen und Prioritäten anmelden kann: dick oder dünn, behaart oder rasiert, aktiv oder passiv, dauerhaft oder mit außerehelicher Diskretion. Erlaubt ist, was und mit wem's Spaß macht ...

Was die **Homosexualität** betrifft, so haben immer mehr Spanier ihr Coming-out. Um sich – auch öffentlich – zum Schwulsein zu bekennen, be-

darf es keiner Hemmschwelle mehr wie vor Jahren. Selbst bei der Militärpolizei *(Guardia Civil)* dürfen schwule Paare neuerdings zusammen wohnen. Allerdings darf man die Akzeptanz von Homosexualität in der Gesellschaft nicht verallgemeinern. Vielfach werden Schwule noch immer als *maricas* oder *maricones* – „warme Brüder", „Arschficker" – verspottet. Nicht so im katalanischen Küstenstädtchen Sitges oder auf der Kanareninsel Gran Canaria, wo die Schwulen-Szene seit langem hoffähig ist. Lesben geben sich vergleichsweise verhalten.

Siesta

Wer immer einen kriegerischen Angriff auf Spanien plant, sollte die Zeit zwischen halb zwei und halb fünf nutzen. **Am frühen Nachmittag läuft nichts.** Das ganze Land liegt brach, Innenstädte wirken wie ausgestorben, Geschäfte und Museen bleiben vergittert, das Läuten von Telefonen wird ignoriert. Ein jeder hat sich zum Essen und Entspannen in die eigenen vier Wände oder ins Restaurant verkrochen. Siesta-Time in Spanien, ein mehrstündiges Stück Tradition, dem so leicht niemand abschwört. Als Ausnahmen mögen durchgehend geöffnete Großsupermärkte, manche Postämter und Industriebetriebe herhalten.

Bootspartie zu zweit im Parc de la Ciutadella, Barcelona

Die Wurzel der Siesta hängt weniger mit spanischer Faulheit denn mit dem **Klima** zusammen. Warum schuften und schwitzen, wenn die Sonne am höchsten steht? In den Zeiten der Moderne mögen die kühlen Ströme aus Klimaanlagen ein solches Argument widerlegen (und in den nördlichen Regionen ließe sich durchaus über Mittag arbeiten), doch die Mittagsruhe bildet eine Stütze der spanischen Alltagskultur. Und gute Gelegenheit, sich mit Daily Soaps vor dem Bildschirm zu entspannen und mit einem Nickerchen nach dem Essen Kraft zu tanken für des Arbeitstages zweiten Teil, der sich bis in die Abendstunden ausdehnt. Während der Siestazeit laufen außerdem auf allen TV-Kanälen die Hauptnachrichten.

Spielsucht

Para hooooy, ertönt es an vielen Straßenecken. Mit ihrem lauthals verkündeten „Für heute" preisen blinde Verkäufer ihre Lose der **Blindenlotterie Once** an, die gleichermaßen an fest installierten Büdchen erhältlich sind und am selben Abend stattliche Sümmchen versprechen. Bei Spaniens Spielernaturen stoßen sie überall auf offene Ohren. Das Once-Geschäft floriert ebenso wie das der **Lotería Nacional,** die alljährlich zur Weihnachtszeit ihren „Dicken" raushaut: *el gordo,* den am 22. Dezember von Kindern des Madrider Colegio de San Ildefonso gezogenen und per Singsang verkündeten Hauptgewinn (vgl. Kap. „Weihnachts- und Neujahrszeit"). Klar, dass solcherlei Sonderprämien **finanzielle Extraeinsätze** erfordern, die andernorts die Schmerzgrenze überschreiten würden. Für Spanier kein Problem. Man spielt das Spiel mit Hingabe mit und gibt sich goldenen Illusionen hin. Mit ihren Investitionen ins vermeintliche Glück liegen die Spanier europaweit an der Spitze. Über die in den Megalotterien verspielten Gelder hinaus gilt dies ebenso für die in Kneipen allgegenwärtig dudelnden Maschinen sowie **Spielsalons, Bingosäle und Casinos.**

Sport – mobilere Spanier und der Aufbruch in die Zukunft

Man erinnere sich an den viel besungenen Bewegungsdrang des deutschen „Müllers". Unter Spaniern hingegen war das **Wandern** traditionsgemäß nicht weit verbreitet. Bis heute gibt es kein klassisches Verb für „Wandern". *Caminar* trifft den Kern nicht so recht, am nächsten kommt ihm das *hacer senderismo,* das sich mühsam über die Zunge wälzt und in älteren Spanisch-Wörterbüchern nicht einmal auftaucht.

Während man in deutschen Landen seit Ende des 19. Jahrhunderts den „Deutschen Wandertag" pflegt, hat in *España* bis vor kurzem kaum ein Wandervogel seine Schwingen erhoben. Zwar zeigte man sich oft und gerne auf der örtlichen Promenade, doch einzig bereit zum Palaver. Unter den Älteren setzen sich solcherlei Traditionen fort, während die Jüngeren ihre bislang unausgelasteten Muskeln in Gang setzen. Der Drang zum **Sport in freier Natur boomt,** in Buchhandlungen biegen sich die Regale mit Büchern zum „grünen Tourismus" durch. Mittlerweile hat sich die Erkenntnis durchgesetzt, dass Spaniens Wege und Wälder lohnendes Erleben bieten. Einen Löwenanteil an der Evolution hin zum „grüneren Spanier" mag man zwei Männern zuschreiben: *Miguel* und *Santiago*.

Als der Autor dieses Bandes 1990 für ein halbes Jahr nach Nordspanien ging, ließ er sich sein Bike per Bahn nachschicken und fühlte sich dann in Nordspanien mit dem Fahrrad allein auf weiter Flur. Ein richtiger Sattel-Exot. Ein Jahr darauf startete der aus dem navarresischen Villava stammende Radrennfahrer **Miguel Induráin** zum fünfmaligen Siegeszug bei der Tour de France durch. Erste Konsequenz: Der staatliche Fernsehsender TVE verbuchte traumhafte Einschaltquoten. Konsequenz der Konsequenz: Induráin-Effekte, vergleichbar mit jenen aus dem einstigen Steffi-und-Boris-Tenniswunderland.

Zeitgleich mit Radkönig *Miguel* feierte **Santiago seine Wallfahrtsrenaissance.** Schon im Mittelalter hatte der heilige Apostel Jakobus die Pilgermassen mobilisiert, doch nun setzte ein riesiger Run auf den Jakobs-

weg *(Camino de Santiago)* und das vermeintliche Grab des Heiligen in der Kathedrale des galicischen Santiago de Compostela ein. Landesweite „Jakobus-Werbekampagnen" beflügelten die Massen, der tiefe Glaube trat in den Hintergrund. Heute schieben sich nie dagewesene Heerscharen an **Erlebnis-, Leistungs- und Holidaypilgern** auf den bestens ausgebauten Wanderpfaden von den Pyrenäen bis ins knapp 800 Kilometer entfernte Santiago und haben das *hacer senderismo* zum Leben erweckt. *Juan Mari Feliu,* Vorsitzender der Bergsportvereinigung Navarras, führt einen gewichtigen Teil des Natur- und Wanderbooms der letzten Jahre auf die von „Mitteleuropa herübergekommenen Tendenzen" zurück. Warum erst jetzt der Aufbruch im eigenen Lande? Seine Erklärung scheint ebenso simpel wie einleuchtend, da mentalitätsbezogen: „In Spanien sind wir immer ein wenig später dran …"

Riesiges Plus beim *Camino de Santiago:* das Netz der preiswerten Pilgerherbergen und die überwältigenden Gratis-Eindrücke von Kultur und Natur. Ob in Wanderstiefeln oder im Mountainbikesattel, Pilgern ist eine Billigvariante des Reisens und Sporttreibens – ein Aspekt, der nicht unterschätzen werden darf! Schließlich bewegt man sich durch einen Staat, der sich bei der Sportförderung alles andere als verausgabt und in vielerlei Hinsicht **sportliches Entwicklungsland** geblieben ist. Es kommt nicht von ungefähr, dass *España* in den Medaillenspiegeln bei Olympiaden, Welt- und Europameisterschaften meist unter „ferner liefen" und „ferner fuhren" rangiert. Ohne breite Basis kein Spitzensport. Es mangelt an Einrichtungen, Initiativen und Subventionen. Selbst Förderprogramme anerkannter Spitzensportler köcheln auf finanzieller Sparflamme.

Nehmen wir einen wirklich sportbegeisterten und -talentierten Allerweltsspanier: Ihm bleibt oft nichts anderes übrig, als einem **privaten Sportverein** beizutreten und die Schmerzgrenze vor der ersten Trainingseinheit zu spüren bekommen. Mitunter wird eine Aufnahmegebühr von einigen Tausend (!) Euro verlangt – was mehreren Monatsgehältern entspricht und manche Clubs in elitäre Clübchen verwandelt hat, in denen Sport- und Statusdenken munter Hand in Hand gehen.

Unter diesem Aspekt kann es kein Zufall sein, dass die ohnehin rar gesäten spanischen Asse gerade **finanzpotenten Elitedisziplinen** wie Segeln (mehrere Olympiasieger, u. a. *Theresa Zabell*), Tennis (*Juan Carlos Ferrero,* French-Open-Sieger *Rafael Nadal*) und Golf (*José María Olazabal,*

Immer mehr Spanier steigen aufs Bike

Sergio García) entstiegen sind. Wer bei Medaillenspiegeln auf spanische Erfolge verweist, sollte wissen, dass mancher Goldglanz durch **ursprünglich Staatsfremde** aufpoliert worden ist – die Immigration hat auch die Einbürgerung von manchen Sportskanonen mit sich gebracht. Im Gegenzug bietet Spanien wenig Exportschlager an Sportassen: Zu den Ausnahmen zählen Fußballer und Fußballtrainer, die nach England gingen, sowie Basketballer wie Weltmeister *Pau Gasol* und *Juan Carlos Navarro,* die in den USA leben.

Internationalen Erfolg haben auch die **Fußball-Europacupgewinner** Real Madrid und FC Barcelona, denen allerdings recht wenig Spanisches anhaftet, da sie sich in schöner Regelmäßigkeit und zu Höchstpreisen Stars aus der ganzen Welt zusammenkaufen. Ebenso interessant wie die Spiele sind die **Marketingoffensiven** der beiden Megaclubs. Beim FC Barcelona zum Beispiel, der sich gerne mit Weltstars wie *Ronaldinho* und *Messi* schmückt, ist alles gigantisch: das Stadion Camp Nou, die Mitgliederzahl, die Fanclubs weltweit, die Schuldenlast. Es gibt eine eigene Hymne, einen eigenen Fernsehkanal und ein eigenes Museum, dessen Vitrinen vor Pokalen und Erinnerungsstücken beinahe bersten. Das Nonplusultra ist der **Fanshop,** wo selbst Bademäntel, Geschirr, Babykleidung und Hundeknochen in den Vereinsfarben zu haben sind. Zu stattlichen Preisen, versteht sich.

Sport hat in Spanien wenig Tradition, eine Ausnahme bilden die Haudrauf- und Hau-ruck-Wettbewerbe im **Baskenland:** ob Stein-Stemmen, Baumstamm-Zerlegen, Gras-Sensen oder Pelota (siehe „Bräuche und Fiestatraditionen im Baskenland"). Spaniens Ruhm in der internationalen Sportwelt mehren solch archaische Disziplinen jedoch nicht.

Jakobsweg- und Radelenthusiasmus haben gezeigt: In Spaniens (Breiten-)Sportlandschaft hat ein Prozess des Umdenkens eingesetzt, der **Stellenwert des Sports steigt.** Begünstigt durch die Gesamtentwicklung hin zu einer „europäischeren" Wohlstands- und Freizeitgesellschaft, ist man auf sportlichen Ausgleich und neue Ziele bedacht und findet seine Antriebe in steigendem Maße befriedigt. Volksläufe, Marathons, organisierte Mountainbike- und Kanuwanderungen verzeichnen Jahr um Jahr neue Rekordmarken. Außerdem sind in den letzten Jahren mehr und mehr Wanderwege durch Naturschutzgebiete markiert worden, was wiederum

Stellwände mit den Fußballhelden Ronaldinho und Puyol
im Museum des FC Barcelona

die nationalen Besucherströme auf andere Bahnen gelotst hat: vom vormals puren Küstentourismus hin zum *turismo verde,* dem grünen Tourismus im Inland.

Auch wenn Städte wie Barcelona und La Coruña mit gutem Beispiel voran gegangen sind und sich mancherorts Stimmen für **Radwege** (*carrilesbici)* mehren, bleibt die Hoffnung auf ein deutsch oder niederländisch geprägtes Radwegenetz (vorerst) illusorisch. Im komplexeren Kontext betrachtet, können weder die Infrastruktur noch das Bewusstsein noch die im Argen liegende Verkehrserziehung mit solchen Pioniergedanken Schritt halten. Aber wer weiß? In einigen Jahrzehnten vielleicht wird die

Rundum-Sportnation Spanien in aller Munde sein. Ein Indiz für den Aufschwung: Wenn sich der Autor dieses Bandes heute am Wochenende auf sein Fahrrad schwingt, kommt er auf mancher Pyrenäenstrecke vor lauter Bikergrüßen und -gegengrüßen kaum zum Strampeln.

Bei „Sport passiv" steht **König Fußball** unangefochten an der Spitze, Stammtischanalytiker sind ebenso häufig vertreten wie in Deutschland. Mit Real Madrid und dem FC Barcelona buhlen zwei Fußballkrösusse alljährlich um die Titel, während es dem baskenländischen Stolz entspricht, in Reihen des Traditionsclubs Athletic Bilbao einzig Basken kicken zu lassen. Wer wo den Ball eingelocht hat, entnimmt man den Giganten unter Spaniens Tageszeitungen: den im Boulevardstil aufgebauschten Sportblättchen „Marca" und „As".

Sprache I –
mit Huren und Hoden durch den Alltag

Der Himmel hängt voller – nein, nicht Geigen, sondern: – „Huren" und „Hurensöhne" und „Hurentöchter", jedermann gleiten „Mösen" und „Eier" wie selbstverständlich über die Zunge. Spaniens sprachlicher Alltag ist mit **Kraftausdrücken** *(tacos)* gespickt und für Ungeübte der pure Kulturschock. Hand aufs Herz, fünf Gesprächsminuten im Kreise mehr oder minder vertrauter Spanier ohne Schimpfwort grenzen an Rekord! Solcherlei Vokabular macht sich quer durch die Geschlechter, Generationen und alle sozialen Schichten breit, selbst hochrangige Literaten wie Nobelpreisträger *Camilo José Cela* (1916–2002) und *Arturo Pérez Reverte* (*1952) kamen und kommen nicht ohne aus.

Dabei sind viele Schimpf- **nichts weiter als Füllwörter,** viel verwendbare Verlegenheitsfloskeln ohne speziellen Anlass. Ein Satzeinstieg mit *joder* – Pendant zum englischen *fuck* – gehört zwar nicht zum guten Ton, hat aber die Gewöhnlichkeitsstufe erreicht und schreckt niemanden auf. An den Geschlechtsakt denkt da keiner. Eine besondere innere Erregtheit lässt sich auch beim Gebrauch von „Möse" *(coño)* und „Eiern" *(cojones)* nicht attestieren; *Coño* ersetzt ein deutsches „Verdammt!", die Eier stehen für „Donnerwetter!" und spucken sich gerne als Fluch am Autosteuer aus.

Brandgefährlich und **beleidigend** geht es im spanischen Sprachbetrieb zu, wenn die Damen des ältesten Gewerbes der Welt samt ihrem Nachwuchs ins Spiel gebracht werden. „Hure" *(puta)*, „Hurensohn" *(hijo de puta)* und „Hurentochter" *(hija de puta)* zählen zur Kategorie der wüsten Beschimpfungen, die man niemandem leicht verzeiht.

Gegenteilig verhält es sich mit der großen „Hurenmutter", der *puta madre*. Ob Essen oder Kinobesuch, ob Wandertrip oder Urlaub, *puta madre* trifft den **Positiv-Kern**. Unübertrefflich war's, hurenmuttergut, *de puta madre* ...

In ihren verschiedensten Verwendungsformen belassen die **„Eier"**, als *cojones* oder *huevos* in aller Munde, ähnlich breiten Interpretationsspielraum wie die Generationen einer Hurenfamilie. Über das genannte „Donnerwetter!" hinaus kann man das maskuline Gehänge – genauso wie seine englischen Kollegen *balls* – sprachlich an die Courage knüpfen. Zum Beispiel in der Stierkampfarena, wo man bei zaghaft zu Werke gehenden Toreros und Banderilleros seinem Unmut freien Lauf lässt. Dem abschließenden Pfeifkonzert und den Würfen mit Sitzkissen voraus geht der empörte sprachurologische Befund: *¡Éste no tiene huevos!* Wortwörtlich: „Der hat keine Eier!" Welch eine **Memme ohne hodenhaften Mannesmut!** Dass man Matadore und ihre Helfer mit Pfiffen und solch wütenden Rufen näher an die Stierhörner schickt und im ureigensten Wortsinne zu Tode motivieren kann, ist Nebensache.

In anderem Sinne gehen „Eier" als **zungenfertige Ovation** durch. *Federico Trillo,* unter der konservativen PP-Regierung lange Jahre Parlamentspräsident und später glanzloser Verteidigungsminister, vergaß eines schönen Arbeitstages sein Mikrofon auszuschalten und würdigte den Mut eines Abgeordneten für alle hörbar im Saal und später für die ganze Nation an den Fernsehschirmen. *Manda huevos!,* stieß er spontan hervor und meinte „Hoppla, da muss man Eier haben!" Die „Eier" jenen Tages hingen *Trillo* Zeit seines Politikerlebens nach. **Andere sprachliche Ableger von „Eiern"** verpflanzt man auf die verschiedensten Bedeutungsschienen: ein neutrales *a huevo* heißt „hodenhaft einfach" (zum Beispiel einen Schrank an die Wand zu schieben), während man *cojonudo* – „hodenhaft fantastisch" – tief aus dem Innersten hervorstößt. Als *König Juan Carlos I.* einst in Navarra zu Gast war und den Spargel der Gegend kostete, soll er das Geschmackserlebnis zu Tische mit einem ergreifenden *cojonudo* gewürdigt haben. Worauf der Spargelproduzent flugs den Markennamen änderte und seine Stangen seitdem als *cojonudos* eindost. Kein Witz, den Cojonudos-Spargel gibt es wirklich!

Die erwähnte Hodenlosigkeit mancher Toreros setzt sich im allgemeineren Sinne bei Weicheiern fort. Ohne einen Gedanken an die Diskriminierung Andersverkehrender zu verschwenden, rückt man jedem Schwächler mit den Worten *marica* und *maricón* zu Leibe – wobei die Übersetzungen zwischen der Lightversion **„warmer Bruder"** und der Heavyvariante „Arschficker" schwanken. Das härter betonte *maricón* kommt weitaus verletzender daher, während ein *marica* unter Freunden neckisch gemeint sein kann. Zum Beispiel beim Fehlschuss auf dem Fußballplatz, wenn einer das Leder wie ein Wattebäuschen getroffen hat.

Ebenso wie der *maricón* kratzt der *cabrón* am spanischen Männlichkeitsstolz. Zumindest ursprünglich. Hinter dem derben *cabrón* – eigentlich **"Ziegenbock"** und als heutiges Schimpfwort im Sinne von "Schweinehund" verbreitet – steckt der von der Frau betrogene Mann, dem sie im übertragenen Sinne die Hörner aufgesetzt und den sie vor aller Augen lächerlich gemacht hat.

Außerhalb der sexuell-genitalen Ebene nimmt in Spaniens Sprachalltag der Vorgang der Darmentleerung breiten Raum ein (Verb: *cagar*). Kurzum: **Man scheißt auf alles** und verleiht seinem Verdammt-noch-mal-Unmut stets in der Ich-Form Ausdruck *(Me cago en ...)*. Die Ziele solcher Verdauungsfinale sind breit gestreut und werden unterschiedslos von beiden Geschlechtern anvisiert. Der fäkal aufgemischte Redefluss nimmt seinen Weg in die Milch *(Me cago en la leche)*, auf die Nutte *(Me cago en la puta)*, auf den Dudelsack *(Me cago en la gaita)*, auf die eigene Mutter *(Me cago en mi madre)* und auf anderer Leute Vater *(Me cago en tu padre)*. Wirklich ernst wird die Sache, wenn man der heiligen Jungfrau *(Me cago en la Virgen)* und Gott höchstpersönlich *(Me cago en Dios)* die sprachlichen Häuflein unterschiebt. In diesen Fällen ist der Ausdruck von **Ärger, Wut und Verzweiflung** kaum zu übertreffen. Es sei denn, man zieht ein Wörtchen heran, das dem Außenstehenden blass und belanglos erscheinen mag: *hostia*. Wer die Hostie in den Mund nimmt und als gotteslästerlichen Fluch verpackt, hat in Spaniens Schimpfwortwelten die wahren Abgründe erreicht – das ist nicht mehr steigerungsfähig.

Bei alledem sei gesagt: Es geht auch **liebenswert und humorvoll.** Wo der Deutsche "scheißegal" auftischen würde, serviert der Spanier ein *Me importa un pepino*. Ihm ist es "gurkenegal". Ein grobschlächtiges deutsches "Verpiss' dich" lässt sich im Spanischen mit dem geflügelten Sprichwort *¡Cómprate un bosque y piérdete!* erwirken: "Kauf' dir einen Wald und verlier' dich darin!". Alternativ: "Kauf' dir eine Wüste und kehr' sie", *¡Cómprate un desierto y bárralo!* Als wirksame Abwehrwaffe fährt man ebenso gerne das *¡Vete a freír espárragos!* auf: "Hau' ab und brat' dir Spargel!"

Bei alltäglichen **Kommunikationsthemen** sollte man weder die braune Last der Franco-Diktatur diskutieren wollen noch den Stierkampf verteufeln. Zum einen verspüren Spanier keinen besonderen Nachholbedarf, die Vergangenheit aufzukochen. Zum anderen wird man als Stierkampfgegner mehr oder minder allein auf weiter Front stehen und allenfalls Kopfschütteln ernten. Kulturfremdlinge haben kein Recht, sich in solch innere Angelegenheiten zu mischen.

Sprache II – von rauen Tönen, Dezibelduellen und peinlichen Verwechslungen

Trotz aller Offen- und Kontaktfreudigkeit kommt der Spanier mit seiner Sprache **hart und wenig herzlich** daher, von Höflichkeitswörtchen wie „bitte" (*por favor*), „danke" (*gracias*) und „Verzeihung" (*perdón*) macht er vergleichsweise wenig Gebrauch. Direkt und ohne Umschweife kommt man zur Sache, ob am Telefon oder an der Gegensprechanlage, ob am Tresen oder Marktstand. Statt „Bitte, geben Sie mir" heißt es „Gib' mir", bei gewünschten Auskünften spart man sich ein „Pardon, könnten Sie mir bitte sagen, wohin", sondern fragt gleich nach dem „Wohin". Was auf Mentalitätsfremde pampig bis verletzend wirken kann. Zum Trost: Man kann nicht anders und meint es nicht so. Außerdem wird die vermeintliche Grobheit durch verniedlichende **Verkleinerungsformen** (bei denen sich *un minutito*, „ein Minütchen", durchaus zum Stündchen ausdehnen kann) sowie die allgegenwärtige Duz-Ansprache aufgefangen.

Nach Ansicht des Außenstehenden stets um ein paar Dezibel zu hoch eingestellt: die **Lautstärke.** Wer das südländische Klischee von jenen vor Ohren hat, die alle durcheinander reden und einer lauter als der andere, liegt gar nicht so falsch. Man muss sich Gehör verschaffen und vor den Ins-Wort-Fallenden verteidigen, die **anderen übertrumpfen** – und löst, da jeder so denkt, Kettenreaktionen aus. Die Folge: ein kunterbuntes Palaver, bei dem es gilt, die lästigen **Geräuschkulissen aus dem Hintergrund zu übertönen.** Nicht nur in der Kneipe, auch daheim dröhnen unablässig Fernseher oder Radio oder auch beides. Ganz gleich, ob Gäste da sind oder nicht. Niemand hört zu, niemand sieht zu, doch das Fernsehgerät bleibt in voller Stärke an. Ein spanisches Phänomen, gegen das man seine eigenen Schallwellen setzt und ständige Dezibel-Duelle aufnimmt. Bereit zum Gefecht, da führt kein Weg vorbei! Geschlagen den Rückzug anzutreten oder auf Gespräch zu verzichten, käme keinem normalen Spanier in den Sinn. Daher gilt auch für Auswärtige: Mund auf und durch ...

Wer Spanisch kann, wird von den Einheimischen mit offenen Armen empfangen. Ansonsten hat man kein Problem damit, auf **Englisch** zurückzugreifen – allerdings zählen die Spanier bei den Fremdsprachen nicht gerade zu den Naturtalenten. Alleine wegen der rollenden „r"-Laute. Das erschreckend geringe schulische Bildungsniveau im Sprachenlernen ist der Tendenz nicht förderlich; auch in Hotels und Restaurants fallen oft die geringen Kenntnisse auf. Die Aussprache eines deutlichen englischen *spain, space* oder *spam* dürfte nur Vollprofis gelingen, alle anderen radebrechen ein „espain", „espace" und „espam". Wetten, dass ...?

Auf der anderen Seite haben es **Spanisch-Spracheinsteiger** nicht leicht. Unsäglich schwer ist der korrekte Gebrauch der einfachen Verben *ser* („sein") und *estar* („sein", „sich befinden"). Aus deutscher Sicht heißt beides „sein", *estar* hingegen zieht auf jedwede Veränderlichkeiten des Zustands ab. Peinlich also, wer *ser cachondo* („lustig", „ausgehfreudig") mit *estar cachondo* („geil") verwechselt. Ebenso **kleine Unterschiede** gilt es bei *correr* („laufen") und *correrse* („einen Samenerguss haben") zu beachten sowie bei *polvo* („Staub") und *echar un polvo* (nicht Staub ausstoßen, sondern ein Nümmerchen schieben). Und aufs Geratewohl sollte man keine Wörter aus dem Deutschen ins Spanische übertragen und umgekehrt. Solcherlei **„falsche Freunde"** macht man sich mit *manco* (statt Manko: der Einarmige), *mantel* (Tischtuch, nicht Mantel), *gimnasio* (Turnhalle, nicht Gymnasium) und *presidio* (Zuchthaus, nicht Präsidium).

Wer als *tía* oder *tío* benannt wird, braucht sich nicht blutsbrüder- und schwesterlich verwandt als „Tante" und „Onkel" zu fühlen. Gemeint ist mehrheitlich der **„Typ"**. Ob negativ, positiv oder neutral, zeigen die filigranen Feinheiten der Betonung. Die Bandbreite reicht vom „tollen Typ" bis zur „komischen Type". Der Ruf nach *Jesús* gilt nicht dem Beistand des Gekreuzigten und Auferstandenen, sondern entspricht dem deutschen **„Gesundheit"** nach einem Niesanfall.

Stadt- und Landleben

Wachsende Kränze aus Hochhaushälsen und **Satellitenvierteln** – in vielen Städten zählen sie längst zum gewohnten Bild. Nicht nur in strukturstarken Ballungsräumen wie Madrid und Barcelona, sondern auch in Regionalhauptstädten und Mittelzentren. Sie zeugen von **Landflucht,** von gestiegener Mobilität und der Hoffnung der Zuzügler, ein Stückchen vom großen Wirtschaftskuchen abzubekommen. Kehrseite der Landfluchtmedaille sind nicht nur überalterte, sondern gänzlich **verlassene Dörfer,** die nach und nach verfallen. Traurige Paradebeispiele findet man unter anderem in Aragonien, der Rioja und der Provinz Soria.

Andererseits hat Spaniens gegenwärtige **Zurück-zur-Natur-Bewegung** wieder Anstöße ins Landleben gebracht und manche Dörfler in der vertrauten Umgebung gehalten bzw. alternativ angehauchte Neulinge in unbekannte Gegenden gezogen. Durch den grünen Tourismus lohnt es sich plötzlich, Landhäuser zu restaurieren und zu vermieten, eine Bar mitten im Nirgendwo zu führen, ein Restaurant oder eine Agentur für Abenteuertourismus zu betreiben. Auch der Jakobsweg hat manche Gegenden wiederbelebt. In einem gänzlich verfallenen kastilisch-leonesischen Dorf wie Foncebadón herrscht plötzlich wieder Leben.

Innerhalb der Ballungszentren geht die Tendenz nicht nur in moderne Wohnblocks, sondern gleichermaßen hinaus aufs Land. Sprich für den, der sich's leisten kann: in **gut erreichbare, nahe Dörfer.** Dort schießen Siedlungen mit Reihenhäusern *(adosados)* wie Pilze aus dem Boden.

Stolz

Ohne Frage, es gibt sie: die stolzen Spanier, die hochgemut durchs Leben paradieren und sich auf dem Bürgersteig in stillen Wer-weicht-wem-aus-Gefechten ergehen. Stolz bedeutet hier Arroganz. Doch es gibt eine andere Art Stolz, den **spanischen Urstolz,** den man nicht ans abstrakte Staatsgebilde *España* kettet, sondern an die **Wurzeln der Herkunft** des Spaniers. An die Region, die Stadt, den Geburtsort. Ganz gleich, ob es sich dabei um strahlende Mittelmeermetropolen wie Barcelona und Valencia oder das hinterletzte verlorene Kaff der Extremadura handelt. Und ganz egal, ob man längst aus seinem galicischen Nest nach Uruguay, Argentinien oder in die Vereinigten Staaten ausgeflogen ist.

Auf die Frage nach seiner Herkunft wird der Spanier zur notgedrungenen Schnellorientierung fürs Gegenüber *España* an den Satzanfang stellen, doch baldmöglichst zur Region und zum Dorf seiner Kindheit und Jugend, dem *pueblo,* überschwenken. Ebendort liegt seine *patria chica,* das „kleine Vaterland". Geknüpft an den Gedanken der Pueblo-Mentalität und der tiefinnersten **Heimatliebe,** schreibt der Kulturwissenschaftler *Karl Braun:* „Und gerade dieses Pueblo hat, da kann man sicher sein, die tollste Fiesta und die schönste Virgen. Denn es ist ‚ihre' Fiesta, ‚ihre' Virgen; da gehören sie hin."

In den reichen geografischen Randregionen Katalonien und Baskenland ist der Lokalpatriotismus oft mit einer **politischen Zusatzdimension** verbunden. Katalonien nennt sich gern „Nation" und bietet damit dem Zentralstaat mit seiner Machtzentrale Madrid stolz die Stirn.

Treffpunkte

La calle, die **Straße,** ist des Spaniers zweites Wohnzimmer und *el bar,* die **Kneipe,** seine erste Tränke. Beide dienen als Treffpunkte par excellence, als Foren des Austauschs. Bedingt durch mildes Klima und Tradition, zeigt sich der Spanier des dritten Jahrtausends ungebremst als Freiluftmensch.

Man verschließt sich nicht im stillen Kämmerlein oder lädt Bekannte und Freunde nach Hause ein, sondern trifft sie allesamt draußen. Auf der Avenida, auf der Plaza, im Stammcafé.

Seine althergebrachte Sonderstellung nimmt der **Sonntagnachmittag** ein. Wenn die Kraft der Sonne und die Siestaschwere allmählich nachlässt, hüllt man sich in feinste Schale und wohligste Duftglocken und schwärmt auf den *paseo* aus, die **Promenade**. Genau der richtige Ort und Rahmen, um über das Wetter, die püppchengleich präparierten Enkel, die jüngsten Politskandale und Fußballergebnisse zu palavern. Da sonntags nachmittags der Ball in den meisten Stadien rollt, bringen manche – Männer, na klar – ihr batteriebetriebenes Transistorradio mit, aus dem ab und an langgezogene Torschreie (*„gggggooooolll"*) der Kommentatoren dringen und die persönliche Stimmung heben oder senken.

Der *paseo* ist das Schaufenster spanischen Lebens, ein einziger großer Aufenthaltssaal. Ganze Familienverbünde streifen umher, Kinder lärmen, Männer- und Frauengrüppchen stehen fein nach Geschlechtern getrennt zusammen, Liebespaare turteln auf Wolke Sieben. Man kokettiert, diskutiert, gestikuliert, tritt irgendwann den Heimweg an und sieht sich *mañana*. Oder spätestens nächsten Sonntag.

Tuna – die spanische Studentenkapelle

Man stelle sich vor, die Geisterstunde hat geschlagen und in den Straßen nähert sich ein Grüppchen in wehenden Umhängen, wie sie dereinst Graf Dracula trug. Dann kann es nur eine *tuna* sein, eine spanische **Studentenkapelle in historischer Tracht.** Auf die Umhänge sind meist Wappen aufgenäht, die von Musikreisen und Auftritten zeugen. Spanische *tunas* haben schon bei Prinzen- und Königsempfängen im In- und Ausland aufgespielt.

Universitäten und Fakultäten wahren ihre Tunatraditionen. In rhythmischer Stimmgewalt und begleitet von verschiedenen Zupfinstrumenten, ranken sich die **melodischen Stücke** zumeist um Liebe und Herz-Schmerz. Bis hin zu saurem Kitsch – einfach schön! Und weil es gut passt, scheuen sich *tunas* nicht, einer attraktiven Angebeteten im besten überkommenen Kavaliersstil ein Straßenständchen zu bringen. Zu tiefster nachtschlafender Zeit.

Überschuldung

In vielen Haushalten reichen die finanziellen Mittel kaum bis zum Monatsende. Überschuldung ist zum großen Thema geworden und fußt nicht allein auf dem Zusammenspiel aus überteuerten Wohungen und hohen Krediten, die mitunter eine Laufzeit von 40 Jahren haben können. Hinzu kommen noch Ratenzahlungen für Auto, Haushaltsgeräte und den letzten Urlaub.

Besonders gefährlich sind die **Kleinkredite.** Vor allem in den Morgenstunden des Fernsehens vermitteln strahlende Werbegesichter das Ende aller Nöte. Endlich genug Geld in nur 48 Stunden! Endlich einmal ein Kredit ohne großen bürokratischen Aufwand! Die Länge der Laufzeit und die Höhe der monatlichen Rückzahlungen entscheidet der Kunde selbst! Und der Erfolg gibt den Werbemachern recht. Immer mehr Spanier tappen in dererlei Kreditfallen, in denen das Kleingedruckte satte Zinssätze um 25 % ausweist. Dass man zwar das erste Loch stopft, zeitgleich aber ein größeres zweites aufreißt, kommt vielen nicht in den Sinn. Einmal mehr zeigt sich, wie Klischees und Wirklichkeit ineinander greifen. Spanier leben im Heute und nicht im Morgen. Ein vorausschauendes Denken ist ihre Stärke nicht.

Wohnen

Spanier lieben ihre **eigenen vier Wände.** Während in Deutschland rund 65 % zur Miete wohnen, sind es in Spanien lediglich um die 20 %. Da man um die Bedürfnisse und den ungebrochenen Zustrom in größere Städte weiß, sind in Billig- und Schnellbauweise gigantische **Wohnblocks mit Eigentumswohnungen** wie Pilze aus dem Boden geschossen. Ein Ende der regen und zuweilen sozial geförderten Bauaktivität ist nicht abzusehen. Auch wenn viele Spanier zumindest von einem Reihenhäuschen *(adosado)* träumen, mäßigt man die eigenen Ansprüche. Junge Paare – so sie den Absprung geschafft haben – kaufen sich zum Einstieg in Hochhäusern und Satellitenvierteln der Vororte ein und geben sich mit Basiskomfort und einer gewissen Grundmoderne zufrieden: Erdgasanschluss und Heizkörper statt des Butangasöfchens und des elektrischen Warmwasserboilers im alten Elternhaus. Während man viel Wert auf ein ansprechendes Bad legt und ein Aufzug dem Bequemlichkeitsdenken entspricht, messen Spanier der Aussicht und dem Lichteinfall (noch) nicht allzu viel Bedeutung bei. Es komme nicht drauf an, wo man wohnt, sondern wer drin wohnt und wie man drin wohnt und sich einrichtet, so des Autors langjähriger Freund Juan.

Vergleichsweise preisgünstig, aber längst nicht jedermanns Geschmack ist das **Wohnen in Altstädten.** Da man das Problem verödeter Citys in Spanien nicht kennt, herrscht wegen der hohen Kneipen-, Restaurant- und Lädendichte mehr Unruhe als im glanzfreien Vorort. Viele Häuser sind stark renovierungsbedürftig und machen mit ihren Fassadenrissen und den schier unglaublichen Leitungsmikados nicht den besten Eindruck. Außerdem kann das Parken in der Altstadt zum Problem ausarten. Tiefgaragenplätze sind so gut wie gar nicht vorhanden, was das eigene Fahrzeug schrammen- und beulenweise der Rustikalbehandlung von weniger rücksichtsvollen Zeitgenossen aussetzt. Trotz Anwohnerparkens heißt es bei der Parkplatzsuche, lange Runden zu drehen. Die Zahl der Autos übersteigt oft bei weitem die Zahl der Anwohnerparkplätze, die die Rathäuser liebend gern für teures Geld ausgewiesen haben.

Im Spanien von heute befinden sich **Miet- und Kaufpreise** auf historischem Höchstniveau. Im Baskenland, in Navarra, Madrid, Barcelona und auf Mallorca muss man die höchsten Summen aufbringen.

Zahlungsmoral

Spaniens Volkskrankheit heißt **„chronische Vergesslichkeit"** und bricht in schöner Regelmäßigkeit bei offenen Rechnungen aus. Gemeinhin glaubt man das Geld auf dem eigenen Konto besser aufgehoben als auf jenem des Gläubigers und sieht sich durch das marode Rechtssystem bestätigt. Dieses schreckt einfach davor ab, **ausstehende Zahlungen** gerichtlich einzuklagen. Ein Problem, das jeder Handwerker kennt, weswegen er nach getaner Arbeit am liebsten direkt noch an der Ausgangstür seinen Lohn einkassiert. Schwarz, versteht sich.

Auf der internationalen Skala der Zahlungsmoral dürfte Spanien zu den Schlusslichtern zählen. Vage Schätzungen sprechen davon, dass mindestens jede zweite Rechnung zu spät und jede dreißigste erst einmal gar nicht bezahlt wird. Bis offene Rechnungen beglichen sind, können Wochen bis Jahre ins Land ziehen. Oder man führt fadenscheinige **Ausreden an, um überhaupt nicht zu zahlen.** Eine beliebte Variante ist, sich *insolvente* zu erklären, zahlungsunfähig. Klar, dass die Schar der Gläubiger solcherlei Verzugsspielchen rund ums liebe Geld nicht mitspielt und Gegenmittel ergreift. Viele Firmen setzen auf *gestorías,* Agenturen, die alle er-

---

Wohnen in Altstädten hat Vor- und Nachteile.
Manche Fassaden, wie hier in Burgos, sind ansprechend herausgeputzt.

denklichen bürokratischen, geschäftlichen und finanziellen Angelegenheiten erledigen. Zur Agentur kann ein *cobrador* gehören: der außergerichtliche Abkassierer, ein Mann mit brisanter Finanzmission auf der Vorstufe des Pfändungsbeschlusses.

Der *cobrador,* diese seltsame Arbeitsspezies Mensch, wird persönlich an der Haustür des Schuldners vorstellig und fordert die Gelder ein. Nun haben Versteckspiel und Aufschubtaktiken des Schuldners ein Ende! Jeder aus dem Haus und der Straße soll es mitbekommen: Der rechtmäßige **Geldeintreiber** ist gerade beim Nachbarn! Damit es keinem entgeht, pflegen manche *cobradores* ihre Publicity-wirksamen Auftritte. Sie parken das Auto mit der „Cobrador"-Aufschrift direkt vor der Tür und entsteigen ihm in markanter Kleidung: ob als *cobrador de blanco,* der „Geldeintreiber in Weiß", oder als *cobrador del frac,* der „Geldeintreiber im Frack"! Der *cobrador del frac* ist eine *Registered Mark.* Mittlerweile gibt es auch den „schottischen Geldeintreiber", *cobrador escocés,* der die Zahlungsschuldner besucht. Die in Deutschland aufgekommenen Teams von „Inkasso Moskau" hat es jedoch noch nicht nach Spanien verschlagen ...

So lässig der Spanier im Umgang mit Geldern anderer sein mag – spätestens mit dem Besuch des Geldeintreibers im Frack kann der entscheidende Anstoß zum schlechten Gewissen kommen. Ein Punkt, an dem die Schwelle zur Peinlichkeit überschritten ist und man Gefahr läuft, in der **Nachbarschaft** für längere Zeit ins Gerede zu geraten. Ganz so, wie wenn in deutschen Landen der Gerichtsvollzieher kommt und die Pfändung durch den „Kuckuck" kenntlich macht. Jetzt hilft nur eines: schnellstmöglich zahlen!

Zigeuner

Man mag sie nicht, man meidet sie und geht ihnen in Spaniens Citys nach Möglichkeit aus dem Weg: all den Verkäuferinnen von Nelken, Socken und Obdachlosenheftchen, allesamt Nachfahren jener, die einst aus dem indisch-persischen Grenzgebiet auf die Iberische Halbinsel kamen. Obwohl die Zigeuner *(gitanos)* seit dem Spätmittelalter in Spanien präsent sind, ist ihr **gesellschaftlich-sozialer Integrationsgrad** minimal geblieben. Genaue Zahlen über ihren Anteil an der Bevölkerung kennt man nicht; inoffizielle Schätzungen belaufen sich auf mehrere hunderttausend *gitanos* in Spanien. Ihrem Teint gemäß sieht man sie als „dunkle Typen" an. Außerdem hat man sie in wenig erbaulichen Alltagsweisheiten wie *tener más hambre que un gitano* verewigt: „mehr Hunger als ein Zigeuner haben".

Viele *gitanos* leben in Andalusien, doch auch in anderen Gegenden wird man immer wieder temporäre **Wohnwagenburgen** mit Lagerfeuern, trocknender Wäsche und Horden von Kindern vorfinden. Von Schulpflicht keine Spur. Die sanitären Verhältnisse sind meist katastrophal.

Sicher, es gibt **einzelne Annäherungen:** auf der einen Seite von spanischen Freiwilligen initiierte Alphabetisierungskampagnen für junge *gitanos,* auf der anderen Seite Erklärungen wie die der *Unión Romaní de Andalucía,* die für eine „Insertion" plädiert, eine von gegenseitiger Akzeptanz bestimmte Form des Zusammenlebens.

Häufig jedoch scheint die Kluft, die gegenseitigem Verständnis im Wege steht, unüberbrückbar. Selbst im dritten Jahrtausend zeigen sich viele *gitanos* den eigenen sozialen Normen verpflichtet, pflegen ihre alt angestammten Sitten und Gebräuche und begegnen den *payos* („Nicht-Zigeunern") mit **Misstrauen.** Andererseits sind Spaniern Negativ-Nachrichten über *gitanos* Wasser auf die Mühlen der **(Vor-)Urteile.** Oft ist von *gitanos* die Rede, die sich in einer Welt aus Drogen und Alkohol und Kleinkriminalität bewegen und die Polizei über alle Maßen beschäftigen. Mitunter liefern sich Gitanoclans blutige Kriege, zum Teil sogar mit Todesfolge. Auch der nachweislich hohe Anteil an Gitanofrauen, die in Frauengefängnissen ihre Haftstrafen verbüßen, dürfte die Bereitschaft zur Toleranz nicht erhöhen – was keine vorgefasste Meinung ist, sondern ein Stück fassbare Wirklichkeit Spaniens belegt, vor der man nicht die Augen verschließen darf.

Voll gesellschaftlich akzeptiert hingegen ist ein so wichtiges Stück Gitanokultur wie der **Flamenco.** Bunte Rüschenröcke von Flamenco tanzenden *gitanas* sind als Verkleidung populär.

Der positiv aufgenommenen Zigeunerromantik und -exotik stehen wenig aussichtsreiche **Bildungs- und Berufschancen** von *gitanos* im „richtigen Leben" entgegen. Bei alledem darf man nicht vergessen, dass Spanier nicht an historisch belasteten „Schuldgefühlen" leiden. Weder mit Blick auf die im Spätmittelalter vertriebenen Juden noch auf die von der Inquisition verfolgten *gitanos.*

FREMD IM KULTURKREIS – TIPPS A–Z

*„Immer wenn ein Ausländer zu mir sagte,
ich wirke eigentlich gar nicht wie ein Spanier,
hatte ich das kränkende Gefühl,
dass es als eine Art Lob gemeint war
und ich es also als eine Beleidigung meines Landes
oder zumindest meiner Mitbürger aufzufassen hätte."*

(Javier Marías)

Adressensuche – Zeichen- und Zahlendschungel

Ungläubig steht man vor den Klingelschildern des Mehrfamilienhauses und sieht sich als Hieroglyphenleser gefordert. Statt Pérez und López nur Abkürzungen, **diffuse Buchstabenkombinationen und Zahlen** mit hochgestellten Nullen. Eine Welt der No-name-Menschen! In Spanien reicht es halt nicht zu wissen, dass Señor Pérez in der Calle del Carmen 25 wohnt. Unverzichtbar: die Detailangabe. Ist er im dritten Stock (3°) rechts *(derecha)* oder links *(izquierda)* oder in der Mitte *(centro)* heimisch, gehört der dritte Stock zur rechten Treppe *(escalera derecha)* oder zur linken *(escalera izquierda)*, gehört die rechte oder linke Treppe zu Block *(bloque)* A, B, C oder D ...?

Wer Glück hat, gerät an ein Haus mit *portero,* dem **Concierge,** einem Berufsstand im Abwind, aber noch längst nicht erloschen. Der Concierge – mitunter uniformiert! – sitzt in der Vorhalle am zentralen Empfangstisch oder langweilt sich in seinem gläsernen Ein-mal-ein-Meter-Kabuff und hilft weiter. Falls er einen guten Tag hat, nicht von Misstrauen zerfressen ist oder grundsätzlich Weisung der Bewohner hat, sämtliche Suchenden abzuwimmeln. Was keine Seltenheit wäre, da bei etwa jedem Dritten im Hause von unbezahlten Rechnungen auszugehen ist. So scheut sich manche Firma nicht, ihren *cobrador* vorbeizuschicken, den Geldeintreiber (vgl. auch Stichwort „Zahlungsmoral" in „Der spanische Alltag A–Z"). Den *cobrador* werden die wenigsten Gläubiger gern an der Wohnungstür sehen. Noch weniger dank der freundlichen Mithilfe des von ihnen anteilmäßig bezahlten Concierge. Insofern ist jeder Spanier mit seinem Verwirrspiel der Klingelschilder gut beraten und freut sich über einen derartigen Schutzschild der Anonymität ...

Wer nicht genau weiß, wo er hin will, ruft den Gesuchten am besten kurz an und erspart sich Verzweiflungstaten mit Blick auf den Zeichen- und Zahlendschungel am Eingang. Eine kleine **Nachbarschaftsbefragung** per Gegensprechanlage wird äußerst ungern gesehen und gehört. Diese Unwilligkeit fußt auf chronischem Misstrauen – niemand lässt sich gern aushorchen, vielleicht sogar vom *cobrador!* So darf der Fragende kaum damit rechnen, dass sich der Freundlichkeitsgrad nach den ohnehin unwirsch gekrächzten Empfangslauten wie *„¿Eeeh?"* und *¿Quéee?"* oder *„¡Diiiiga!"* steigert. Das Gesprächsende kann abrupt sein und aus einem simplen Knacken in der Leitung bestehen. Diagnose: Was des Deutschen Versicherungspsychose, ist des Spaniers Haustürpsychose ...

Ausgehen – nachts geht's richtig los

„Alles klar, um eins auf der Plaza!" Nachts, versteht sich. Direkt nach dem Kino. Oder ein Stündchen nach Abschluss des Abendessens und mit dem richtigen zeitlichen Puffer, um sich zu **stylen,** zu kämmen, zu bestäuben, die farbliche Feinabstimmung von Kopf bis Fuß in die Hand zu nehmen. Kaum jemand würde sich auf die stillose Schnelle in den ausgeleierten Pulli und Gesundheits- oder Turnschuhe werfen – ganz abgesehen davon, dass es in allzu sportlich-saloppem Aufzug später Probleme an der Diskotür geben kann.

Wenn sich Spanier am Wochenende ins Nachtleben stürzen, bringen sie die **Zeitdimensionen** des Gemeinen Mitteleuropäers zum Einsturz. Und sein Durchstehvermögen sowieso! Night- heißt Highlife, überdrehte bis zügellose Lebenslust und die stete Suche nach *mucha marcha*, „da wo richtig was los ist". Spanischer Energie und Leichtigkeit halten auf Dauer einzig die Härtesten der Harten stand, alle anderen sehen irgendwann blass, alt und bettschwer aus. Nach dem Streifzug durch ein paar Bars geht's ab in die Disko. Devise: Nur nicht zu früh kommen! Manche öffnen ohnehin erst ab Mitternacht und sind für die brodelndste Stimmung zwischen Drei und Fünf bekannt. Und das nicht nur in Madrid oder im Sommer auf Ibiza.

Zum unbeschwerten Ausgehvergnügen gehört, **nicht auf den Euro zu schauen.** Im Freundeskreis wirft man meist zusammen, schöpft aus dem Vollen des **Gemeinschaftopfes** *(bote)* und rechnet nicht nach, ob dieser oder jener über alle Maßen auf Kosten der anderen seinen Durst oder Hunger stillt (was er ohnehin nicht im Sinn hat). Ähnliches gilt übrigens im Restaurant. Ohne finanzielle Extrasüppchen zu kochen, kommt die **Gemeinschaftsrechnung** auf den Tisch, der Betrag wird zwischen allen Essern aufgeteilt. Deutsche Pedanterie wäre fehl am Platze. Wer auf eine detailgetreue Aufschlüsselung der Rechnung besteht, wird rasch der Spezies der *bichos raros* zugerechnet, der „komischen Käuze". Negativ steigerungsfähig gestaltete sich das Ganze, begänne man, die Rechnungsbeträge mit den auf der Speisekarte aufgeführten **Preisen abzugleichen.** In einer Kombination aus Gutgläubig- und Bequemlichkeit belassen es die Spanier so, wie's ist. Man will nicht streiten, nicht diskutieren. Dabei gäbe es vielfach Grund dazu, denn nicht immer sind die Beträge korrekt.

Drogen und Beschaffungskriminalität

In Spanien schneit es öfter, als man denkt. Zumindest an den Küsten Galiciens, wo die Polizei immer wieder Ladungen mit frischem „Schnee" aufdeckt. Doch *España* ist nicht nur Durchschleuseland, sondern auch florierender **Absatzmarkt** für Heroin, Kokain, Marihuana und jedwede Art von synthetisch hergestellten Drogen. „Letzte Schüsse" und Tote durch Ecstasy-Konsum sind auf dem Nachrichtenmarkt nichts Berauschendes mehr und werden allenfalls als Randnotizen abgehandelt.

Im Alltag schlägt einem in Parks und aus Bars so manches süßliche Rüchlein entgegen, Kleinsthändler verhökern ungestört von der Polizei ihr **Haschisch,** das hier *chocolate* heißt und vom unbedarften Außenstehenden nicht mit einem Häppchen Milch-Kakao-Produkt gleichgesetzt werden sollte. Beängstigend sind die Statistiken zum Drogenkonsum unter Jugendlichen. Umfragen unter 14- bis 18-Jährigen zufolge hatte jeder fünfte in den zurückliegenden 30 Tagen Haschisch geraucht, auf Kokain entfielen knapp über 2 %, auf Heroin 0,5 %.

An den Rauschgiftkonsum ist naturgemäß die **Beschaffungskriminalität** gekoppelt: Prostitution, Autoaufbrüche und Überfälle, speziell auf

Tankstellen. Den Aufbruch von Autos nehmen Spaniens Polizisten ähnlich Schulter zuckend hin wie den Drogenkonsum in Parks und auf Plätzen sowie all die Minicrashs im täglichen Straßen- und Parkplatzleben. Langfinger haben es oft auf **Autos mit ausländischen Kennzeichen** abgesehen, genauer: auf die erhofften Schätze im Innern. Wohl dem, der ein ausbaubares Radio hat und es vorsichtshalber selber mitnehmen kann. Im Gegensatz zu daheim sollte man im Wagen nichts Sichtbares hinterlassen und im vorbeugenden Idealfall das entleerte Ablagefach auf der Beifahrerseite öffnen. Mit „nichts" ist „nichts" gemeint. Keine Sonnenbrille, keine Karte, kein Kondom, kein Pfefferminzbonbon.

Der Diebstahl des gesamten Autos ist selten, kann aber vorkommen und bei späteren Appellen an die Mithilfe aus der Bevölkerung ungewöhnliche publizistische Wege gehen. In Zeitungen findet man gesonderte Kästen, im Videotext mancher Fernsehsender extra Seiten, die mit *vehículos desaparecidos* übertitelt sind: **„Verschwundene Fahrzeuge".** Mit Kennzeichen, Marke und wann und wo sie zuletzt gesehen wurden. Spaniens „Aktenzeichen XY ungelöst" für rollende Blechdosen.

Ausländern, bei denen man Drogen findet (vor allem größere Mengen, die auf einen Dealer rückschließen lassen), drohen Inhaftierung, Prozess und Haftstrafen. Konflikte mit dem Gesetz sind wegen des maroden Systems und der vorhersehbaren Sprachprobleme niemandem zu wünschen.

Essen und Trinken I –
Tapas, Kneipen und Mittelmeerdiät

Der Spanier zeigt sich als ausgesprochener Konsum- und Genussmensch, der **viel Wert auf gutes Essen** legt und Investitonen ins leibliche Wohl als bestens angelegt empfindet. Wann immer es um Kulinaria geht, schaut man nicht auf den Cent und orientiert sich am Appetit – nicht am Preis. Beim Ausgehvergnügen gilt das noch mehr.

Während der Deutsche brav am Kneipentisch kauert und sich Rund' für Rund' auf die Gemütlichkeit zuprostet, zieht der Spanier **unermüdlich von Bar zu Bar.** Man sitzt nicht, man steht. Man bleibt nicht allzu lange an derselben Stelle im Gedränge und holt sich die ultimative Dröhnung, sondern zieht unablässig weiter. Typus Wirtshausnomade.

Baumelnde Schinken und Wildschweinkopf an der Kneipenwand – Bar im kastilisch-leonesischen Covarrubias

Wie die **Kneipenfußböden** aussehen müssen, um die größtmögliche Klientel anzulocken, wissen wir aus dem Vorwort. Je höher der Verschmutzungsgrad, desto besser. Ein stark gewöhnungsbedürftiger Anblick, zumindest für den Kulturfremdling. Der Bodenbelag legt nicht etwa Zeugnis von der seit Tagen ferngebliebenen Putzfrau, sondern von den massenhaften Attacken auf Tapas ab, jenes legendäre Allerlei an Appetithäppchen, das längst seinen Siegeszug durch mitteleuropäische Gefilde angetreten hat und in Spaniens Norden unter dem Ausdruck *pinchos* bekannt ist.

In Städten mit Stierkampftradition gilt: Nicht erschrecken, wenn man sich in Bars glasig angestarrt sieht! Aus toten Augen. Manche Kneipen – ob in Sevilla oder Madrid – pflegen ein altes **Stierkampfambiente.** Mit Fotos, Farbplakaten der *corridas* und präparierten Köpfen jener vierbeinigen Prachtexemplare, die einst in der Arena zu Tode kamen.

Viele spanische Bars pflegen ihre eigenen Spezialitäten, mancherorts bekommt man **Tapas gratis** zu Wein und Bier dazu. Eine einladende Sitte, die den Tapas-Streifzug *(tapeo)* stimuliert und in Granada ebenso gepflegt wird wie in nördlichen Städten (z. B. León) und sich bis in manche Bars von Madrid fortgesetzt hat.

Die **Tapaskultur** verbindet Trink- mit Esskultur und ist ein Akt der Gemütlich- und Geselligkeit. Oft stimmt sie auf das eigentliche Essen ein und hat ihren nachvollziehbaren Sinn darin, dem sinnlosen Besäufnis vorzubeugen. Eine Miniportion zwischendurch besänftigt Magen und Leber und Pegelstand. Vielleicht, so mutmaßt der malagueñische Schriftsteller *Juan Madrid*, bezeichne der Begriff ursprünglich „das Stück Brot und die Scheibe Wurst, die man an den Tresen der Weinschänken Andalusiens als Deckel *(tapa)* auf die Weingläser legte." Als Fliegenschutz also. Die Wurzeln des Ritus sieht Madrid allerdings bei den arabischen Beduinen und ihrer Fähigkeit, in Erwartung des eigentlichen Hauptgerichtes gemütlich etwas zu sich zu nehmen, zu plaudern und zu trinken.

Tapaskultur ist Schlemmerkleinkunst mit Alkoholzusatz, ein Kapitel aus dem alltäglichen Savoir-vivre, das jüngeren Generationen allerdings nicht uneingeschränkt schmeckt. Vor dem Hintergrund rapide gestiegener Kneipenpreise decken sich manche am Wochenende lieber im Supermarkt ein und halten ihren lautstarken **Freunde- und Flaschentreff** *(botellón)* in Parks und auf Plätzen ab. Was halb so schlimm wäre, wenn sie nicht Berge aus Plastik, Scherben, geleerten Flaschen und Spuren von Verdautem und Unverdautem hinterließen. Im eigentlich wenig streitlustigen Spanien hat dies mittlerweile über Nachbarschaftsproteste und Polizeieinsätze zum offiziellen Verbot des *botellón* geführt und politische Kampfansagen gegen den Genuss alkoholischer Getränke in der Öffentlichkeit bewirkt. So liest man in einer radikalen Verordnung der Stadt Barcelona in typischem Beamtenspanisch: „Wer alkoholische Getränke aus Glasbehältern oder Dosen auf Plätzen und Straßen außerhalb der Gaststättenterrassen und -gärten und anderen, dafür vorgesehenen Plätzen konsumiert und andere damit belästigt, muss mit einer Geldstrafe von bis zu 1500 Euro rechnen." Allerdings macht auch in Spanien das Verbotene besonderen Spaß. Und zwischen einem Gesetz und dessen Kontrolle in der Alltagspraxis ist es erfahrungsgemäß ein weiter Weg.

Im spanischen Rhythmus hat die Temperatur seit ehedem den Tagesablauf und der Tagesablauf die **Speisezeiten** bestimmt. Spanier frühstücken spät und süß und mehr schlecht als recht, geben sich mittags den Tapas-Freuden hin, schlagen danach beim Lunch *(comida)* – also irgendwann zwischen Zwei und Vier – so richtig gut zu und legen abends mit Vorliebe nach. Um eine Uhrzeit wohlgemerkt, zu der sich ein landläufiger deutscher Magen längst beruhigt und der Magenbesitzer in die Daunenlandschaft gebettet hat: Dinner *(cena)* ab 21 Uhr. Trifft man freitags oder samstags erst gegen 23 Uhr im Restaurant ein, gilt das als Normalfall.

Vor diesem zeitlichen Hintergrund müsste Spanien eine komplette 45-Millionen-Nation der Wabbeligen und Schwabbeligen sein. Aber dem ist nicht so, obgleich der Anteil der Übergewichtigen steigt. Zumindest tanzt man sich gerne bis zum frühen Morgen die Kalorien vom Leib und folgt der *dieta mediterránea*. Gemeint ist die natürliche **„Mittelmeerdiät":**

jagd-, fang- und erntefrische Zutaten und nichts übermäßig Fettiges. Abgesehen vom **Olivenöl,** doch dem hängen ohnehin gesundheitsfördernde Effekte an. Schon zu Spaniens maurischen Zeiten stieß Omaijadenkalif *Hischam I.* begeistert aus: „Es vertreibt die Bitterkeit der Galle, lässt den Auswurf verschwinden und stärkt die Nerven!" Im Idealzustand ist das Olivenöl *virgen*, „jungfräulich": mechanisch kaltgepresst und unraffiniert. Ein ganz natürliches Säftchen. Im Land des Olivenöls fällt die Olive *(aceituna)* nicht weit vom Stamm. Gerne wird sie in eine Lauge aus Brunnenwasser, Salz, Knoblauch, Lorbeer und frischen Kräutern eingelegt.

Im Zuge von Arbeitsstress, Zeitdruck und Fast-food-Unkultur mag das traditionelle Speisegefüge allmählich aufbrechen, doch mehrheitlich gilt nach wie vor, dass man sich **Zeit nimmt für das Essen.** Jedwede Termine umgehen in der Regel die *hora de comer,* die „Stunde des Mittagessens" (siehe *comida* – etwa zwischen zwei und vier), bei der selbst verheiratete Söhne und Töchter unter der Woche **zu Mama und Papa** kommen und sich bewirten lassen. Sozialkontakt statt purer Nahrungsaufnahme, der sich bei der Nachspielzeit zu Tische, der *sobremesa,* fortsetzt. Siesta-Zeit. Man sitzt zusammen und klatscht und trascht und kocht Probleme und Problemchen auf. Ein Relikt aus der guten alten Zeit, als der Stellenwert der Familie noch höher war als heute. Dass man bei Tisch gegen den Dauerlärm des Fernsehgerätes ankämpft und dieses selbst bei geladenen Gästen nicht abgestellt wird, gehört zu den Selbstverständlichkeiten des spanischen Speisealltags ...

Auch Spanier können im Umgang mit Auswärtigen ihren Kulturschock erleiden. Genauer gesagt im Restaurant, wenn sie plötzlich von wildfremden Menschen gefragt werden: **„Darf ich mich zu Ihnen an den Tisch setzen?"** Bloß nicht! Die Sitte ist absolut unbekannt und würde vom anfänglichen Glauben an einen Scherz über starke Verunsicherung bis zum Rückzug führen!

Essen und Trinken II – salzarme Kost und klassische Speisen

Spaniens Speisealltag verwundert ein ums andere Mal und zeichnet sich dadurch aus, dass man den Urgeschmack belässt und ausgesprochen salzarm isst. Auswärtige wird dies häufig zum **Salzstreuer** greifen lassen, was bei Einladungen oder am schwiegermütterlichen Tische als unschickliches Verhalten und Beleidigung der Kochkünste gewertet werden kann! Klammheimliche Streuaktionen sind praktisch unmöglich, denn oft steht Salz gar nicht auf dem Tisch!

Aus Furcht vor Gasbäuchen und deren gewaltsamen Entladungen ist kohlensäurehaltiges Wasser Sache der Spanier nicht. Statt dessen füllt man „Kranenberger" in den Krug, stellt ihn in den Kühlschrank und serviert das **Leitungswässerchen** selbst bei festlichen Essen und Tagesmenüs im Restaurant. Eine Sitte, die im Nachbarland Frankreich ebenso selbstverständlich ist und dem Fremden sauer aufstoßen dürfte. Das derart Abgezapfte ist zwar genießbar, riecht und schmeckt jedoch stark nach Chlor. Spanier stört es nicht.

Stichwort **Beilagen.** Bestellt man im Restaurant ein Menü und als Hauptgericht ein Stück Fisch oder Fleisch, kommt ebendieses auf den Tisch. Dekoration in Gestalt einer Zitronenscheibe oder eines Petersiliezipfels inklusive, aber meist ohne herzhaftes Sößchen oder einen Schlag Gemüse, den mancher vielleicht erwarten würde. Dazu ist halt die Vorspeise da, bei der man sehr wohl Grünes auftischt! Preisbewusste werden Restaurants vor allem werktags mittags aufsuchen und ein solides **Tagesmenü** *(menú del día)* ordern. Abends tafelt man meist *à la carte* und wird vom gemeinhin hohen Preisniveau überrascht sein. Hobbytrinker dürfte

Wurstauswahl auf dem Markt von Castellón de la Plana

es freuen, dass im mittäglichen Tagesmenüpreis der Wein enthalten ist. Gleiches gilt für manch studentische Mensa: ein Gläschen Rebensaft kommt mit aufs Tablett! Was den Appetit auf die nachmittägliche Wissensvermittlung bei Seminaren und Vorlesungen nicht unbedingt stärken dürfte ...

Obgleich jede Region ihre typischen Speisen pflegt, sind manche zu landesweiten **Klassikern der einfachen spanischen Küche** erwachsen: die ursprünglich aus Valencia herrührende *paella,* die hochgradig sättigende *tortilla de patatas* (Kartoffelomolette), die vielverwendbaren *migas* (geröstete Brotwürfel) sowie der aus Andalusien stammende *gazpacho* (Kaltschale aus pürierten Tomaten, Gurken, Knoblauch, Olivenöl, Paprika und aufgelöstem Weißbrot).

Demhingegen dürften nur die Geschmacksnervenstärksten eine nach Granadas Hausberg benannte *tortilla de Sacromonte* ordern: Omelette mit Hammelhoden und Lammhirn. Gleichfalls **gewöhnungsbedürftig** zeigt sich die baskisch-schwarze Kochmasse der *txipirones en su tinta,* Tintenfische in der eigenen Tinte.

Gut, dass in anderen Speisen nicht das drinsteckt, **was der Name verheißt.** Eine andalusische *sopa de gato* zum Beispiel, eine „Katzensuppe". Statt Krallentier dringt man zu Eiern, Käse und altem Weißbrot vor. Richtig, aber Appetit zügelnd übersetzt wäre die *olla podrida,* wörtlich: „verfaulter Topf". Dahinter verbirgt sich ein deftiges Eintopfgericht aus Kichererbsen *(garbanzos),* Fleisch, Wurst, Speck, Kartoffeln und Gemüse. Bei *patatas bravas* sollte man nicht dem Fehler verfallen, sie als „brave Kartoffeln" zu übersetzen und sich eine übergroße Eingangsladung in den Mund zu schaufeln. Es sind gebackene „wilde" Kartoffeln. Mit Chilisauce, die lodernde Feuer im Rachenraum entfacht. Eine Ausnahme, denn Spanier sind sonst überhaupt nicht scharf auf scharfe Sachen. Was nicht bedeutet, dass der Mitteleuropäer ungeschoren davonkommt. Bei Neukauern kann die krosse Kruste der Baguettes zum **wunden „Weißbrotgaumen"** führen. Und Spaniens ausgesprochen stark gebrannter **Kaffee** reißt nicht selten ein Loch in den Magen des Ungeübten. Im Zweifelsfall: Konsum reduzieren!

Ein kleiner Schockeffekt stellt sich ein, wenn der Kulturfremde dem Spanier beim **Braten von Spiegeleiern** über die Schulter sieht und sich im Spiegel der Pfanne selbst anschaut. Welch ein Ölbad! Anbrennen kann hier nichts, denn das Ganze schwimmt in Fett. Eigelb und Eiweiß sind dem Untergang geweiht, versinken, plustern sich auf und sehen sich per Pfannenheber von öligen Wellen überspült. Nach erfolgreichem Abschluss des Bratvorgangs lässt man das Spiegelei kurz abtropfen und füllt die Masse des übrig gebliebenen Öls in ein spezielles Henkelgefäß.

Als unverwechselbare **lukullische Spezialität** sticht der *jamón serrano* hervor, roher luftgetrockneter Schinken, der keulenweise von Kneipendecken baumelt und ausfettet und scheibchenweise von einem *jamonero* genannten Beineinspanner (Schraubenhalterungen, damit der Schinken beim Abschneiden nicht verrutscht) abgesäbelt wird. Die köstlichsten aller Tierkörperteile stammen von schwarzbeinigen Iberischen Schweinen *(cerdos ibéricos)*, die auf ihrem Endspurt zum Verzehr durch den Menschen mit süßlichen Steineichen-Eicheln gefüttert werden – daher das nussig-würzige Vollaroma. Tagesbegleitenden Geschmack im Mund garantiert die *chorizo*, Paprika- und Knoblauchwurst.

Spaniens angesprochenem Salzgeiz stehen die **Überdosen an Zucker** entgegen, mit der die Einheimischen all ihre Kuchen *(bizcochos)*, Krapfen *(buñuelos)* und Schmalzplätzchen *(mantecados, polvorones)* anreichern. Süß bis übersüß zeigt sich auch die dickflüssige Schokoladensauce, in die man mit Vorliebe die klassischen frittierten Kringel *(churros)* taucht.

Spaniens Hausfrauen und Hausmänner sind keine großen Tortenbäcker, sondern kaufen gern und häufig beim Profi. Vielen **Konditorwaren** hängen göttliche bis tierische Namen an: „Heiligengebein" *(huesos de santo)* und „Himmelsspeckchen" *(tocinillos de cielo)*, „Nonnenseufzer" *(suspiros de monjas)* und „Katzenzungen" *(lenguas de gato)*, „Engelshaar" *(cabello de ángel)* und – aus klösterlichem Umfeld backfrisch an die Luft gesetzt – die *pedos de monjas*, „Nonnenfürze".

Die geballte Süßkost mag verdeutlichen, dass der Spanier sich nicht spezifisch gesundheitsbewusst ernährt. Die andere europäische Länder prägende **Öko- und Biowelle** hat Spanien noch nicht flächendeckend erfasst. Na ja, in *España* gibt es auch keinen Dosenpfandwahn ...

Essen und Trinken III – Wein und anderer Alkohol

Im Weinland Spanien setzen die Winzer auf die *denominación de origen*, die geschützte Herkunftbezeichnung ihrer Tropfen. Ein Blick auf die **Weinlandkarte** zeigt, dass sich Rebflächen quer durch alle Himmelsrichtungen und selbst auf den Balearen und Kanareninseln wie Lanzarote und La Palma ausbreiten. Mit Vorliebe gönnt man sich sonnengereifte Tropfen aus der „weißen" Albariñogegend Galicien und der Rotweinhochburg

Ausschank beim Besuch in einer Sherry-Bodega in Jerez de la Frontera

Rioja und ist bei Basisansprüchen an die Blume mit einem Hauswein *(vino de la casa)* gut beraten.

Wer Spaniern nachzueifern sucht und bei Fiestas zum weingefüllten **Lederbeutel** *(bota)* oder zum **Henkelkrug** *(porrón)* greift, stürzt sich in einen Geschicklichskeitswettbewerb, der leicht auf Hemd und Hose und als prustende Lachnummer enden kann. *Bota* und *porrón* erfordern eine ausgefeilte Schluckspechttechnik, bei der man im richtigen Augenblick an- und absetzen muss.

Von einem seltsamen Zeremoniell umspült zeigt sich der Ausschank der *sidra,* des vor allem in Asturien populären **Apfelweins.** Der Barmann entkorkt eine gekühlte Flasche, führt sie mit der einen Hand weit über

Kopfhöhe und lässt den Strahl in hohem Bogen in ein Glas auf Kniehöhe plätschern, das er in der anderen Hand hält. Ein akrobatischer Brauch, der Sauerstoff bindet, dem Apfelwein perlige Frische gibt und den Trinker zur sofortigen Attacke mahnt. Zum **Cidrekult** gehört, einen Schluck im Glas zu lassen, umzuschwenken und den Rest in hohem Bogen auf den Boden zu schütten. Was die herben Fermentationsdüfte in asturischen Kneipen erklärt ...

Untrennbar mit Spanien verbunden ist der **Sherry,** der hier nicht Sherry heißt, sondern – da er aus der Gegend um Jerez de la Frontera sprudelt – *jerez* und in unterschiedliche Geschmacks-, Reife und Farbvarianten zerfließt: helle, trockene *finos* und *manzanillas*, bernsteingelbe *amontillados* sowie körperreich-duftige *olorosos* und *creams*. Auf der **Süßweinschiene** gehen Málagawein *(vino de Málaga)* und Muskateller *(moscatel)* bekömmlich an die Leber, während ein hochprozentiger galicischer **Trester** *(orujo)* die Eingeweide durchspült. Bei der *queimada,* der galicischen Feuerzangenbowle, entflammt man *orujo* in einem Keramiktopf und gibt – je nach Anlass und Hausrezept – Zitronenscheiben, Zucker, geröstete Kaffeebohnen und Maraschinokirschen hinzu.

Alkoholische Freuden haben ihren Niederschlag in Sprichworten, Sprüchen und **Volksweisheiten** gefunden. Allgemein bekannt ist: *Aceite y vino, bálsamo divino,* „Öl und Wein, himmlischer Balsam". Wallfahrer wissen: *El buen vino resucita al peregrino,* „Der gute Wein erweckt den Pilger zum Leben". An den Frosch gerichtet, sagt die Stubenfliege (was mit ihr jeder potenzielle Säufer weiß): *Más vale morir en el vino que vivir en el agua,* „Besser im Wein sterben als im Wasser leben". Und schließlich der Rat für den ungestümen Macho: *A la mujer y al vino, con tino,* „An Frau und Wein mit Feingefühl".

Immobilien – Hinweise und Tipps für Käufer

Die Hälfte vom Geld in der Plastiktüte oder im Köfferchen, die andere Hälfte wird offiziell beim Notar deklariert – nicht selten wandert in Spanien über Unterverbriefung und dunkle Zahlungskanäle eine Immobilie von einer Hand in die nächste. Das ist natürlich illegal, aber im Sinne persönlicher Steuerersparnis durchaus üblich. **Gesetze und Vorschriften** gibt es in Spanien viele, deren Einhaltung und Kontrolle stehen auf einem anderen Blatt. Ganz so reibungslos ist der Immobilienerwerb in Spanien allerdings nicht, vor allem, wenn Ausländer ins Spiel kommen, die mit der Materie nicht vertraut sind.

Für Deutsche rangiert Spanien obenan, es ist das mit Abstand beliebteste Land für einen **Erst- oder Zweitwohnsitz außerhalb Deutschlands.** Hunderttausende Deutsche, zuzüglich Österreichern und Schweizern, haben sich in *España* eingekauft und genießen die südländische Leichtigkeit des Seins. Das betrifft Kanaren und Balearen ebenso wie das Festland. An Spaniens Mittelmeerküste, zwischen Costa Brava und Andalusien, sprechen alleine 300 Sonnentage pro Jahr für ein endgültiges oder zumindest zeitweises Auswandern. Auch andere Gegenden wie die Atlantikküste, das grüne Inland des Nordens und pulsierende Metropolen haben ihren Reiz und locken Auswanderungswillige an.

Allerdings sind die **Niedrigpreiszeiten Geschichte,** die Spekulanten haben ganze Arbeit geleistet, die Spanier selbst zeigen sich als begeisterte Immobilienkäufer und haben vor den Eurozeiten all ihre Schwarzgelder investiert. Lagen die jährlichen prozentualen Preissteigerungen für Neu- und Gebrauchtobjekte in den Jahren nach der Einführung des Euro im zweistelligen Bereich, so haben sie sich mittlerweile im einstelligen Bereich normalisiert. Experten haben immer wieder vor dem großen Platzen von Spaniens Immobilienblase gewarnt.

Wenn man Gebrauchtobjekte verkauft, will man dem potenziellen Käufer nicht unbedingt die Negativseiten aufdrängen. Kunden über den Tisch zu ziehen, ist zwar nicht allgemein üblich, es kann aber vorkommen, deshalb „Augen auf beim Immobilienkauf!" Der Erfahrung nach ist beim Haus- und Wohnungskauf in Spanien **gesundes Misstrauen** angebracht. Später auf dem Rechtsweg Schadensersatzansprüche zu erheben, ist niemandem zu wünschen. Die Mühlen der spanischen Justiz mahlen langsam und nicht immer überzeugend.

Über den Hausverwalter *(administrador)* bzw. die Grundbuchauskunft *(registro de la propiedad)* lässt sich ein **Objekt auf mögliche Pferdefüße abklopfen.** Verschweigt der Verkäufer hypothekare Belastungen? Sollte man die Finger davon lassen, weil eine Erbengemeinschaft darum streitet? Sind jahrelange Straßenarbeiten vor der Haustür geplant? Führt die Hausgemeinschaft gerade einen Prozess oder hat sich zu einer kostenintensiven Dach- und Fassadenrenovierung entschlossen? Ist ein Strandgrundstück aufgrund veränderter Gesetzeslage zu öffentlichem Eigentum geworden? Ebenso wichtig: Verfügt das Objekt über den offiziellen Bewohnbarkeitsschein *(cédula de habitabilidad)*? Dieser wird von den Behörden ausgestellt und kann verweigert werden, falls die Struktur nicht den jüngsten Bestimmungen entspricht. Dazu zählt beispielsweise die problemlose Belüftbarkeit einer Küche – vor allem in älteren spanischen Wohnungen mit all den Winkeln und fensterlosen Räumen keine Selbstverständlichkeit.

Alle Warnglocken sollten läuten, wenn man über die Grundbuchauskunft den Passus *„fuera de ordenación"* herausfindet. In diesen Fällen steht das Eigentum auf brüchiger Gesetzesgrundlage, eine **Enteignung** ist nicht nur jederzeit möglich, sondern sogar wahrscheinlich. Und bei Enteignungen zahlt Vater Staat den geringstmöglichen Preis. Größte Vorsicht ist ebenfalls beim Eigentumserwerb auf den Kanarischen Inseln geboten, wo eine Immobilie Bestandteil eines „Tourismuskomplexes", *Complejo Turístico,* sein kann. Kauft man sich dort ein, stehen einem nicht gleichzeitig alle Rechte zu. Denn will man das Objekt selbst offiziell vermieten, geht dies nur über das Unternehmen, die *Empresa Explotadora.* Hier sollte man sich genauestens die Satzung ansehen, aus der laut Expertenbefund des Autorengespanns *Roberto Carballo* und **Günther F. Hoffmann** („Immobilien in Spanien") sogar die Zeiten hervorgehen, in denen die Immobilie automatisch zur Vermietung bereitgehalten werden muss! Generell **sei vor Vermietungen von Wohnungen gewarnt,** denn zahlungssäumige Mieter lassen sich angesichts der prekären Rechtslage alles andere als leicht vor die Türe setzen. Mitunter vergeht ein Jahr bis zur Räumung. Auf allen Kosten – inklusive Anwalt, Strom und Wasser – bleibt selbstredend der Vermieter sitzen, wenn sich der Mieter als zahlungsunfähig deklariert. Weiter verfolgt wird der Vorgang von Gesetzesseite nicht.

Möglicherweise wird man sich fragen: Wie weiß ich, was das Kaufobjekt wirklich wert ist und schließe aus, dass man mich über den Tisch zieht? Da hilft nur eines: ein **Immobilien-Schätzbüro** *(tasaciones inmobiliarias)* beauftragen und die Wohnung auf eigene Kosten schätzen lassen. Das mag ein paar hundert Euro kosten, kann sich jedoch auszahlen. Im Regelfall erhält man ein gewissenhaft ausgearbeitetes Gutachten, das inklusive kopierter Grundbuchpläne 20 Seiten und mehr umfassen kann. Wegen möglicher Sprachprobleme wird sich das Gros der auswärtigen Kaufwilligen in die Fangarme von **Immobilienagenturen** begeben.

Im Vorfeld der persönlichen **Finanzkalkulation** gilt es beim Haus- und Wohnungskauf zu bedenken, dass bis zu 10 % vom offiziellen Kaufpreis für Notar- und Umschreibungskosten (Grundbuch) sowie Abgaben wie die gemeindliche Wertzuwachssteuer *(plus valía)* anfallen. Aus diesem Grund dürfte nicht überraschen, dass es zwischen Käufer und Verkäufer meist **zwei vereinbarte Preise** gibt: den wirklichen und den offiziell deklarierten, der natürlich weit darunter liegt. Für beide Parteien ist das an der Tagesordnung, die Immobilienagenturen verschließen vor den schwarzen Deals die Augen oder sind – im Zuge eines freundlichen Kundenservice! – sogar behilflich.

Beim Angebots-Check von spanischen Häusern und Wohnungen muss man sich zunächst an **Untertreibungen** gewöhnen. Wird eine Wohnung mit zwei Zimmern *(dos habitaciones)* angeboten, darf man sie nicht übersetzungsgetreu für eine „Zwei-Zimmer-Wohnung" halten. Mit Zimmern sind Schlafzimmer gemeint und dass es zusätzlich ein Wohnzimmer *(salón)* gibt, versteht sich nach spanischem Maßstab von selbst. Gesondert genannt wird hingegen ein *trastero*, ein Abstellraum.

Hat man den Kauf eines Appartements in einer Gemeinschaftsanlage im Auge, sollten sich Preisbewusste nach der **monatlichen Kostenumlage** *(gastos comunitarios)* erkundigen – das erspart das spätere böse Erwachen. Die Pflege der Außenanlagen, die Instandhaltung des Aufzugs und des Pools, die Kosten für Hausmeister und Verwalter oder für die Agentur *(gestoría)*, die alle Finanzgeschäfte abwickelt, können gewaltig zu Buche schlagen.

So wohlig warm es im Sommer sein kann und so oft man an der Costa Dorada oder der Costa del Azahar im Januar auf der Terrasse frühstücken kann – eine Warm- oder Schönwettergarantie gibt es nicht. Je nach Wohnort sollten Käufer das ins Auge gefasste Objekt auf seine Resistenz bei niedrigeren Temperaturen und die allgemeine **Wetterfestigkeit** prüfen.

„Se vende" – zu verkaufen

Am besten, man erstellt vorab eine **Checkliste** und nimmt idealerweise Folgendes unter die Lupe: den Zustand des Daches, die Dichte und Rissigkeit von Dächern und Wänden, mögliche Frost- und Wasserschäden rund um Fenster und Türen, die vorgenommenen Isolierungen. Sind Leitungen und Steckdosen in Ordnung? Blättert irgendwo der Putz? Ist an prinzipiell anfälligen Stellen notdürftig etwas überpinselt worden? Wie dünn sind die Wände, wie hellhörig ist das Haus?

Ebenso wichtig ist das **Thema Heizung.** In vielen spanischen Häusern und Wohnungen fehlen Heizkörper. Mit mobilen Butangas- oder Kerosinöfchen – wie viele Spanier sie benutzen – dürften sich nur die Anspruchslosesten zufrieden geben. **Butangas,** das man unverändert bei Kochherden verwendet, erfordert infrastrukturelles Denken und geraumen Platz. Um sich das Gröbste zu ersparen, bestellt man die bleischweren Megaflaschen am besten beim Butangaslieferanten *(butanero),* der sie freundlicherweise die Treppen hinauf schleppt und vor die Tür oder gar in die gute Stube stellt. Dafür erwartet er eine angemessene Aufrundung des Betrags. Der Rest bleibt jedem selbst überlassen und erfordert einen Kraftakt im Mister- und Miss-Universum-Stil. Schließlich wollen die frisch gefüllten Flaschen wieder im Innern des Öfchens oder Herds platziert sein. Ein ungelenker Handgriff bei solch heimischer Herkulesarbeit kommt der Garantie für einen Bandscheibenvorfall gleich ...

Braucht man dank vorhandener **Heizkörper** das Butangasgrauen nicht zu fürchten, sollte man sich nicht scheuen, das komplette System samt Warmwasserversorgung zu testen. Zwar sind Erdgasheizungen und -anschlüsse auf dem Vormarsch, doch Öl und Holz noch immer verbreitet. Stromfressende Radiatoren gehen auf Dauer ins Geld und sind mit äußerster Vorsicht zu genießen. Aufgrund ihrer hohen Wattzahl können sie das System überlasten und häufig zu Stromausfall führen. Gleiches gilt für Warmwasserboiler, die man in vielen älteren Objekten vorfindet und die 24 Stunden pro Tag am Netz hängen müssen. Am besten, man lässt sich die jüngste **Stromrechnung** zeigen. Dort taucht die mit der Stromgesellschaft vereinbarte Grundleistung *(potencia contratada)* auf, die in Altbauten mitunter nur um 3 kW liegt und nicht erhöht werden kann. Was bedeutet, dass man nicht gleichzeitig Herd, Boiler, Wasch- und Spülmaschine eingeschaltet haben kann.

Wann immer man **Umbauten** plant und jemanden damit beauftragt, sollte man möglichst viele Angebote einholen und die erstellten Kostenvoranschläge *(presupuestos)* vergleichen. Das Gute: Kostenvoranschläge sind in Spanien im Regelfall gratis. Von Vorteil ist, wenn man bei Renovierungsarbeiten selbst Hand anlegen kann. Vor allem bei der gegenwärtigen Situation in Spanien. Landauf, landab boomt die Branche, an allen

Ecken und Enden braucht man Handwerker und Material. Maurer sind begehrt wie selten – was vielerorts zu Engpässen und gänzlich überzogenen Finanzforderungen geführt hat.

Bei der Haus- und Wohnungssuche sollte man nie am falschen Ende sparen und genau die **Lage** des Objektes prüfen. Plötzlich liegt die Wohnung in einer Dealer- und Prostituiertenzone (im Zweifel schaut man bei Tag und Nacht vorbei), in der Nähe einer lauten Bar oder wird vom Lärm und Gestank der nächsten Umgehungsstraße erreicht. Wer sich ein beliebtes Fleckchen als Domizil gewählt hat, sollte auf **Garage oder Stellplatz** achten. Wenn im Sommer die Urlaubermassen anrücken, ist es nicht nur mit der Ruhe, sondern auch mit der Parkplatzauswahl vorbei.

Ebenfalls wichtig: die **Versicherung.** Hier gilt es, Beiträge und Konditionen zu vergleichen. Der Teufel steckt, man ahnt es, im Detail. Nehmen wir Wasserschäden als Beispiel, können die Limits beim Schadensersatz an Dritte in Zehntausender-Euro-Sprüngen weit auseinander klaffen. Ein anderer Streitfall: Schäden durch Wind, die vor allem in Küstengegenden nie auszuschließen sind. Manche Versicherungen kommen erst bei Schäden durch Windgeschwindigkeiten ab 96 km/h, andere bereits bei Schäden durch Böen ab 80 km/h auf. Und das bei gleichem Jahresbeitrag.

Immobilienerwerb in Spanien kann zu einem gefährlichen Lotteriespiel geraten. Was gerne verschwiegen wird, sind **Aspekte beim Weiterverkauf:** die mögliche Spekulationssteuer und die vollkommen überzogene Wiederverkaufssteuer für Ausländer. Ganz zu schweigen von der **Erbschaftssteuer,** die zu den weltweit höchsten rechnet.

Fazit: Manche Kaufwillige, die nur gelegentlich in die südwesteuropäische Ferne schweifen, sollten ihren **Traum vom Immobilienkauf** in Spanien einfach platzen lassen. Gewinner sind in erster Linie Vater Staat, die Banken und die Notare. Allein von der Wiederverkaufssteuer kann man, je nach Ausgangspreis, gegebenenfalls ein paar Jahre oder Jahrzehnte Urlaub in einem gemieteten Objekt machen. Von Erwerbssteuern und laufenden Kosten gar nicht zu reden ...

Lärm und Nachtruhe

Armadas aus unsäglich knatternden Mofas, die Dauerbeschallung in Bars, der Fernseher daheim in höchsten Dezibelsphären und der eigene Wortschwall, der all das zu übertönen versucht – Spanier sind an Lärm gewöhnt und kennen diesbezüglich kaum Schmerzgrenzen. Nicht einmal 24-stündige Trommelmarathons (siehe Fiestakapitel) bringen sie aus dem Gleichgewicht.

Man darf behaupten, dass der landläufige **Spanier mehr oder minder geräuschimmun** ist und das nächtliche Tuckern und Klappern von Mopeds und Mofas allenfalls im Unterbewusstsein wahrnimmt. Gleiches gilt für dröhnende Klänge, die wie eine riesige Woge durch die Finsternis anrollen und den Weltuntergang befürchten lassen. Vor den Fenstern steigern sie sich zu einem bebenden Röhren und Rattern und Rumpeln, um schließlich in der Ferne zu verebben. Keine Panik! Urheber des Höllenlärms sind die Müllfahrzeuge, die während mitteleuropäischer Tiefschlafphasen zu den vollen Sammelcontainern ausrücken – und so nicht am Tag die Straßen verstopfen. Lärm mit Sinn, Nacht für Nacht.

Alleine die Auftritte der Müllmänner zeigen, dass im Reiche spanischer Nachteulen der Terminus **„nachtschlafende Zeit"** nicht an die Zeiger der Uhr gebunden ist. Nirgendwo darf man zu vorgerückter Stunde einen Ansatz von Rücksicht oder gar klösterliche Ruhe erwarten. Ganz im Gegenteil. Totenstille wäre äußerst beunruhigend und ließe auf eine Nation in der Sieche schließen! Plärrende Kinder und klingelnde Telefone gehören zu den Selbstverständlichkeiten des auf Mitternacht zuströmenden Lebens, ratternde Spül- und Waschmaschinen sowieso. Gesänge Betrunkener und ihr Standardrepertoire aus *„Clavelitos"* („Kleine Nelken") und *„Asturias patria querida"* („Asturien, geliebtes Vaterland") nimmt man wie selbstverständlich hin. Und wer im Morgengrauen nach Hause kommt, darf sich unter dem Duschhahn ruhig den Schweiß und Rauch aus Haaren und Poren spülen. **Niemand fühlt sich in der Ruhe gestört** oder würde einem beliebten Hobby von Mitteleuropäern nacheifern, indem er wegen einer Handvoll Dezibel gegen seine Nachbarn in den Kleinkrieg zieht.

Medien – Sensationsgier auf geschmacklosem Höchstniveau

Wenn sie überhaupt einmal *terribles imágenes,* „schreckliche Bilder", ankündigen, müssen Spaniens Nachrichtenmacher einen guten Tag erwischt haben. Ansonsten stürzen die Gräuel oft und erhofft auf die **TV-Gemeinde** ein. **Blut bringt Quote,** doch mit bloßen Lebenssaftpfützen gibt man sich nicht zufrieden. Da die beste Sende- gleichzeitig Hauptessenszeit ist und der Fernseher in jedem Haushalt flimmert, bekommt man mittags um Drei und abends zwischen halb Neun und viertel vor Zehn massenhaft zerschossene Köpfe, durchlöcherte Körper, abgetrennte Hände und Arme und Füße aufgetischt. Gnadenlos dran in Großaufnahme und unzensiert für alle Altersstufen. Dem spanischen Nachwuchs bleibt nichts anderes übrig, als sich von kleinauf daran zu gewöhnen. Ganz gleich, ob bei staatlichen oder privaten Sendern.

Beim Tagesmenü der Grausam- und Geschmacklosigkeiten wollen und können die **Zeitungen** nicht zurückstehen und befriedigen des Publikums hochgesteckte Ansprüche aus den ethischen Niedrigzonen. Wer war zuerst vor Ort und hat tödlich **Verunfallte und Ermordete** ohne Überdecke abgelichtet? Selbst seriöse Blätter bringen vielerlei Ausgaben als offene Leichenschauhäuser auf den Markt, buhlen mit großplatzierten Opfern um die Kauflust der Leser – dagegen wirken „Bild" und „Express" mitunter wie lammfromme Kirchengazetten. Mentalitätsfremdlinge bleiben entsetzt zurück und stellen die berechtigte Frage, wie es um Ehrenkodex und Moral bestellt ist.

In einem Land allerdings, das Quälerei und Tod in der Stierkampfarena zelebriert und gar zur „Kunst" erhoben hat, sind solcherlei Gedankenspiele frucht- und nutzlos. Gegen die ausgeprägte **Sensationsgier der Spanier und ihre Begeisterung für anderer Leid** ist kein Kraut gewachsen. Proteste kommen nicht einmal von Politikern in Wahlkampfzeiten. Einzig mögliche Konsequenz: Druck auf den Ausschaltknopf des Fernsehers oder persönliche Weigerung, spanische Zeitungen zu kaufen. Aber wer will schon ganz und gar informationslos dastehen? Option Nummer zwei lässt sich a) mit dem Erwerb einer deutschen Zeitung oder b) einer Kneipenrast umgehen. Als Kundenservice liegen in Bars oft mehrere Zeitungen aus, die man bei Kaffee und *vino* durchforsten kann, indem man die Armadas der Toten rasch überblättert.

Namen – Namensbandwürmer und Spitznamen

Todesanzeigen in Breitwandformat und Visitenkarten XXL bräuchten jene, deren Namen komplett gedruckt werden sollten. Da die Spanier **begeisterte Vornamensgeber** sind, hängt an einer bloßen *María* oft ein riesiger Rattenschwanz. Nicht selten schnürt man einen Mehrerpack mit hochheiligen Komponenten, die auf Auswärtige verklärend bis edelkitschig wirken. So wie bei *María del Dulce Nombre Elena Isabel,* was mit „Maria des süßen Namens Helene Isabella" zu übersetzen ist. Als weitere Beispiele mögen zwei Enkelkinder des spanischen Königspaares herhalten: *Pablo Nicolás de Todos los Santos,* „Paul Nikolaus von allen den Heiligen", und *Juan Valentín de Todos los Santos,* „Johannes Valentin von allen den Heiligen". Und das sind erst die Vornamen!

Auf solcherlei Vornamensbandwürmer folgen stets **zwei unterschiedliche Nachnamen,** die man zeitlebens behält und die sich selbst durch

Heirat nicht ändern. So will es das spanische Namensrecht. Nachname römisch eins stammt von Nachname römisch eins des Vaters, Nachname römisch zwei gründet sich auf Nachname römisch eins der Mutter; laut neuerem Gesetz kann man diese Reihenfolge auch umdrehen. Trotzdem leben, aus dem Blickwinkel des Fremden betrachtet, selbst die erzkatholischsten Goldhochzeitler in **wilder Namensehe** zusammen. Dass eine Señora López Rodriguez die angetraute Frau eines Herrn Pérez Martinez ist, sieht man ihr auf dem Papier nicht an ...

Eingedenk aller Personalien verbringen Spanier einen nicht unerheblichen prozentualen Anteil ihres Lebens mit Niederschrift, Nennen, Wiederholen und Buchstabieren des eigenen Namens. Vor allem bei den Ämtern, wo die Frage ¿Segundo apellido? – „Zweiter Nachname?" – zur Routine gehört. **Ausländer** sind in dieser Hinsicht arm dran und können ganze Compustersysteme zum Erliegen bringen. Selbst auf Drängen des Beamten im ureigensten Ich-muss-aber-einen-einsetzen-Stil wird sich kein zweiter Nachname entlocken lassen, was umgehend nach einer Notlösung verlangt und Blüten wie bei der Krankenversicherungskarte des „KulturSchock"-Autors zeitigt. Zweiter Nachname „X". Der geheimnisvolle Herr X ...

Sofern man ihn nicht von vornherein als **Jesús** und **María** mit der Aura der Heiligen Familie umgibt, wird der spanische Nachwuchs oft nach den Schutzheiligen der Stadt oder Region benannt. Bei Menschen, die **Montserrat** und **Jordi** heißen (Namen der katalanischen Schutzheiligen), kann man Zehn gegen Eins wetten, dass sie aus Katalonien stammen. Riefe man beim Bummel auf der Rambla in Barcelona versuchsweise laut nach Jordi, würden sich wahrscheinlich Dutzende umdrehen ...

In Andalusien, wo Spaniens folkloristisch aufgebauschte Pfingstwallfahrt zum Heiligtum der Virgen del Rocío führt, ist klar, dass Rocío – zu deutsch **„Morgentau"** – überdurchschnittlich hohe Quoten registriert. Da die Rocío-Jungfrau den Beinamen Blanca Paloma trägt, „Weiße Taube", liegt Paloma (**„Taube"**) in der Popularität gleichauf. Ein anderes Beispiel: María de los Ángeles, **„Maria von den Engeln".** Für Spanier ist solcherlei religiös bestimmte Namenspraxis selbstverständlich, nach Mitteleuropa jedoch nicht übertragbar. Man stelle sich außerhalb kabarettistischer Abende ein „Hallöchen, Taube" vor, ein ernstgemeintes „Gut geschlafen, Maria von den Engeln?" oder „Heute Abend schon 'was vor, Morgentau?". Aus der Gegenperspektive beleuchtet, stehen für Spanier all die Gudruns und Gudulas an den düster klingenden Namensabgründen. Abgesehen davon, dass es niemand korrekt aussprechen könnte und die dahingeröchelten „Ccchhh"-Laute zu Wortbeginn einer Ccchhhudrun und Ccchhhudula nahenden Speichelauswurf befürchten ließen.

Stoßen wir zurück ins Dickicht des Namensdschungels. Trost spenden **Kurzversionen** wie das von *María del Carmen* abgeleitete *Mamen* und das auf *Juan José* gestützte *Juanjo*. Zusatzplus: die spanische Bescheidenheit. Im Gegensatz zu anderen Ländern Europas zeigt man sich **nicht titelträchtig** bzw. -knechtig und verzichtet – egal, ob ehrlich erworben oder teuer erkauft – auf akademische Vorvornamensziel von „Dr.", „Prof.", und „Diplom-Betriebswirt".

Selbst ohne Titelzier wird sich im Alltag kein Mensch eine Viererkette aus zweimal zwei Vor- und Nachnamen merken können! So **beschränkt man sich,** wenn nicht ganz europäisch normal auf den ersten Vor- und Zunamen, zumindest auf drei: wahlweise den ersten Vornamen gepaart mit zwei Zunamen oder zwei Vornamen gefolgt vom ersten Nachnamen.

Jene, die das Volk auf mittlere Ewigkeiten im Gedächtnis behalten soll, legen sich **Spitznamen** zu. Viele Fußballer, Toreros und Sänger sind einzig unter ihren Vor- oder Künstlernamen oder einem Stückwerk ihres Nachnamens bekannt. Ein *Gutiérrez* schrumpft kurz und bündig zu Fußballstar *Guti*, Torero *Julián López Escobar* tritt als *El Juli* auf. Andere Stiertöter benutzen gern verniedlichende Verkleinerungsformen. So wie *José Miguel Arroyo* alias *Joselito,* der „kleine José".

Im zigeunergeprägten Flamencomilieu können äußere Charakteristika wie **Hautfarbe, Körperbau und Gesichtsform Namenspate** stehen und ausgewachsene Männer in diversen Diminutiven treffen. Ob das „Tomätchen" *(Tomatito)* oder das „Streichhölzchen" *(Fosforito)*. Auch „der Plattnasige", *El Chato,* kann sein Aussehen nicht leugnen. Manch einer lässt seine Herkunft im Namen mitschwingen; *Naranjito de Triana* hat auf diese Art eine besondere Namensblüte getrieben: das „Orangenbäumchen aus Triana", was auf einen Stadtteil Sevillas weist und – mit ein wenig Fantasie – die glatte Schale von Apfelsinen mit der fleischfarbenen Badekappe des Sängers in Einklang bringt. Andere nennen sich einfach *El Chocolate, El Garbanzo, El Potaje* und *El Yunque* – „Schokolade", „Kirchererbse", „Gemüseeintopf" und „Amboss".

Polizei – auf der Hut vor Gesetzeshütern

Polizei ist nicht gleich Polizei, sondern splittet sich in **Stadtpolizei** *(Policía Municipal),* **Nationalpolizei** *(Policía Nacional)* und **Militärpolizei** *(Guardia Civil)* auf. Autonome Gemeinschaften wie Katalonien und Navarra verfügen zusätzlich über eine Einheit, die **Sonderrechtspolizei** *(Policía Foral* bzw. *Mossos d'Esquadra)*. Klar, dass bei diesem Durcheinander an Behörden oftmals die rechte Hand nicht weiß, was die linke tut.

Die **Berufswahl Polizist** bringt im Heimatland der baskischen Separatistenorganisation ETA ein besonderes Risiko mit sich. Da sich der Hass der Terroristen gegen jedwede Repräsentanten des Staates richtet, fällt ihre Wahl oft genug auf die schwächsten Glieder der Kette: einfache Gesetzeshüter auf dem Weg zur oder direkt bei der Arbeit. Verständlich, dass Spaniens Polizisten eine hypersensible Grundpanik innewohnt, zumal die Terrorattacken überall in *España* stattfinden können. Vor diesem Hintergrund lässt sich ein fröhliches Freund-und-Helfer-Image nur bedingt konstatieren.

Noch weniger bei der *Guardia Civil,* der bereits zu *Francos* Zeiten der übelste Ruf nachhing und die heute noch häufig mit überzogener dikatorischer Macht auftritt. Ganz nach dem Motto: Wir sind die Größten, uns kann niemand 'was anhaben. Faustregel bei **Konfrontationen mit schlecht gelaunten Guardias Civiles:** weder verbal einlenken noch zum südländischen Auf-die-Schulter-klopfen ansetzen, sondern einzig den Rückzug antreten. Still und leise.

Auf Nachfrage wird fast jeder Spanier seine eigenen **Negativerfahrungen** mit der *Guardia Civil* berichten und anfügen, dass auf Sicherheitskräfte generell nicht immer Verlass und das Verhältnis zum Volk entsprechend getrübt ist. Raubüberfälle und Morde haben einmal mehr bewiesen, dass abgesetzte Notrufe nicht bedeuten, dass die Polizisten auch kommen! Villenbesitzer, Juweliere und Unternehmen beugen der mangelnden Effizienz vor und heuern **private Wachdienste** an. Für diese Wachdiensten ist in den letzten Jahren ein weites Arbeitsfeld erwachsen. Man sieht sie auch in Supermarktketten, Postämtern und öffentlichen Bibliotheken.

Post – der ganz normale Wahnsinn

Zuletzt stand ein **privater Kurier** mit einem Übergabe-Einschreibepäckchen vor der Tür des „KulturSchock"-Autors, doch der war nicht da. Macht nichts, hat der Kurier gedacht, warum noch einmal kommen und dem Mann sein Päckchen vorenthalten? Also hat er sein Pflichtbewusstsein ein wenig modifiziert, beim Nachbarn geklingelt, die Eingangsbestätigung selbst unterschrieben und fairerweise den Durchschlag hinterlassen. Auf diesem steht schwarz auf weiß zu lesen: „Empfangen, Andreas". Ein modernes Märchen? Nein, Spaniens (Post-)Alltag im dritten Jahrtausend und ein Kulturschock frei Haus. Es steht jedem frei, die kleine Geschichte nicht zu glauben. Wahr bleibt sie trotzdem.

Wer länger in Spanien lebt und über Mails und Faxe hinaus Korrespondenz auf den **traditionellen Postweg** gibt, darf sich automatisch in den imaginären Club der **Dauergeschädigten** aufgenommen fühlen. Was alles andere als spaßig ist, wenn Briefe und Päckchen nachweislich verloren gehen oder innerhalb Europas wochenlang unterwegs sind. Ganz so, als hätten berittene Boten den Weg über die Pyrenäen verpasst und sich in einem Zwischental verirrt. In Abwandlung des Mottos „Verleihe nicht, was Du nicht verschenken kannst" müsste es auf Spaniens Gelben-Post-Wegen heißen „Verschicke nicht, was Du nicht sowieso in die Tonne werfen könntest". Selbst auf **Privatkuriere** und Einschreiben ist nicht durchweg Verlass. Siehe oben. Vor manchen Kurierdiensten muss ausdrücklich gewarnt werden, denn der ein oder andere Paketzusteller ist nachweislich nie vor der Haustür gewesen und schickt die Sendung einfach an den Absender im Ausland zurück. Wer dann beim Kundendiensttelefon des Kurierdienstes nachfragt, weil er händeringend auf die Sendung wartet, darf mit Kompetenz oder Freundlichkeit nicht unbedingt rechnen. Beschwerden werden in der Regel barsch abgeschmettert. Ein echtes Trauma ...

Was tun? An Wunder glauben und trotzdem verschicken. Zum Trost sei gesagt, dass die Mehrzahl der Sendungen ankommt und Spaniens Briefträger neuerdings sogar an einigen Samstagen im Jahr gesichtet werden. Anders verhält sich die Sache bei Dauerregen, freitags oder an einem zwischen zwei Feiertagen liegenden Werktag. Wetten, dass der Poststrom an solchen Tagen meistens versiegt ...?

Pünktlich- und Zuverlässigkeit und Mañana-Mentalität

Das Wörterbuch weiß: *ahora* heißt **„jetzt"** und *mañana* heißt **„morgen"**. Jedermann weiß: Grau ist alle Theorie in Spaniens Pünktlich- und Zuverlässigkeitspraxis. *Ahora* und *mañana* gehören nicht auf die Goldwaage, sondern in die Waagschale der Unwägbarkeiten. Wer sich „jetzt gleich" oder für „morgen" verabredet hat, lässt sich auf ein Vabanquespiel mit der Uhr ein, auf ein Zeitmikado, ein **Geduldsroulette.**

Wartenden Mentalitätsfremdlingen verlangt es Routine und Abgebrühtheit und eine Prise Humor ab, um nach einer halben bis ganzen Ewigkeit zur Kenntnis zu nehmen, mit welch natürlichem Selbstverständnis und herzerfrischendem Lächeln Spanier zu spät eintrudeln. Wobei man erst gar nicht die Gabe zur Erfindung von Ausreden bemüht, sondern schlichtweg sagt „Hier bin ich" oder „Ist etwas später geworden". Ein immergleiches Schauspiel und der erschreckend schöne **Ausdruck südländischer Gelassenheit!** Hilfreicher Leitsatz für Neueinsteiger in solcherlei spanische Mentalitätswelten: Nicht ärgern, nur wundern! Nach einer Weile wird man selbst bei *ahora* und *mañana* vielsagend in sich hinein schmunzeln – und seinerseits zu spät zum vereinbarten Treffen kommen.

Wenn auswärtige **Geschäftsleute** mit Spaniern verhandeln, achten Spanier meist mehr auf die Zeit und die Einhaltung von Absprachen. Wenn ein Spanier will und der Verdienst davon abhängt, kann er sich zum Pünktlich- und Zuverlässigsein zwingen – und wirklich punktgenau eintreffen! Genauso wie an **Bahnhöfen und Airports,** wo weder Züge noch Jets vor Zuspätkommern Halt machen.

Die Mañana-Mentalität umreißt das **„ewige Morgen":** „Komm' ich heut' nicht, komm' ich später oder nächstes Jahr vielleicht." Ein solches Denken darf der Auswärtige nicht als respektlos empfinden, denn der Spanier macht in dieser Frage keinen Unterschied zwischen anderen und sich selber. Es mag ermunternd stimmen, dass das „ewige Morgen" mit einem ewigen Hoffnungsschimmer verknüpft bleibt. Genau wie beim *No te preocupes,* einer vielverwendeten Floskel, die ausdrückt: **Mach' dir keine Sorgen,** kümmere dich nicht drum. *No pasa nada,* **es passiert doch nichts,** alles regelt sich von selbst. Aussprüche, die so herrlich trösten und vertrösten und von der Wirklichkeit ablenken! Natürlich regelt sich nichts von selbst, niemand kümmert sich drum. Oder vielleicht doch. Was vorkommen kann und zu den Wundern des spanischen Alltags gehört!

Rauchen – Nikotinfreunde in Not

Spanien ist nicht mehr das, was es war: ein Land der rücksichtsfreien Raucher. Das hängt weniger mit der Einsicht zusammen, dass Abdampfen den Weg zum Raucherbein ebnet, sondern mit scharfen Gesetzesoffensiven. In Bürogebäuden, Einkaufszentren, Geschäften, Kulturstätten und öffentlichen Verkehrsmitteln **darf nicht mehr geraucht werden** – und man hält sich sogar tendenziell daran! Hunderttausende Spanier, so steht es in Zeitungen zu lesen, haben den Kippengenuss mittlerweile an den Nagel gehängt. Andere pflegen die alte Rücksichtslosigkeit und verpesten ihre Umwelt mit **Billigmarken** wie *Ducados* und *Fortuna.* Denen haftet ein solch impertinenter Gestank an, der selbst geübten mitteleuropäischen Durchschnittsrauchern auf die Atemwege schlägt und Kneipen und Restaurants in unnachahmliche Dunstglocken hüllt. Allerdings nicht mehr in allen Bars und Speisetempeln! Diese müssen per gesetzlich verfügtem Aushang deutlich machen, ob Rauchen gestattet *(Se permite fumar)* oder verboten *(No se permite fumar)* ist. Manche Hotels haben sich komplett gegen die Qualmer entschieden, andere bieten Raucherzimmer an.

Glimmstängler in Spanien: Früher durften sie alles. Heute stehen sie mit dem Rücken zur Wand und lassen die Rauchzeichen in ihren letzten Refugien aufsteigen. In Raucherecken. Oder einfach an der frischen Luft.

Schlange stehen und Nummernspender

Jeder kennt das Problem in der Warteschlange: Wer wird jetzt bedient beim Bäcker, beim Fleischer, am Käsestand? Da er mit wenig Einkaufsgeduld gesegnet und in steter Sorge ist, der Kelch könnte an ihm vorüber ziehen, macht der gemeine Spanier nicht viel Aufhebens um Disziplin und Rücksicht, sondern verfährt nach dem **Ich-Prinzip.** Im Zweifelsfall gilt das Recht des Stärkeren, des Lautesten, des Impertinentesten. Vor diesem Hintergrund ist der Nummernspender die genialste Erfindung seit der *plancha,* jener heißen Platte, auf der marinierte Spießchen einen paradiesischen Geschmacksgrad erreichen.

Nummernspender garantieren Anstehen mit Anstand. Zumindest theoretisch. Zwischenrein starten manche Spanier in der Tat den Versuch, ihr eigenes Nümmerchen zu schieben und Aufrufe und Displays zu ignorieren. Sie drängen sich zwischen Nummer und Nummer und führen, falls jemand protestierend Stimme erhebt, allen Ernstes **Ausflüchte** wie „Aber ich wollte nur ein Stückchen Käse kaufen" ins Feld. Was wildeste südländische Diskussionen entfachen und zum mittleren Massenaufruhr entarten kann – mitunter gegen den, der protestiert und weitere Wartezeit verstreichen lässt!

Ähnliches ist in jenen Fällen zu beobachten, bei denen **Señora X** auf die Schnelle Nummer Y gezogen hat, anderweitig einkaufen geht, ein paar Nummern zu spät kommt, aufreizend mit dem Papierchen in den Händen wedelt, einen vorwurfsvollen Gesichtsaufdruck aufsetzt und auf der Stelle an der Reihe sein will. Ganz so, als habe man sie zuvor übersehen! In achtundneunzig von hundert Fällen lässt sich der Typus von Señora X klar bestimmen: zwischen Fünfzig und Fünfundsiebzig, in jederlei Hinsicht mitteilsam und frisch aufgelockt und gefärbt vom Friseur. Dafür legt der Autor seine Schreibhand ins Feuer ...

Nummernlose Fälle des Schlangestehens sind nicht gleichbedeutend mit Vordrängelpraxis. Mitunter fragt man höflich in die Reihe, **wer zuvor als Letzter gekommen ist:** *¿Quién es el último?*

Sicherheit – Vorsicht muss sein

Grundsätzliche Sicherheitsbedenken gibt es für Spanien nicht, in Regionen und Städten reist man ebenso sicher (oder unsicher) wie in Mitteleuropa. Natürlich darf man die Augen nicht vor einem gewissen **kriminellen Potenzial** verschließen, das zuvorderst von der Beschaffungskriminalität Rauschgiftsüchtiger herrührt. So üben die Inhalte von Autos und Wohnmobilen mit ausländischen Kennzeichen eine besondere Anziehungskraft auf Langfinger aus.

Gleiches gilt gemeinhin für **Fahrräder,** die es doppelt und dreifach zu sichern gilt. Darüber hinaus klagen häufig Landwirte und Fassadenrenovierer über den Diebstahl von Erntegeräten und Gerüstteilen, die bei dubiosen Secondhand- oder Schrotthändlern landen.

Taschendiebe lauern überall: ob in großen Open-air-Märkten in Madrid und Barcelona oder im Getümmel größerer Feste. In diesen Fällen gilt es, besonders gut auf seine Wertsachen, auf Hand- und Kamerataschen zu achten. Gleiches gilt, wenn sich die ominösen Nelkenverkäuferinnen in andalusischen Städten nähern. Kulturkreisfremdlinge sollten auch gegen Tricks von **organisierten Banden** gewappnet sein (angestochene Reifen und vermeintliche „freundliche" Reifenwechsler, die dann so richtig zuschlagen). In südspanischen Städten trägt der „Kulturschock"-Autor im Übrigen seine Tasche immer zur Hauswandseite hin, damit sie nicht von vorbeiflitzenden Mofafahrern von der Schulter gerissen werden kann – eine vielleicht übertriebene Vorsichtsmaßnahme.

Steuern und Steuerhinterziehung

Wer füllt schon gern des Fiskus' Säckel? Spanier zumindest nicht. Wo immer es in gegenseitigem Einverständnis geht, schließt man den anonymen Mitverdiener aus. Ob bei der Unterverbriefung von Immobilien oder beim Mehrwertsteueraufschlag, dem *Impuesto de Valor Añadido,* kurz IVA. Also: Der Installateur kommt ins Haus, repariert und kassiert. Kurze Frage: Mit oder ohne Rechnung? Will heißen: **Mit oder ohne Mehrwertsteuer?** Natürlich ohne, man versteht sich. Kein Dokument, keine Papierspur, cash in die Tasche. Was dem Auftraggeber einen 16-prozentigen Aufschlag und dem Auftragnehmer brutto gleich netto beschert. Ein routiniertes Spiel, an das sich in Spanien lebende Ausländer rasch (zwangs)gewöhnen und dem sie sich nicht immer verschließen können.

Spanier zeigen sich als verschworene Gemeinschaft, wenn es gegen *hacienda* geht. *Hacienda* klingt wie ein romantisches Stück Wildwest mit

Lagerfeuerromantik, lässt Zahlungsunwillige jedoch erschaudern. Vollkommen unromantisch heißt *hacienda* **"Finanzamt",** an dem man ähnlich wie den Hausbesuch des Installateurs ganze Wohnungsmietverträge vorbei schleust, ebenso wie das Schrankbauen durch den Schreiner und das Weißen der Wände durch den Anstreicher. Ein kleiner Beitrag zum großen **Volkssport Steuerhinterziehung,** den ansonsten die BMW-Berufler – Bäcker, Metzger, Wirt – perfektioniert haben. Man beachte das Phänomen der mancherorts an der Digitalkasse ewig eingetippten Null: Man kassiert und tippt des schönen Scheins wegen etwas ein, das eigentlich dem kassierten Betrag entsprechen müsste – doch das Eingetippte ist 00000. Also hat man offiziell nichts kassiert. Beliebt in Kneipen.

Für Ausländer ebenso gewöhnungsbedürftig sind die uneinheitlich gehandhabten **Brutto-Netto-Angaben.** In manchen Restaurants, Hotels und Geschäften sind Preise ohne Mehrwehrsteueraufschlag angegeben, das Kleingedruckte gibt Aufschluss: *más IVA* (plus IVA) oder *IVA no incluido* (IVA nicht inbegriffen). Für Unterkünfte und Gastronomie gilt der verminderte Mehrwertsteuersatz in Höhe von sieben Prozent.

Straßenkampf – Autofahren und Verkehr

„Mach Dir nichts draus, ein Auto ist wie ein Gegenstand, den du irgendwo auf der Straße vergessen hast." Auf ewig ins Gedächtnis gebrannt hat sich dies Statement eines freundlichen Polizisten aus Granada, als der Autor einst vor der **zertrümmerten Seite seines Autos** stand. Damals hatte ihn dererlei entsetzt. Auch die ersten Schrammen am Lack nahm er irgendwie persönlich und verfluchte die Flüchtigen. Zusammen mit unverschuldeten Beulen legten sie sich wie Kratzer auf seine Seele, doch mit den Jahren des alltäglichen Straßenkampfs ist die Betroffenheit abgeblättert, und heute orientiert sich der Autor einzig am Ausspruch des granadinischen Gesetzeshüters. Dieser Mann hat kein Blech geredet. Er hatte einfach Recht.

Auf Spaniens Straßen herrscht **muntere Anarchie.** Selbst im dritten Jahrtausend gebärden sich viele Steuerhalter wie die wildesten Stiere und folgen den angestammten Grundsätzen „Hupen statt Bremsen", „Alt vor Neu" und „Groß vor Klein". Dagegen wirkt ein deutsches Mann-mit-Hut-Gehabe wie ein Fliegenschiss. Ein Aufruf zum partnerschaftlichen Verhalten in Spaniens Straßenverkehr wäre ebensowenig wirksam wie der Appell, die Steuererklärung korrekt auszufüllen. Obgleich es grundsätzlich nicht an Gesetzen und Vorschriften mangelt, sind sie nach spanischem Alltagsverständnis dazu da, gebrochen zu werden.

Das, was man andernorts als **„Zebrastreifen"** kennt und achtet, betrachten manche Spanier als längliche weiße Dekors. Als Zierde im grauen Asphaltallerlei – ganz nett, aber bedeutungslos. Wer als Fußgänger sein Recht auf Zebrastreifen einfordert und mutig auf dem Übergang ausschreitet, riskiert sein Leben. Selbst beim **grünen Ampelmännchen** sollte man sich vorsichtshalber nach links und rechts wenden, weil manche Autofahrer gerade noch durchhuschen oder bereits anfahren. Aber wer wartet als Fußgänger schon auf Grün? Die meisten gehen, wenn keiner kommt und das Auge dem Hirn und den Beinen vermeldet, man könnte es mit einem Sprint gerade noch so schaffen. Selbst Alte, Gebrechliche mit Krückstock, die Senilsten der Senilen reihen sich in die Reihen der **Rotgänger und Rotläufer** ein. Ein spanisches Phänomen! Ob bei solcherlei Kreuzungsmanövern ein Polizist in der Nähe steht, ist egal. Er ist mit derlei Unsitten aufgewachsen und geht in seiner Freizeit wahrscheinlich selber bei Rot. Gleichgültig nehmen's die meisten Gesetzeshüter hin, wohl in Gedanken versunken, dass Zusatzärger nicht mehr Verdienst einbringt.

Wie es um die **Mentalität im Straßenverkehr** bestellt ist, mag folgende Kurzepisode zeigen. Es begab sich, dass der langjährig verkehrsgeschädigte „Kulturschock"-Autor unlängst einen Stadtbusfahrer anzeigen wollte. Dieser war bei Rot durchgerauscht und hatte fast des Autors kleine Kinder und ihn selbst überfahren. Das Ende der Geduld. Also ging der Vater schnurstracks zur nächsten Polizeibehörde. Nummernschild, Zeitpunkt, Ort, Aussehen des Fahrers, alles ordnungsgemäß notiert. Auf der Wache musste er sich folgende Gegenfrage des Diensthabenden anhören: „Hat euch der Bus denn berührt, gestreift?" Antwort: „Nein, dann könnten wir es wahrscheinlich nicht mehr erzählen." Fazit des Polizisten: „Na, wenn er euch nicht berührt hat, hast du kein Recht, eine Anzeige aufzugeben." Diese Episode – Hand aufs Herz – ist nicht erfunden und hat sich im fortgeschrittenen dritten Jahrtausend so und nicht anders abgespielt. Traurig, aber wahr.

Zu den Selbstverständlichkeiten des spanischen Verkehrsalltags zählt die rustikale **Kunst des Ein- und Ausparkens** nach Gefühl und Gehör. Rein in die Lücke und nur nicht so zimperlich und bis zum Anschlag ran an Stoßstangen von Vorder- und Hintermann. Wer sein deutsches Vehikel, Typ „scheckheftgepflegt" und „samstagsnachmittagsgereinigt", in solcherlei Manöver involviert sieht, dürfte herzinfarktgefährdet sein. Zumal bei Stoßstangenkollisionen kaum ein Polizist den Finger über einem Schadenzettel krümmen wird. Gröberes nehmen die polizeilichen Unfalleinheiten der *atestados* auf – falls sie kommen.

Als Auswärtiger sollte man sich sich zu Herzen und Bleifuß nehmen, **zügig, aber defensiv zu fahren** und stets mit Kurvenschneidern zu rechnen, die von südländischem Temperament und vom Vertrauen zu Gott beseelt zu sein scheinen.

Doch der Allmächtige kann seine Augen und Ohren nicht überall haben. So heißt es bei Spaniens Straßenroulette öfter als irgendwo sonst in Europa: „Leider verloren". Spaniens Statistik weist jährlich Tausende Verkehrstote aus, all die Schwer- und Leichtverletzten gar nicht mitgerechnet. Die Fernsehnews an Urlaubswochenenden sind Ketten von Schreckens- und Abschreckungsmeldungen. Wie schnell Gesetzes- in Knochenbrüche münden und im Rollstuhl enden können, haben breit angelegte Aufklärungs- und Beschwörungskampagnen des Verkehrsministeriums gezeigt. Richtige Schocktherapien per TV, geholfen haben sie kaum. Um die Zahl gravierender Verkehrsvergehen zu bekämpfen, sind Strafen und Kontrollen erhöht worden. Neuerdings gibt es ein **Punktesystem** à la Flensburger Verkehrssünderkartei. Problem erkannt, aber noch nicht gebannt. Immerhin zeichnet sich Licht am Ende des Tunnels ab.

Auch **Falschparker** haben kein leichtes Leben mehr. Nun gehen die personell erheblich verstärkten Patrouillen schärfer gegen jene vor, die ihr Gefährt mal eben ein Viertelstündchen in der zweiten Reihe abstellen und erst bei Hupsignalen des Zugeparkten herbeieilen. Wer als Zweite-Reihe-Parker erwischt wird, muss im schlechtesten Falle den Strafzettel samt Gebühren für den geordneten Abschleppwagen (*grúa*) begleichen. In dem Fall verstehen die Spanier immer weniger Spaß und löschen ihre besten alten Landesunsitten aus. Ohne Gnade, ohne Diskussion.

Sympathien und Ressentiments

Skepsis, Offenheit, Ablehnung – all dies ist vertreten im spanischen Umgang mit Ausländern. **Deutsche, Schweizer und Österreicher** dürfen sich durchweg freundlich, offen und respektvoll aufgenommen fühlen. Man weiß um ihre Zuverlässigkeit und Disziplin und ist sich – ohne in irgendeinen Minderwertigkeitskomplex zu verfallen – darüber im Klaren, dass ihre Heimatländer Spanien traditionsgemäß voraus sind. Nicht zuletzt wegen ihrer Eigenschaft als Devisenbringer werden Mitteleuropäer geachtet. Außerdem hat man mit ihnen nie auf Kriegsfuß gestanden (kleine Ausnahmen inklusive).

Weniger beliebt sind die benachbarten **Franzosen,** denen man die kriegerischen Invasionen aus der Geschichte nicht vergessen hat und mit denen ein ums andere Mal Konflikte um Fischereirechte aufkeimen. Durchweg zu behaupten „Der Spanier mag den Franzosen nicht" wäre allerdings ebenso ungerecht wie das Bild eines Engländers mit dem eines randalierenden Hooligans gleichzusetzen.

Das Thema „Ethnische Minderheiten" gehen die Spanier im Alltag durchweg gleichgültig an, doch die neuen Einwanderungswellen von **Lateinamerikanern sowie Nord- und Schwarzafrikanern** könnten künftig stärkere Probleme mit sich bringen (vgl. Kap. „Einwanderungsland mit Konfliktpotenzial").

Ob man Spanien als gastfreundliches Land empfindet, wird jeder Einzelne anders entscheiden. Was nicht zuletzt an der Definition des Wortes **„Gastfreundschaft"** liegt. Zielt man auf die generelle Aufnahme von Fremden ab, mit denen man auf der Straße, in der Kneipe oder unter

Nachbarn ins muntere Plaudern gerät und ein Gläschen zusammen trinkt, fällt ein deutliches „Ja". Ein „Nein" hingegen, wenn man Gastfreundschaft an Einladungen in die eigenen vier Wände koppelt – doch das gilt ebenso für Spanier unter Spaniern. Man lädt nicht oft nach Hause ein, sondern trifft sich lieber draußen. Im Café und im Restaurant, auf der Promenade und auf dem Platz.

Telefon und Telefónica

Spaniens **Massenhass** hat einen Namen: Telefónica. Kaum jemand pflegt einen guten Draht zu Spaniens Telefongesellschaft, jenem Peiniger aller Fern- und Nahsprecher, der von seinen Kunden traditionsgemäß **Spitzenpreise für Niedrigstservice** kassiert. Im Land der Zahlungssäumigen bucht man die munter steigende Grundgebühr wohlweislich für zwei Monate im voraus ab und weigert sich schlechtestenfalls bei Kündigung oder unverlangten Serviceleistungen das vorab Eingezogene zurück zu erstatten. Bei Gesprächstarifen liegt Telefónica an der weltweiten Front, Werbekampagnen zum „Billiger telefonieren" sind Lachnummern der Nation und ein munterer Springquell für satirische Aufbereitung. Bei solcherlei Werbefeldzügen grenzt das Kleingedruckte die Angebote in unnachahmlichem Stile von „nur montags bis freitags und nur zwischen 22 und 6 Uhr" ein. Jeder Spanier weiß: Wann immer Telefónica etwas „billig" anpreist, ist mit Sicherheit etwas faul und mit der größten Wahrscheinlichkeit bei Wettbewerbern preiswerter zu haben.

Probleme mit Telefónica (oder auch Internetanbietern) sind nicht einmal seinem ärgsten Feind zu gönnen. Wer die Hotline anwählt, darf nicht dünnhäutig sein. Man sollte sich darauf einstellen, in den Call Centern auf ein Personal zu stoßen, das bei der Einstellung wahrscheinlich das Kriterium „so unfreundlich wie möglich" erfüllt hat.

Festanschluss- und Handylose straft das Schicksal schwer, denn sie bleiben zuvorderst auf **Fernsprechkabinen** von Telefónica angewiesen. Insgesamt gesehen mag es eine Vielzahl an Zellen geben, doch nach allgemeinem Erfahrungswert lässt sich allenfalls die Hälfte als „funktionstüchtig" bezeichnen. Was nicht immer an Vandalismus, sondern – Markenzeichen Telefónica – an mangelndem Service liegt. Gierige Geldschlucker sind sie alle, nach Rekordzeit kündigen Pieptöne das nahende Gesprächsende an.

ANHANG

Glossar

Nachfolgend einige wichtige Begriffe, die in diesem Buch verwendet werden und überwiegend volkskundlichen Charakter tragen.

- **Aficionados:** Anhänger des Stierkampfes, Stierkampf-Fans
- **Akelarre:** im baskischen Volksglauben „Zusammenkunft von Hexen"
- **Apartado:** Einstellungszeremonie der Stiere, Auslosungszeremonie, bei der die für den Stierkampf bestimmten Kampfstiere den Toreros zugelost werden
- **Bailaor, bailaora:** Flamencotänzer, Flamencotänzerin
- **Baile flamenco:** Flamencotanz
- **Banderillero:** Akteur beim Stierkampf, der dem Stier die mit Papierbändern und Fähnchen geschmückten Spieße *(banderillas)* in den Nacken stößt
- **Bodega:** Weinstube oder Weinlager, insbesondere in der Rioja; auch Weinschänke
- **Botafumeiro:** Weihrauchwerfer in der Kathedrale von Santiago de Compostela
- **Cabalgata de Reyes:** Dreikönigsumzug
- **Cabezudos:** Personen mit großen Kopfmasken, bei Volksfesten
- **Camino de Santiago:** Jakobsweg
- **Cantaor, cantaora:** Flamencosänger, Flamencosängerin
- **Cante flamenco:** Flamencogesang
- **Cante jondo** (auch: *cante grande*): tiefinnerer Flamencogesang
- **Capea:** Amateur-Schaukampf mit Jungstier
- **Casco viejo** (auch: *casco antiguo*): Altstadtviertel

- **Castellers:** katalanische „Menschenturmerbauer", bei Volksfesten
- **Castro:** befestigte Siedlung der Kelten, in Galicien
- **Cava:** katalanischer Schampus
- **Cofradía** (auch: *hermandad*): Laienbruderschaft, wichtig bei den Karprozessionen
- **Cogida:** Verletzung durch Hornstoß beim Stierkampf
- **Corrida de toros:** Stierkampf
- **Cruceiro:** Wegekreuz, Bilderstock in Galicien
- **Cuadrilla:** Mannschaft eines Toreros
- **Cueva** (auf katalanisch *cova*): Höhle
- **Curro:** in Galicien die Zeremonie des Auftriebs und Einpferchens halbwilder Pferde
- **Deporte rural:** ländlicher baskischer Sport
- **Desfile:** festlicher Umzug
- **Disciplinantes:** Geißler, Büßer; bei den Karprozessionen
- **Encierro:** Stiertreiben
- **Feria:** Art Jahrmarkt
- **Feria de ganado:** Viehmarkt
- **Fiestas patronales:** Patronatsfeierlichkeiten
- **Frontón:** Spielfeld für den baskischen Nationalsport Pelota
- **Gaita:** galicischer Dudelsack
- **Gigantes:** bei Umzügen Riesenfiguren aus Holz, Pappe und Stoff
- **Gitanos:** Zigeuner
- **Hermandad:** Laienbruderschaft
- **Hórreo:** pfahlgestützter Kornspeicher; verbreitet in Asturien und Galicien
- **Iglesia:** Kirche
- **Jerez:** Sherry
- **Meiga:** galicische Hexe, im Volksglauben
- **Monasterio:** Kloster
- **Montaña:** Gebirge
- **Monte:** Berg
- **Moros y Cristianos:** bei Volksfesten nachgestellte „Kämpfe" zwischen Mauren *(moros)* und Christen *(cristianos)*
- **Novillada:** Stierkampf mit Jungstieren
- **Ofrenda:** Opfergabe
- **Palacio:** Palast
- **Paseo:** Promenade
- **Paso:** Heiligenbild bei Osterprozessionen
- **Payo:** Nicht-Zigeuner (aus Sicht der *gitanos*)
- **Peña:** Freundesclub, Festverein

- **Peregrino:** Pilger
- **Pessebres vivents:** „lebende Krippen", zur Weihnachtszeit in Katalonien
- **Picador:** berittener Stierfechter mit Lanze
- **Playa:** Strand
- **Plaza de toros:** Stierkampfarena
- **Plaza:** Platz
- **Procesión marítima:** Meeresprozession der Fischer, meist am 16. Juli mit einem Marienbildnis
- **Pueblo:** Dorf
- **Puente:** Brücke
- **Ría:** fjordgleiche Trichtermündung galicischer Flüsse
- **Río:** Fluss
- **Rociero, rociera:** Pilger, Pilgerin; Rocío-Wallfahrt
- **Romería:** Wallfahrt
- **Santa Compaña:** im galicischen Volksglauben nächtliche Wanderung der Seelen des Fegefeuers
- **Santiago Matamoros:** „Jakobus Maurentöter"; häufig zu sehen in Gestalt von Skulpturen und Kirchenreliefs
- **Santuario:** Heiligtum
- **Sardana:** katalanischer Volkstanz
- **Semana Santa:** Karwoche
- **Sierra:** Gebirge
- **Tablao:** kommerzielles Flamencolokal
- **Tamborrada:** Trommelmarathon bei Volksfesten (auch: Trommlervereinigung)
- **Tapas** (auch *pinchos*): Appetithäppchen
- **Tapeo:** Tapas-Streifzug von Bar zu Bar
- **Toque:** Flamenco-Gitarrenspiel
- **Toro:** Stier
- **Toro bravo:** Kampfstier
- **Toro de fuego:** „Feuerstier", Belustigung bei Volksfesten
- **Tortilla:** Omelette
- **Uvas de la suerte:** „Glückstrauben", die man zum Jahreswechsel verzehrt
- **Vaquillas:** Jungrinder; bei Volksfesten werden sie auf Wagemutige losgelassen
- **Villancicos:** Weihnachtslieder
- **Vino:** Wein
- **Virgen:** (heilige) Jungfrau
- **Voto:** Gelübde

Literaturtipps

Aus der Flut der Bücher zu Spanien haben wir sorgsam, aber nicht frei von Subjektivität, Werke ausgewählt, die wir mit kurzen Anmerkungen und Kommentaren vorstellen: ob hilfreiche Nachschlagebände, Lektüre für spannende Abende oder Bücher für den praktischen Gebrauch vor Ort. Die Literaturtipps sind thematisch aufgeschlüsselt und alphabetisch nach Stichpunkten geordnet: Belletristik, Geschichte, Gesellschaft, Immobilien, Jakobsweg, Kunstgeschichte und Architektur, Literaturgeschichte, Musik, Reisebeschreibungen, Reiseführer und Bildbände, Religion, Sitten und Gebräuche sowie Stierkampf.

Belletristik

- *Alberti, Rafael:* **Der Verlorene Hain.** Suhrkamp, Frankfurt am Main 2002. Andalusiens großer Dichter *Rafael Alberti* (1902–1999) berichtet von seiner Kindheit in der Hafenstadt El Puerto de Santa María, seinen literarischen Anfängen und seiner Mitgliedschaft in der Dichtergruppe „Generation von '27".
- *Aub, Max; Buñuel, Luis:* **Die Erotik und andere Gespenster.** Verlag Klaus Wagenbach, Berlin 2003. Mit seinen „nicht abreißenden Gesprächen" liefert Romancier *Max Aub* ein ungewohnliches Porträt von seinem Freund *Buñuel.* In Interviewform spricht Meisterregisseur *Buñuel* (1900–1983) von seiner Kindheit im aragonesischen Calanda, von Bordellbesuchen und politischen Vorlieben und natürlich seinem cineastischen Schaffen. Aber, Vorsicht! „Um so nah wie möglich an der Wahrheit zu bleiben", nimmt sich *Buñuel* die künstlerische Freiheit, wahre und erlogene Geschichten zu erzählen!
- *Ayesta, Julián:* **Helena oder das Meer des Sommers.** Deutscher Taschenbuch Verlag, München 2006. Dieser kurze, 1952 erstmals erschienene Roman ist eine berührende Hommage an die Kindheit und dreht sich um zwei unbeschwerte Sommer an der asturischen Küste. *Julián Ayesta* (1919–1996) erweist sich als Meister der leisen Töne und lässt seinen Ich-Erzähler mit der jungen Helena die brennende Sehnsucht der ersten Liebe empfinden. Ganz nebenbei geben die Episoden skizzenhaft Blicke auf die spanische Nachkriegsgesellschaft frei: die erzkatholische Erziehung, die Kirche, die Mode, die High Society, die Glaubens- und Aberglaubenswelten.
- *Barbal, Maria:* **Wie ein Stein im Geröll.** Transit-Verlag, Berlin 2007. *Barbals* Mitte der 1980er-Jahre verfasstes Romandebüt zeichnet die Lebensstationen einer einfachen alten Frau, Conxa, nach: Kindheit und Jugend

im abgelegenen dörflichen Umfeld der katalanischen Pyrenäen, ihre erste und einzige große Liebe, ihr entbehrungsreiches Leben auf dem Land, die Erziehung der Kinder, die Anfänge der Republik, Ausbruch und Verlauf des Bürgerkriegs, der gewaltsame Tod ihres Mannes, der Umzug in hohem Alter nach Barcelona, das Warten auf das eigene Sterben. Auf Hundert Seiten bündelt *Barbal* ein eindrucksvolles Lebenskonzentrat als exemplarisches Schicksal all jener, die, so die Autorin, „wie ein Stein im Geröll der Geschichte mitgerissen wurden." Das Erzählwerk berührt und besticht durch seinen poetischen Realismus und wirft gleichsam ein Licht auf die Wunden und Traumata der Bürgerkriegs-Vergangenheit.

- *Brenan, Gerald:* **Südlich von Granada.** Jenior-Verlag, 3. Auflage Kassel 2001. Detailgenau legt der englische Autor (1894–1987) Zeugnis von Sitten, Gebräuchen und Alltag in einem andalusischen Bergdorf der Alpujarras ab. Zwischen 1920 und 1934 verbrachte *Brenan* dort sieben Jahre. Ein hochinteressantes Dokument.
- *Cernuda, Luis:* **Wirklichkeit und Verlangen. Gedichte.** Suhrkamp, Frankfurt am Main 2004. Mit seinem lyrischen Werk hat sich *Luis Cernuda* (1902–1963) einen festen Platz in Spaniens jüngerer Literaturgeschichte gesichert. Die Werkauswahl umfasst vier Jahrzehnte und folgt der Chronologie des Cernuda'schen Schaffens. Mit einem aufschlussreichen Nachwort von *Susanne Lange.*
- *Hemingway, Ernest:* **Fiesta.** Rowohlt-Verlag, Reinbek bei Hamburg. Basierend auf *Hemingways* Recherchen in Pamplona, lässt er seine vom Ersten Weltkrieg gezeichneten Gestalten durch den großen sommerlichen Fiestatrubel der Sanfermines treiben. Ein Klassiker, erstmals 1926 unter dem Titel „The Sun Also Rises" erschienen.
- *Laforet, Carmen:* **Nada.** Claassen-Verlag, Berlin, 2005. Wiederentdeckter Roman, der 1945 in Spanien erschien und *Laforet* (1921–2004) den Literaturpreis Nadal einbrachte. Angesiedelt in der Zeit nach dem Bürgerkrieg, zeichnet „Nada" – zu deutsch: „Nichts" – das Schicksal der jungen Andrea nach, die zum Studium nach Barcelona kommt. Im Haus ihrer Verwandten stößt sie auf einen Mikrokosmos aus Hass und Verfall, ein Inferno menschlicher Abgründe.
- *Marsé, Juan:* **Der zweisprachige Liebhaber.** Verlag Klaus Wagenbach, Berlin 2007. Was tun, wenn ein Mann seine Ehefrau mit einem Schuhputzer in flagranti im Bett erwischt? Nun, den Lover zunächst zum Bleiben animieren und sich selbst die Schuhe putzen lassen – kann ja nichts schaden. In diesem in revidierter Übersetzung *(Hans-Joachim Hartstein)* neu aufgelegten Roman gießt der Barcelonese *Juan Marsé* kübelweise Spott über Kataloniens Oberschichtler und Sprachnationalisten aus. Ein Werk, das mit Sprachwitz und herrlichen Absurditäten angefüllt ist.

- *Moliner, Empar:* **Verführung mit Aspirin.** Verlag Klaus Wagenbach, Berlin 2006. Frech, frivol und erfrischend anders kommt dieser Band mit zehn Erzählungen daher, die dem Menschen auf die Finger, über die Schultern und zwischen die Beine schauen. Unter die Gürtellinie geht es eben auch, aber niemals unangenehm sexistisch, sondern stets mit einem Augenzwinkern.
- *Morpurgo, Michael:* **Toro! Toro! Eine Geschichte über den Krieg.** Arena-Verlag, Würzburg 2003. *Morpurgo* verdichtet die Themen Freundschaft, Freiheits- und Friedensdrang zu einem zeitlosen kleinen Kunstwerk – wobei er Tragik und Trauer nicht ausspart. So viel wie nötig und so wenig wie möglich, denn das Buch richtet sich zuvorderst an ein Lesepublikum ab zehn Jahren. Im Mittelpunkt des Geschehens steht ein kleiner Junge, der während des Spanischen Bürgerkriegs seinen geliebten Kampfstier vor dem Tod in der Arena rettet. Eine ebenso feinfühlig wie anrührend erzählte Geschichte, die den Unsinn von Kriegen vor Augen führt und den Stier zum Symbol von Freiheit erhebt.
- *Nooteboom, Cees:* **Der Umweg nach Santiago.** Suhrkamp, Frankfurt am Main 2007. Sammlung brillanter Essays, die das Land, seine Menschen, Landschaften, Kunst und Kultur beleuchten. Eine Pflichtlektüre für Spanienliebhaber, die nun in neuester Auflage vorliegt.
- *Rivas, Manuel:* **Die Nacht, in der ich auf Brautschau ging.** Suhrkamp Taschenbuch, Frankfurt am Main 2002. Schon die einheimische Kritik bejubelte den Band und schrieb von „wahren Meisterstücken der spanischen Literatur". *Rivas,* aus dem galicischen La Coruña gebürtig, notiert Geschichten, die das Leben schreibt, und hat sich mit den hier versammelten 19 Kurzgeschichten als begnadeter Erzähler profiliert.
- *Tomeo, Javier:* **Unterhaltung in D-Dur.** Wagenbach-Verlag, Berlin 1995. Lesevergnügen für jene mit einem Faible für menschliche Skurrilitäten, aufgezogen an einer merkwürdigen Eisenbahnfahrt: zwei Männer, ein Provinzposaunist und ein seltsamer Fremder, ganz alleine im Zug und gleichsam auf dem Schienenstrang des Lebens. Samt Unterhosenraub und herrlich absurden Dialogen. *Tomeo* ist eine Klasse für sich und geht oftmals unter die Gürtellinie – was sicher nicht jedermanns Geschmack treffen dürfte! Eine neuere Dosis für Tomeo-Infizierte ist der 2007 im Wagenbach-Verlag erschienene Erzählband „Hotel der verlorenen Schritte".

Geschichte

- *Bernecker, Walther L.:* **Spanien-Handbuch. Geschichte und Gegenwart.** A. Francke Verlag, Tübingen und Basel 2006. Eine Fundgrube des Wissens. Spanien-Koryphäe *Bernecker* deckt den Zeitraum vom frühen 19.

Jh. bis in die Gegenwart ab und legt die Schwerpunkte auf die drei großen Themenblöcke Politik, Wirtschaft sowie Bevölkerung und Gesellschaft. Hilfreich sind die eingestreuten Grafiken, Karten, Schemata und Tabellen. In Form von Kurzportraits werden König *Juan Carlos I.* und alle Ministerpräsidenten in der Demokratie vorgestellt.

- *Bernecker, Walther L.; Pietschmann, Horst:* **Geschichte Spaniens.** Verlag Kohlhammer, Stuttgart, 4. verbesserte und aktualisierte Auflage 2005. Spaniens große Entwicklungslinien von der Großmachtstellung im 16. Jahrhundert bis zum demokratisch gefestigten Staat von heute. Ein Pflicht-Nachschlagewerk für Geschichtsinteressierte, inklusive Zeittafel und Stammtafel der spanischen Könige.
- *Dinzelbacher, Peter:* **Die Templer.** Herder-Verlag, Freiburg 2002. Dieses Taschenbuch empiehlt sich, denn der Autor geht anschaulich Themen wie der Expansion des Ordens und seiner wirtschaftlichen Macht nach, beleuchtet das Alltagsleben der Templer in Kriegs- und Friedenszeiten und greift Mythen und Mystifikationen auf.
- *Heinen, Eugen:* **Sephardische Spuren.** Jenior-Verlag, Kassel, 2 Bände 2001 und 2002. Detaillierter A-Z-Führer durch die historischen Judenviertel in Spanien und Portugal samt ihren baulichen Spuren wie z. B. den Synagogen von Córdoba und Toledo. Außerdem geht es um wichtige historische Ereignisse, die sich auf die Entwicklung der jeweiligen Judenviertel ausgewirkt haben bzw. durch Persönlichkeiten der jüdischen Gemeinschaft von ihnen ausgegangen sind. Besonders interessant: eine Einführung in die Geschichte des Iberischen Judentums sowie Kurzbiografien von 300 bedeutenden jüdischen Persönlichkeiten.
- *Hilgard, Peter:* **Der maurische Traum. Dimensionen der Sinnlichkeit in al-Andalus.** Jenior-Verlag, Kassel 1997. Der spanische Alltag zu Zeiten der Mauren: Da gab es Rausch- und Liebesdrogen, Kräuter und Gewürze, Olivenöl und zuckersüße Backwaren. Thematisch eingeteilt in interessante kleine Kapitel.
- *Lemm, Robert:* **Die Spanische Inquisition.** Deutscher Taschenbuch Verlag, München 1996. Standardwerk zu einem heißen Eisen, historisch treffend in eine Zeit eingebettet, in der sich die Verfolgung Andersdenkender mit der Staatsmacht verband und ein bedeutendes politisches Instrument darstellte.

Gesellschaft

- *Allebrand, Raimund:* **Alles unter der Sonne.** Horlemann Verlag, Bad Honnef 2007. Informativ und verständlich lädt *Allebrand* in zehn schlüssig aufgebauten Kapiteln zu einem Streifzug durch Spaniens Kulturgeschichte und Gegenwart ein. Da geht es um Spanien und den Islam, Kultur und Kommerz am Jakobsweg, die historische Entwicklung des Reiselands Spanien sowie Probleme im dritten Jahrtausend.

● *Baumgartner, Barbara:* **Ein Jahr in Barcelona. Reise in den Alltag.** Herder, Freiburg 2007. In persönlichen Momentaufnahmen beschreibt die Autorin ihre Zeit in der katalanischen Hauptstadt. Erste Mietwohnung, Sprachunterricht, Aufbau eines Bekannten- und Freundeskreises. Anschaulich schildert sie in kleinteiligen Episoden ihre Annäherung an Barcelona, ihre Zwischenfazite, ihre Erfahrungen. Ein ungeschminkter Blick auf jedwede Realitäten.

● *Bernecker, Walther L.; Dirscherl, Klaus* (Hg.): **Spanien heute.** Vervuert Verlag, Frankfurt am Main 2004. In kompletter Überarbeitung liegt die neueste Auflage dieses voluminösen Bandes mit nunmehr 850 Seiten vor. Zahlreiche Beiträge verschiedener Autoren beleuchten Themen wie den Autonomiestaat, die spanische Wirtschaft, Schule und Universität, Situation der Frau, Literaturbetrieb, Tourismusboom und Kinokultur der Gegenwart. In einem besonders interessanten Beitrag setzt sich der Historiker *Carlos Collado Seidel* mit Kirche und Religiosität auseinander. Ein unverzichtbares Standardwerk!

● *Goytisolo, Juan:* **Spanien und die Spanier.** Suhrkamp, Frankfurt am Main 1982. Noch heute eine Pflichtlektüre für jeden Spanien-Interessierten, die 1969 erstmals auf deutsch erschien und bei der *Goytisolo* sein Land schonungslos und ohne Verklärung durch Mythen angeht. An geschichtliche Verläufe geknüpft, zeigt der zu Franco-Zeiten exilierte Autor, warum die Spanier so sind, wie sie sind.

● *Kurlansky, Mark:* **Die Basken. Eine kleine Weltgeschichte.** Claassen/Econ Ullstein List Verlag, München 2000. Dieser Band ist ein exzellentes und detailliertes Werk über die Basken, wie man es sich immer gewünscht hat – dazu in klarer, deutlicher Sprache, die ohne wissenschaftliche Angestaubtheit auskommt. Auf knapp 500 Seiten belässt *Kurlansky* nicht nur Raum für Geschichte und Politik, sondern hebt auch solche aufschlussreichen Themen wie zum Beispiel die ominöse Baskenmütze und den Weg weisenden Begründer des Jesuitenordens *Ignatius von Loyola* hervor. Eingestreut findet man außerdem Rezepte zur Zubereitung von Stockfisch, Meerbrasse und Hase mit Walnuss und Schokolade.

● *Mendoza, Cristina; Mendoza, Eduardo:* **Barcelona. Eine Stadt erfindet die Moderne.** Insel-Verlag, Frankfurt am Main und Leipzig 2006. Zeitreise in die Epoche des *Modernisme,* des katalanischen Jugendstils, der in *Antoni Gaudí* seinen bedeutendsten Exponenten gefunden hat. Die Zeugnisse des *Modernisme* in Architektur und bildenden Künsten weisen auf den Übergang vom 19. ins 20. Jahrhundert: Vor dem Hintergrund jener prosperierenden wie widersprüchlichen Epoche leuchtet das Autorengespann Barcelonas Kultur- und Sozialgeschichte aus. Auch der Faktor Mensch tritt immer wieder in den Vordergrund, z. B. in den Kapiteln „Das Familienleben" und „Die Rolle der Frau". Der Band ist durchgehend mit historischen Motiven bebildert.

Immobilien

- *Carballo, Roberto; Hoffmann, Günther F.:* **Immobilien in Spanien. Erwerb –Verkauf – Vererbung.** Books on demand, Norderstedt 2007. Immobilienerwerb in Spanien ist ohne umfassendes Know-how kaum zu bewältigen und eine hochkomplizierte Wissenschaft für sich. *Carballo* (spanischer Anwalt) und *Hoffmann* (Steuerberater und vereidigter Buchprüfer) haben einen wichtigen Leitfaden für Wege durch den Immobiliendschungel herausgegeben. Detailliert werden Hintergründe und gesetzlich verankerte Abläufe von A bis Z geschildert. Der Stil ist zuweilen juristisch knochentrocken.

Jakobsweg

- *Barret, Pierre; Gurgand, Jean-Noël:* **Auf dem Weg nach Santiago.** Herder, Freiburg 2004. Eingebunden in den lebendigen Fluss der Haupttexte, werden historische Berichte und Eindrücke von Jakobspilgern aus dem 12. bis 18. Jahrhundert lebendig. Lobenswert ist allein schon die übersichtliche Einteilung in Kapitel wie „Menschen unterwegs", „Aufbruch", „Pilgeralltag" und „Herbergen und Hospitäler". Der Band liegt in bearbeiteter Neuausgabe vor und eröffnet weitere Dimensionen auf dem Feld der Jakobusliteratur.
- *Coelho, Paulo:* **Auf dem Jakobsweg. Tagebuch einer Pilgerreise nach Santiago de Compostela.** Diogenes, Zürich 2000. Mittlerweile ein moderner Klassiker, in dem der brasilianische Autor ein ganz persönliches Zeugnis von seiner Wallfahrt nach Santiago ablegt – der Weg als Selbsterfahrung, eine 700 Kilometer lange Strapaze, gespickt mit Abenteuern und gesäumt von spirituellen Prüfungen.
- *Drouve, Andreas:* **Geheimnisse am Jakobsweg.** Tyrolia, Innsbruck/Wien, 4. Auflage 2007. Mysteriöse Legenden und Geschichten von Wundern am Jakobsweg – eine interessante Lesereise von den Pyrenäen bis Santiago de Compostela, aufgelockert durch informative Zusatzkästen zu Kirchen, Klöstern und den noch heute nachvollziehbaren Schauplätzen der Legenden. Ein spannendes Buch für unterwegs wie auch für den Armchair-Traveller, verfasst vom Autor dieses „KulturSchock"-Bandes.

- *Drouve, Andreas:* **Lexikon des Jakobswegs.** Herder, Freiburg 2007. In rund 200 Stichworten wurden alle relevanten Aspekte zum *Camino de Santiago* zusammengestellt: ob Jakobsmuschel, Pilgerurkunde, Heiligengräber am Wege oder wichtige Wegpunkte. Der 200-Seiten-Band ist durchgehend farbig bebildert.
- *Drouve, Andreas:* **Mythos Jakobsweg.** Tyrolia, Innsbruck/Wien 2004. Vollbusige Nymphen im Benediktinerkloster von Samos, hungrige Wölfe in den Pyrenäen, ein blutrünstiger Herbergsmeister in Burgos – in einem zuweilen skurrilen Geflecht aus Geschichten und Geschichte greift der Autor den Mythos des Pilgerweges auf. Die Spurensuche führt zu konkreten Schauplätzen und Zeugnissen: zu Burgen und Hospitalruinen, in Kapellen und Kathedralen, vor kunstvolle Kirchenportale und alte Gemälde. Hier begegnet man den überlieferten Figuren in Stein oder Öl, tritt an Gräber und Reliquienschreine heran, kann den Abläufen der legendären Begebenheiten in ihrem ureigenen Umfeld nachgehen.
- *Drouve, Andreas:* **Nordspanien und der Jakobsweg.** Reise Know-How Verlag, Bielefeld, 5. Auflage 2007. Ein 480-Seiten-Handbuch in bekannter Reise-Know-How-Qualität.
- *Drouve, Andreas:* **Segensworte vom Jakobsweg.** Herder, Freiburg 2008. Zur Einstimmung und als spiritueller Wegbegleiter benutzbar. Zu jedem der rund vierzig ausgewählten Segensworte passt ein gegenüber gestelltes Farbbild.
- *Drouve, Andreas:* **Stille Winkel auf dem Jakobsweg.** Verlag Ellert & Richter, Hamburg 2008. Kreuzgänge, Kirchen, Bergpässe – der Autor hat die schönsten Oasen der Ruhe ausgewählt und erstmals eine Essay-Sammlung zum Jakobsweg vorgelegt.
- *Drouve, Andreas:* **Die Wunder des heiligen Jakobus. Legenden vom Jakobsweg.** Herder, Freiburg 2007. Das Buch erzählt die schönsten Wunder- und Weggeschichten.
- *Drouve, Andreas:* **Wie Jakobus nach Santiago kam.** Tyrolia, Innsbruck/Wien 2006. Der Jakobuskult im Spiegel von Geschichte und Gegenwart: seine Enstehung, seine Tragweite, die Entwicklung des Pilgerwesens. Allgemein verständliche Chronik, die als Einstieg und Überblick zum wiedererwachten Phänomen Jakobsweg gedacht ist.
- *Gertz, Kurt-Peter:* **Leben auf dem Weg. Ein Pilgertagebuch.** Verlag U. Nink, Solingen 2005. Einer der besten vorliegenden Pilgerberichte, ein persönlich gefärbtes Dokument, das Zeugnis von einer viermonatigen Fußwallfahrt vom Niederrhein bis in den Nordwesten der Iberischen Halbinsel ablegt. In Spanien war Pfarrer *Gertz* zuvorderst auf dem wenig frequentierten Küstenweg unterwegs und schaffte es letztlich bis zum Kap Finisterre.

- *Girtler, Roland:* **Irrweg Jakobsweg. Die Narbe in den Seelen von Muslimen, Juden und Ketzern.** Edition Gutenberg in der Leykam Buchverlagsgesellschaft, Graz 2007. Komprimierte Darstellung, in der *Girtler* Sachverhalte auf den Punkt bringt und eine verständliche Diskussionsgrundlage zu Wahrheit und Fälschung des Jakobuskultes von Santiago de Compostela liefert. Einzelne Kapitel gehen allerdings am Thema vorbei.
- *Kerkeling, Hape:* **Ich bin dann mal weg. Meine Reise auf dem Jakobsweg.** Malik, München 2007. Der persönliche Erfahrungsbericht des Komikers führte monatelang die Bestsellerlisten an.
- *Künig von Vach, Hermann:* **Pilgerführer nach Santiago de Compostela (1495).** Herausgegeben von Ludwig Hengstmann (Originaltext „Die walfart und Straß zu sant Jacob" und Nachschrift in heutiger Schreibweise). Nink-Verlag, Solingen 1998. Aus heutiger Sicht amüsantes Pilgerbüchlein eines Servitenmönches, der ausgangs des Mittelalters nach Santiago pilgerte und seine Nachgänger in Versform auf Herbergen, Verpflegung, Weinkonsum und gefährliche Wegstrecken vorbereitete.
- *Legler, Rolf:* **Sternenstraße und Pilgerweg – Der Jakobs-Kult von Santiago de Compostela. Wahrheit und Fälschung.** Gustav Lübbe Verlag, Bergisch Gladbach 2000. Kompromisslos-kritische Betrachtung zum Santiago-Pilgertum, seinem Ursprung und geschichtlichem Verlauf. Der Autor legt zugrunde, dass der heilige Jakobus nie spanischen Boden betreten und es zu keiner Zeit ein Grab des Apostels in Galicien gegeben hat – die Wallfahrt als geschickt propagiertes kirchen- und machtpolitisches Konstrukt.
- *Lindenthal, Peter:* **Nach Santiago – wohin sonst!** Tyrolia, Innsbruck/Wien, 2004. Ungeschminkter Pilger-Erlebnisbericht, aufgezogen in Tagebuchform. Mit allen Hochs und Tiefs, zum Schmunzeln und Nachdenken und mit einer Fülle von Begegnungen am Wege. Gut als vorbereitende Lektüre des modernen Fußpilgers, interessant als vergleichende Nachbetrachtung.
- *MacLaine, Shirley:* **Der Jakobsweg.** Goldmann-Verlag, München 2001. Ein Hollywoodstar auf spiritueller Reise nach Santiago, die durchsetzt ist von Traumvisionen und natürlich Entbehrungen und Improvisationskunst im Pilgeralltag. Als „Reise der Seele" hat sie ihre Pilgerfahrt bezeichnet – ein Muss für alle Shirley-MacLaine-Anhänger, die staunen werden, dass sich eine Toilettenbürste auch zum Stiefelputzen eignet!
- *Multhaupt, Hermann:* **Das Geheimnis der Muschelbrüder.** St. Benno Verlag, Leipzig 2004. Historischer Roman, der sich um Erlebnisse und Abenteuer der ersten deutschen Jakobspilger auf ihrem Weg nach Santiago dreht. In Parallelbildung zwischen dem Gestern und Heute dürften viele Leser, die selbst auf dem Jakobweg unterwegs waren, Erfahrungen

vergleichen: von Aufbrüchen und Entbehrungen, von Episoden in Dörfern und Klöstern, von Sehnsüchten und der Freude über das Angekommen-Sein.

- *Riebe, Brigitte:* **Die sieben Monde des Jakobus.** Diana-Verlag, München 2005. Historischer Roman, in dem das Schicksal eine junge katholische Witwe zunächst ins calvinistische Genf des 16. Jahrhunderts verschlägt – sichere Zuflucht verheißt einzig der Jakobsweg. Starkes und spannendes Lesefutter von über 400 Seiten, versehen mit einem aufschlussreichen historischen Nachwort.
- *Voragine, Jacobus de:* **Legenda aurea.** Manesse Verlag, Zürich 2000. Heiligenlegenden aus dem 13. Jahrhundert, verfasst vom Dominikaner Voragine und für diesen Band ausgewählt von *Jacques Laager*. Interessant vor allem wegen der Legende des Apostels Jakobus, aufgelockert mit farbigen Miniaturen. Als kompaktere Auswahl von *Rainer Nickel* liegt die „Legenda aurea" als lateinisch-deutsche Ausgabe in der Reclam Universal-Bibliothek vor; die Jakobuslegende beschränkt sich hier auf zwei Pilgerepisoden um einen silbernen Becher und einen unkeuschen Jüngling. Im Herder-Verlag ist 2007 eine reich illustrierte Sonderausgabe der „Legenda aurea" erschienen.

Kunst

- *Imdahl, Max:* **Picassos Guernica.** Insel-Verlag, Nachauflage Frankfurt am Main 2002. Viele halten *Picassos* Antikriegsgemälde „Guernica", das heute im Madrider Reina-Sofía-Museum zu sehen ist und das an die Bombardierung der gleichnamigen baskischen Stadt durch die „Legion Condor" im Jahr 1937 erinnert, für *das* Ereignisbild des 20. Jahrhunderts. Detailliert und aufschlussreich beschreibt der Autor das Bild und seine Wirkung.
- *Licht, Fred:* **Goya. Die Geburt der Moderne.** Hirmer-Verlag, München 2001. Wer immer sich in *Goya* und sein Werk vertiefen will, kommt an *Lichts* großformatigem Band nicht vorbei. Eine kompetente, umfassende Darstellung, die durchgehend farbig bebildert ist. Inhaltlich klar gegliedert, steckt der Autor *Goyas* künstlerischen Hintergrund ab und geht detailgenau auf die Komplexität seines Schaffens ein: seine Teppichkartons, die religiöse Malerei, die Porträts, die Majas, die Caprichos, die Stierkampfszenen und nicht zuletzt die „Schwarzen Bilder", in denen das aragonesische Künstlergenie dem Dämonischen und Unbewussten schier unnachahmlich Gestalt verliehen hat.
- *Puyplat, Lisa; La Salvia, Adrian; Heinzelmann, Herbert (Hg.):* **Salvador Dalí. Facetten eines Jahrhundertkünstlers.** Verlag Königshausen &

Neumann, Würzburg 2005. In diesem Sammelband spüren Wissenschaftler jedweder Disziplinen dem Phänomen *Dalí* in unterschiedlichsten Ansätzen nach, setzen sein Leben ins Licht der Psychoanalyse und leuchten literarische Einflüsse auf seine Arbeit aus. Herausgekommen sind essayistische Versatzstücke aus Werk und Leben, z. B. „Dalí und die Politik", „Wie kitschig ist Dalí?" und „Masturbation, Autosodomie und andere Befleckungen".

Literaturgeschichte

● *Strosetzki, Christoph* (Hg.): **Geschichte der spanischen Literatur.** Niemeyer-Verlag, 2. Auflage Tübingen 1996. Ein Standardwerk, das die wichtigen Linien in der Literaturgeschichte Spaniens vom 12. bis zum 20. Jahrhundert kompakt und kompetent nachzeichnet und – für jedermann verständlich geschrieben – Schlaglichter auf Höhepunkte der Entwicklungen wirft: von der satirischen Dichtung des Spätmittelalters über die Generation von *Federico García Lorca* bis zum Neuen Spanischen Theater.

Musik

● *Knipp, Kersten:* **Flamenco.** Suhrkamp, Frankfurt am Main 2006. Kompakte und gleichzeitig tiefgehende Abhandlung zur bekanntesten musikalischen Ausdrucksform Andalusiens.

● *Vollhardt, Anja:* **Flamenco. Kunst zwischen gestern und morgen.** Kunstverlag Weingarten, 3. Auflage Weingarten 2000. Ein Muss für jeden Flamenco-Interessierten und ein Standardwerk, das auf Ursprünge und Entwicklung ebenso eingeht wie auf die spanischen *gitanos* und die erstaunliche Bandbreite der verschiedenen Flamenco-Gattungen. Außerdem: zeitgenössische Flamencogrößen, übersichtlich unterteilt nach Tanz, Gesang und Gitarrenspiel. Großformatig aufgezogener Band mit ausdrucksstarken Schwarzweiß-Fotos von *Elke Stolzenberg*.

Reisebeschreibungen

● *Andersen, Hans Christian:* **In Spanien.** Rotbuch Verlag, Hamburg 1998. Weit gefehlt hat, wer *Hans Christian Andersen* (1805–1875) einzig für einen Märchenerzähler hält. 1862 reiste dieser per Bahn und Kutsche quer durch Spanien und trug all seine Erlebnisse und Begegnungen zusammen. Aus heutiger Sicht eine höchst vergnügliche und unterhaltsame Lektüre. Lesefreundlich und übersichtlich unterteilt sind des Dichters Stationen: von Barcelona über Granada und Madrid bis hin zu den Pyrenäen.

- *Gautier, Théophile:* **Reise in Andalusien.** Deutscher Taschenbuch Verlag, München 2001. Spanische Begebenheiten, Wirklich- und Befindlichkeiten anno 1840, dem Jahr, in dem der scharfzüngige französische Dichter *Gautier* (1811–1872) den sonnigen Süden Spaniens erkundete.
- *Goytisolo, Juan:* **La Chanca.** Jenior-Verlag, Kassel 2001. Im Almería der Franco-Zeit begibt sich *Goytisolo* auf die Suche nach der Familie eines Freundes; Schauplatz ist das Zigeuner- und Arbeiterviertel La Chanca, in dem die Ärmsten der Armen leben. Erstmals 1962 erschienen.
- *Gumpert, Gregor* (Hg.): **Kanarische Inseln. Ein Reisebegleiter.** Insel Verlag, Frankfurt am Main 2004. Aufbruch zu einer angenehm überraschenden Entdeckungsreise – fernab der stereotypen Welten eines allzu bekannten Ferienparadieses stellt Herausgeber *Gregor Gumpert* die Kanaren als literarische Kulissen von Romanen, Erzählungen und alten Reisebeschreibungen vor. *Agatha Christie* kommt ebenso zu Wort wie *Alexander von Humboldt.*
- *Oppenhejm, Ralph:* **In Andalusien sind die Esel blau.** Goldmann, München 1965. Ein eigentlich längst vergessenes Bändchen, das es wert ist, wieder aufgestöbert zu werden. In gemütvollem Ton berichtet der dänische Autor von seiner Spanienreise, die ihn unter anderem nach Toledo führt und zum Beispiel mit „traurigen Freudenhäusern" Bekanntschaft machen lässt.

Reiseführer und Bildbände

- *Drouve, Andreas; Richter, Jürgen:* **Spanien.** Stürtz, Würzburg 2006. Bildband mit aktuellen Texten.
- *Drouve, Andreas; Richter, Jürgen:* **Andalusien**. Stürtz, Würzburg 2005. Bildband über Andalusien mit Specials u. a. zu Stierkampf, Sherry und *Semana Santa.*
- Von REISE KNOW-HOW gibt es folgende **Reiseführer zu einzelnen Regionen Spaniens:** Andalusien, Barcelona, Costa Blanca, Costa Brava, Costa de la Luz, Costa del Sol, Costa Dorada, El Hierro, Fuerteventura, Gomera, Gran Canaria, Ibiza mit Formentera, Katalonien, La Palma, Lanzarote, Madrid, Mallorca, Auf Mallorca – Leben und Arbeiten, Wandern auf Mallorca, Menorca, Nordspanien und der Jakobsweg, Pyrenäen, Teneriffa.

Religion

- *Ignatius von Loyola:* **Bericht des Pilgers.** Marix-Verlag, Wiesbaden, 2006. Die Autobiografie des *Heiligen Ignatius,* der als Gründer der Jesuiten in die (Kirchen-)Geschichte eingegangen ist.

- *Kiechle, Stefan:* **Ignatius von Loyola.** Herder, Freiburg 2007. Fundierte Biografie über den aus dem Baskenland stammenden Begründer des Jesuitenordens (1491–1556), dessen eigenes Leben erst auf dem Krankenbett eine radikale Wende nahm.
- *Lorenz, Erika:* **Weg in die Weite. Die drei Leben der Teresa von Ávila.** Herder-Verlag, Freiburg 2003. Ein neues, spannendes Porträt der großen christlichen Mystikerin (1515–1582), die eine selbstbewusste und moderne Frau ihrer Zeit war. Besondere Pluspunkte des Buches: Anhand von Zitaten lässt die Autorin die Mystikerin *Teresa von Ávila* vielfach selbst zu Wort kommen, und am Ende folgt ein kompakter Überblick über Leben und Werk.

Sitten und Gebräuche

- *Drouve, Andreas:* **Rätselhaftes Spanien.** Horlemann-Verlag, Bad Honnef 2006. Lesebuch zu alten Mythen und Legenden, verbunden mit konkretem Spurensuchen in der Gegenwart. Es wird erklärt, warum 13 Gänse im Kreuzgang der Kathedrale von Barcelona leben, wie es zum Hühnerwunder von Santo Domingo de la Calzada kam und wie *Philipp der Schöne* eines rätselhaften Todes in Burgos starb. Die rund 40 Geschichten sind mit Infokästen versehen.
- *Cinquini, Fulvio:* **Mensch und Pferd.** Gerstenberg-Verlag, Hildesheim 2003. Opulent ausstaffierter Bildband mit faszinierenden Fotos und umfangreichen Textteilen, darunter einige aufschlussreiche Ausführungen zu Spanien (u. a. zu Galicien und Andalusien). *Cinquini* gibt auch Themen wie Stierkampf und spanische Reiterfeste breiten Raum.
- *Sánchez, María Ángeles:* **Fiestas populares.** Maeva Ediciones, Madrid 1998. Spanische Fiestas in Wort und Bild, nur auf spanisch.
- *Strausfeld, Michi* (Hg.): **Weihnachtsgeschichten aus Spanien.** Insel Verlag, Frankfurt a. M. und Leipzig 2001. Spaniens Weihnachtsfest in Form von Kurzgeschichten u. a. von *Ramón del Valle-Inclán, Miguel Delibes* und *Ana María Matute.* Mal religiös, mal witzig, mal mit überraschendem Ausgang. Ein Highlight: *Julio Llamazares'* „Eine Truthahnleiche im Kühlschrank".

Sprache

- *Blümke, Michael:* **ReiseWortSchatz Spanisch.** REISE KNOW-HOW, Bielefeld 2000. Zum Kauderwelsch (s. u.) passendes Wörterbuch. Über 6.000 Wörter, die man unterwegs braucht. Kein überflüssiger Ballast. Mit leicht verständlicher Lautschrift.

- *Fründt, Hans-Jürgen:* **Spanisch Slang – das andere Spanisch.** Kauderwelsch-Band 57. REISE KNOW-HOW Verlag, Bielefeld 2001. Für alle, die bereits über gute Grundkenntnisse im Spanischen verfügen und nun die authentische Umgangssprache kennen lernen möchten. Separat begleitendes Tonmaterial erhältlich.
- *O'Niel, V. Som:* **Spanisch – Wort für Wort.** REISE KNOW-HOW Verlag, Bielefeld 2001. In der Reihe Kauderwelsch (Band 16) erschienener Sprachführer. Speziell auf die Bedürfnisse des Reisenden ausgerichtet, weil er Aussprache, Grammatik und die wichtigsten Redewendungen knapp und leicht verständlich darbietet, sodass man schnell in die Lage versetzt wird zu sprechen – ohne Anspruch auf Perfektion. Separat dazu ist der **Kauderwelsch digital** erhältlich, das ganze Buch auf CD-ROM plus Audio-AusspracheTrainer.
- Zu den **Sprachen einzelner Regionen Spaniens** gibt es von REISE KNOW-HOW spezielle Kauderwelsch-Sprachführer: Katalanisch – Wort für Wort, Baskisch – Wort für Wort, Galicisch – Wort für Wort, Mallorquinisch – Wort für Wort.

Stierkampf

- *Braun, Karl:* **Toro – Spanien und der Stier.** Wagenbach-Verlag, Berlin 2000. Kulturereignis Corrida: Der Autor greift Selbstverständlichkeiten und Widersprüche des blutigen Rituals auf, macht mit dem genauen Ablauf und dem Vokabular des Stierkampfes vertraut und greift einzelne Stierfeste heraus. Ein Standardwerk. Über den Stierkampf hinaus streut der Kultur- und Religionswissenschaftler *Braun* interessante Zusatzaspekte wie die Marienverehrung und die spanische Pueblo-Mentalität ein.
- *Hemingway, Ernest:* **Tod am Nachmittag.** Rowohlt-Verlag, Reinbek bei Hamburg. Stierkampfklassiker von 1932. Nichts für zarte Gemüter.
- *Neuhaus, Rolf:* **Der Stierkampf. Eine Kulturgeschichte.** Insel-Verlag, Frankfurt am Main und Leipzig 2007. Das beste deutschsprachige Buch über den Stierkampf, das sich einem neutralen Standpunkt verpflichtet fühlt. In insgesamt zehn Kapiteln stößt *Neuhaus* in ganz unterschiedliche Richtungen vor. In historischer Rückschau beleuchtet er die Mythologie und traditionelle Symbolik des Stiers und wirft ein Licht auf die Stierspiele in der Antike, während das Kapitel „Kunst oder Barbarei?" zwischen Geschichte und Gegenwart pendelt. Die kulturgeschichtlichen Aspekte sind durchsetzt von aufschlussreichen Daten und Fakten, aber auch von zahlreichen literarischen Passagen zum Stierkampf. Nicht fehlen dürfen Streifzüge durch das Regelwerk und den Ablauf einer *corrida*. Kompakt und umfassend.

- *Sánchez, Cristina:* **Matadora. Mein Leben als Stierkämpferin.** Fischer, Frankfurt a. Main 2002. Eine Frau in der (Männer-)Welt des Stierkampfes.

Zeitschriften

- **Hispanorama** heißt die viermal jährlich erscheinende Zeitschrift des Deutschen Spanischlehrerverbandes (DSV), die mit deutschen und spanischen Beiträgen stets eine interessante Bandbreite liefert: von bunten Themenschwerpunkten über fundierte Buchbesprechungen bis zu aktuellen Nachrichten. Weitere Infos am besten im Internet unter www.hispanorama.de.

Internettipps

- **www.spain.info** – Zahlreiche regionale und praktische Informationen auf dieser Homepage des Spanischen Fremdenverkehrsamtes
- **www.madrid.diplo.de** – Homepage der Deutschen Botschaft in Madrid mit ausgewählten News zu bilateralen Wirtschaftsbeziehungen, Politik und Kultur
- **www.erlebe-spanien.de** – Spanien im Schnelldurchlauf auf dieser deutschsprachigen Seite
- **www.spanien-anzeiger.com** – Nachrichten, Neuigkeiten, Forum; auf Deutsch
- **www.elpais.es** – Webseite der spanischen Tageszeitung El País, sehr übersichtlicher Nachrichten-Aufbau

sound)))trip

Neu bei REISE KNOW-HOW

Australia

Argentina

China

Finland

Japan

Cuba

Switzerland

The Balkans

Northeast Brazil

Northern Africa

Die Compilations der CD-Reihe sound)))trip stellen die typische Musik eines Landes oder einer Region vor.

Die mit zehn Veröffentlichungen startende Reihe ist der Beginn einer einzigartigen Sammlung, einer Weltenzyklopädie aktueller Musik.

Jedes Jahr sollen unter dem Musik-Label sound)))trip mindestens zehn CDs hinzukommen.

Ab März 2008 im Buchhandel erhältlich Jede Audio-CD ca. 50-60 Min. Spieldauer 24-seitiges Booklet Unverbindl. Preisempf.: 15,90 € [D]

Kostenlose Hörprobe im Internet

www.reise-know-how.de

Mit Reise Know-How ans Ziel

Die Landkarten des **world mapping project** bieten gute Orientierung – weltweit.

- Moderne Kartengrafik mit Höhenlinien, Höhenangaben und farbigen Höhenschichten
- GPS-Tauglichkeit durch eingezeichnete Längen- und Breitengrade und ab Maßstab 1:300.000 zusätzlich durch UTM-Markierungen
- Einheitlich klassifiziertes Straßennetz mit Entfernungsangaben
- Wichtige Sehenswürdigkeiten, herausragende Orientierungspunkte und Badestrände werden durch einprägsame Symbole dargestellt
- Der ausführliche Ortsindex ermöglicht das schnelle Finden des Zieles
- Wasser- und reißfestes Material
- Kein störender Pappumschlag, der das individuelle Falzen unterwegs und das Einstecken in die Jackentasche behindert

Derzeit sind über 160 Titel lieferbar z. B.:

Iberische Halbinsel	1 : 900.000
Andalusien/Costa del Sol	1 : 585.000
Spanien Nord/ Jakobsweg	1 : 350.000

world mapping project
Reise Know-How Verlag, Bielefeld

Die Reiseführer von Reis

Reisehandbücher
Urlaubshandbücher
Reisesachbücher
Edition RKH, Praxis

Algarve, Lissabon
Amrum
Amsterdam
Andalusien
Apulien
Athen
Auvergne, Cévennen

Barcelona
Berlin, Potsdam
Borkum
Bretagne
Budapest
Burgund

City-Trips mit
  Billigfliegern
City-Trips mit Billig-
  fliegern, Bd.2
Cornwall
Costa Blanca
Costa Brava
Costa de la Luz
Costa del Sol
Costa Dorada
Côte d'Azur, Seealpen,
  Hochprovence

Dalmatien
Dänemarks
  Nordseeküste
Disneyland
  Resort Paris
Dresden

Eifel
El Hierro
Elsass, Vogesen
England, der Süden
Erste Hilfe unterwegs

Estland
Europa BikeBuch

Fahrrad-Weltführer
Fehmarn
Föhr
Formentera
Friaul, Venetien
Fuerteventura

Gardasee, Trentino
Golf von Neapel,
  Kampanien
Gomera
Gotland
Gran Canaria
Großbritannien

Hamburg
Helgoland
Hollands
  Nordseeinseln
Hollands Westküste
Holsteinische Schweiz

Ibiza, Formentera
Irland
Island, Färöer
Istanbul
Istrien, Kvarner Bucht

Juist

Kalabrien, Basilikata
Katalonien
Köln
Kopenhagen
Korfu, Ionische Inseln
Korsika
Krakau, Tschenst.

Kreta
Krim, Lemberg, Kiew
Kroatien

Landgang
  an der Ostsee
Langeoog
La Palma
Lanzarote
Latium mit Rom
Leipzig
Ligurien,
  Cinque Terre
Litauen
London

Madeira
Madrid
Mallorca
Mallorca,
  Leben/Arbeiten
Mallorca, Wandern
Malta, Gozo, Comino
Mecklenb./Brandenb.:
  Wasserwandern
Mecklenburg-Vorp.
  Binnenland
Menorca
Montenegro
Moskau
Motorradreisen
München

Norderney
Nordseeinseln, Dt.
Nordseeküste
  Niedersachsens
Nordseeküste
  Schleswig-Holstein
Nordspanien
Nordzypern
Normandie
Norwegen

Ostseeküste
  Mecklenburg-Vorp.
Ostseeküste
  Schleswig-Holstein
Outdoor-Praxis

Paris
Piemont, Aostatal
Polens Norden
Polens Süden
Prag
Provence
Provence, Templer
Pyrenäen

Rhodos
Rom
Rügen, Hiddensee
Ruhrgebiet
Rumänien,
  Rep. Moldau

Sächsische Schweiz
Salzburg,
  Salzkammergut
Sardinien
Schottland
Schwarzwald, südl.
Schweiz, Liechtenstein
Sizilien, Lipar. Inseln
Skandinavien,
  der Norden
Slowakei
Slowenien, Triest
Spaniens
  Mittelmeerküste
Spiekeroog
St. Tropez
  und Umgebung
Südnorwegen
Südwestfrankreich
Sylt

Teneriffa
Tessin, Lago Maggiore
Thüringer Wald
Toscana
Tschechien
Türkei, Hotelführer
Türkei: Mittelmeerküste

Umbrien
Usedom

Venedig

Know-How auf einen Blick

Wales
Wangerooge
Warschau
Wien

Zypern, der Süden

Wohnmobil-Tourguides

Kroatien
Provence
Sardinien
Südnorwegen
Südschweden

Edition RKH

Durchgedreht – Sieben Jahre im Sattel
Eine Finca auf Mallorca
Geschichten aus dem anderen Mallorca
Mallorca für Leib und Seele
Rad ab!

Praxis

Aktiv Algarve
Aktiv Andalusien
Aktiv Dalmatien
Aktiv frz. Atlantikküste
Aktiv Gardasee
Aktiv Gran Canaria
Aktiv Istrien
Aktiv Katalonien
Aktiv Polen
Aktiv Slowenien
All inclusive?
Bordbuch Südeuropa
Canyoning
Clever buchen, besser fliegen
Clever kuren
Drogen in Reiseländern
Feste Europas
Fliegen ohne Angst
Frau allein unterwegs
Fun u. Sport im Schnee
Geolog. Erscheinungen
Gesundheitsurlaub in Dtl. Heilthermen
GPS f. Auto, Motorrad
GPS Outdoor-Navigation
Handy global
Höhlen erkunden
Hund, Verreisen mit
Inline Skating
Inline-Skaten Bodensee
Internet für die Reise
Kanu-Handbuch
Kartenlesen
Kommunikation unterw.
Kreuzfahrt-Handbuch
Küstensegeln
Langzeitreisen
Marathon-Guide Deutschland
Mountainbiking
Mushing/Hundeschlitten
Nordkap Routen
Orientierung mit Kompass und GPS
Paragliding-Handbuch
Pferdetrekking
Radreisen
Reisefotografie
Reisefotografie digital
Reisekochbuch
Reiserecht
Respektvoll reisen
Schutz vor Gewalt und Kriminalität
Schwanger reisen
Selbstdiagnose unterwegs
Sicherheit Meer
Sonne, Wind, Reisewetter
Spaniens Fiestas
Sprachen lernen
Survival-Handbuch Naturkatastrophen
Tauchen Kaltwasser
Tauchen Warmwasser
Trekking-Handbuch
Unterkunft/Mietwagen
Vulkane besteigen
Wandern im Watt
Wann wohin reisen?
Wein-Reiseführer Deutschland
Wein-Reiseführer Italien

Wein-Reiseführer Toskana
Wildnis-Ausrüstung
Wildnis-Backpacking
Wildnis-Küche
Winterwandern
Wohnmobil-Ausrüstung
Wohnmobil-Reisen
Wohnwagen Handbuch
Wracktauchen
Zahnersatz, Reiseziel

KulturSchock

Familienmanagement im Ausland
Finnland
Frankreich
Irland
Leben in fremden Kulturen
Polen
Rumänien
Russland
Spanien
Türkei
Ukraine
Ungarn

Wo man unsere Reiseliteratur bekommt:
Jede Buchhandlung Deutschlands, der Schweiz, Österreichs und der Benelux-Staaten kann unsere Bücher beziehen. Wer sie dort nicht findet, kann alle Bücher über unsere **Internet-Shops** bestellen.
Auf den Homepages gibt es **Informationen** zu allen Titeln:

www.reise-know-how.de oder **www.reisebuch.de**

Register

A

A-Lanzada-Wallfahrt 66
Aberglaube 96, 116
Abitur 184
Abschied 175
Adressen 215
Advent 69, 71
Aizkolaris 57
Alhambra 132
Alkohol 220, 224
Altenpflege 181
Andalusien 213
Anderswelt 105
Apfelwein 225
Apostel 64
Apostel Andreas 118
Apostel Jakobus der Ältere 120
Arbeitslosenquote 159
Arbeitslosenunterstützung 160
Arbeitslosigkeit 181
Arzt 182
Attentate 166
Aurresku 61
Ausgehen 216
Ausländer 218, 234, 244
Ausländeranteil 163
Auto 218
Autobomben 165
Autofahren 241
Aznar, José María 155

B

Bäcker 177
Bar 218
Barcelona 82
Basken 59
Baskenland 27, 56, 70, 107, 151, 169, 200
Baskenmützenweitwurf 58
Baskisch 169
Baumstammzerleger 57
Bécquer, Gustavo Adolfo 131
Begrüßung 175
Begrüßungstanz 61
Beleidigung 202
Belletristik 250
Benediktiner 110
Bermeo 139
Berufsausbildungen 160
Beschaffungskriminalität 217
Bilbao 86
Bildungssystem 160
Blanco, Carrero 152
Blutreliquie 135
Boat People 163
Bomben 156
Bordelle 195
Botafumeiro 65
Bruttoinlandsprodukt 159
Bürgerkrieg 149
Burgos 85
Büßer 47

C

Cagón 71
Camino de Santiago 123
Castellano 170
Català 170
Caudillo 150
Cidre 226
Cofradía 48
Concierge 215
Corella 49
Corpiño-Wallfahrt 107
Corridas de Toros 33
Costa da Morte, 104
Cruceiros 105
Curro 67

D

Despedida de Soltero 176
Deutsche 227, 244
Día de los Inocentes 74
Dicke, der 67
Dienstleistung 159
Diktatur 192
Disko 216
Domingueros 176
Dreikönigstag 72, 78
Drogen 217
Duzen 176

E

Ehrentanz 61
Einhorn 144
Einkaufen 177
Einwanderer 158
Einwanderungsland 162
El Cid 129
El Gordo 67
El Rocío 50
Emanzipation 191
Emigranten 60
Emigration 151
Encierro 39, 52
Englisch 205
Enteignung 228
Enthaarung 186
Essen 72, 218
ETA 151, 154, 165, 236
ETA-Sympathisanten 168

F

Fahrräder 240
Fallas 44, 82
Familie 179
Familienbeihilfen 160
Familienmodell 157
Fastnachtstreiben 77
Feiern 16
Feria de Abril 43, 82
Feria del Caballo 42, 84
Feria de Córdoba 43, 84
Fermín 54
Festival del Cante
 Grande 29
Festival Flamenco del
 Albaicín 29
Festumzug 20, 79, 87
Feuersprünge 33
Feuerstier 15, 85, 88
Feuerwerks-
 wettbewerb 62
Fiesta 15, 44
Fiesta de la Bulería 29
Fiesta de la Toma 26, 78
Fiestakalender 78
Fiestas de San Fermín 39,
 51, 85
Fiestas de San Isidro 84
Figuren 44
Finanzamt 241
Finanzgeschäfte 229
Fischerprozessionen 85
Fisterra 103
Fitero 124
Flamenco 27, 213
Flamenco-Biennale 29
Flamencolokal 29
Fluch 124
Folklore 55
Folklorefestival 85

Folter 109
Franco, Francisco 149
Franzosen 27, 244
Frauen 179, 183, 190
Fronleichnam 84
Fußball 200

G

Galicien 56, 63, 102
Galicisch 169
Gastfreundschaft 244
Gaudí, Antoni 127
Gebräuche 260
Geduld 237
Gehälter 180
Geißlerprozessionen 24
Geisterhaus 134
Generalísimo 150
Gerechtigkeit,
 soziale 162
Geschäftsleute 238
Geschenke 71
Geschichte 147, 252
Gesellschaft 253
Gesundheit 181
Gewalt 149
Gewalt, häusliche 183
Gewaltaktionen 165
Ghettobildung 164
Gibraltar 126, 148
Gigantenpuppen 20
Gitanos 28, 212
Glaube 96, 116
Glockentanz 70
Glossar 247
Glücksbringer 71
Gold 100
Goñi, Teodosio de 135
Gottesmutter 98
Granada 26

Grausamkeiten 32
Großinquisitor 108
Großkopfpuppen 20
Guardias Civiles 236
Guernica 150
Guiomar 144

H

Habaneras 63
Hacienda 240
Händedruck 175
Haschisch 217
Hausarzt 182
Haushaltspflichten 192
Heiligabend 70
Heilige 90
Heiligtümer 103
Heimatliebe 207
Heirat 180
Heizung 230
Hemingway, Ernest 52
Herakles 126
Hexen 105
Hexenprozesse 109
Hitler 150
Hochspanisch 169
Höflichkeit 205
Homosexualität 195

I

Ikastolas 170
Immigranten 180
Immigration 164
Immobilien 226, 254
Immobilienkauf 231
Induráin, Miguel 198
Inflation 159
Inquisition 107
Internettipps 262

Irving, Washington 132
Isabel 132

J

Jahrmarkt 49
Jakobspilger 103
Jakobsweg 130, 255
Jakobus 63, 85, 120
Jamón Serrano 224
Javier 81
Jazzfestival 85
Jota 30
Juan Carlos I. 152, 171
Jugendarbeitslosigkeit 180
Jungstiere 41

K

Kaffee 223
Kamele 76
Kampf 151
Kampfstiere 34, 52
Kapaun 73
Karneval 16, 79
Karprozessionen 48
Kartäuser 110
Karwoche 80
Katalanisch 169
Katalonien 56, 61, 126, 151, 157
Kathedralen 100
Kathedrale von Santiago 64
Katholizismus 111
Kerkeling, Hape 123
Kinder 161, 180, 183
Kindergarten 183
Kindergeld 160
Kirchen 70, 100

Kirchensteuer 110
Klagelieder 48
Kleiderordnung 186
Klima 197
Klöster 100
Kneipe 207, 219
Kolonien 100
Kommunikation 204
Konditorwaren 224
Kondome 194
Königsfamilie 155, 173
Königshaus 171
Korruption 184
Kraftausdrücke 202
Krankenversorgung 160
Kredite 209
Kreistanz 61
Krippe 71, 76
Krisen 148
Kronprinz Felipe 172
Küche 223
Kultur 15
Kunst 257

L

Laienbruderschaften 48
Land 206
Landwirtschaft 159
Lanzentänze 30
Lärm 231
Laternensignal 139
Lautstärke 205
Lebensfreude 16
Ledigen-Abschied 176
Legende 124, 135
Leidensgeschichte 47
Leitungswasser 222
Lejía 193
León 49
Lokalreligion 98

Lotería Nacional 197
Lotterie 68
Luciafest 89

M

Madonna, schwarze 97
Madrid 133
Majestätsbeleidigung 171
Málaga 49
Mañana 237
Mandelblütenfest 79
Männer 186, 191
Manzanas, Melitón 152
Marienheiligtum 66, 98
Marienkult 97
Marienprozessionen 21
Marienverehrung 22
Massentourismus 151
Mauren 26, 82, 129
Mazapán (Marzipan) 72
Medien 232
Meeresfrüchtefest 22
Meeresprozessionen 21, 91
Meigas 105
Menschenturmbauer 62
Mentalität 243
Menü 222
Mietpreise 211
Mileurista 180
Militärdiktatur 149, 150
Miserere de la Montaña 124
Mittelalter 38
Mittelmeerdiät 220
Mode 185
Modernisierung 151
Monarchie 153, 172
Montserrat 127
Moros y Cristianos 26

Murieta 15
Musik 61, 208
Muslime 111
Mussolini 150
Mysterien 134
Mythen 102

N

Nachbarschaft 216
Namen 233
Nationalheld 129
Nationalpark 188
NATO 154
Natur 103, 187, 206
Neujahr 67, 77, 86
Nichtraucher 238
Nikolaus 71

O

Öffnungszeiten 178
Olivenöl 221
Olympischen Sommer
  spiele 154
Omen 96
Operation Malaya 184
Opus Dei 102, 113
Orden 111

P

Pamplona 39, 51, 70,
  77, 85, 115
Papst Benedikt XVI. 157
Parken 243
Parlamentswahlen 155,
  56
Parteien 189
Patronatsfest 19, 21, 83,
  88, 91

Pelota 59
Peñas 52
Pferdchentänze 30
Pferde 42, 83
Pferdetänze 42
Pfingstwallfahrt 50
Picasso, Pablo 150
Picknick 177
Pilger 51, 63, 102, 130
Pilgern 199
Politikverdrossenheit 189
Polizei 167, 235
Post 236
Priestermangel 101, 112
Promenade 208
Prostituierte 195
Protestmärsche 169
Prozession 105
Pünktlichkeit 237
Putschversuch 153
Putzmittel 193
Pyrenäen 126, 142

R

Radwege 201
Rassismus 164
Rauchen 238
Real Feria 86
Rechnungen 211
Reconquista 129, 131
Redemokratisierung 153
Regatta 58
Regionen 99
Regionalpatriotismus 55
Reiseführer 259
Reisfest 22
Reiterparade 88
Religion 260
Religionsgemeinschaften
  111

Reliquien 102
Reliquienschrein 118
Renten 160
Ríogordo 49
Ritter Roland 129
Rollenverhalten 190
Rosengeschenke 63

S

Salz 221
San Andrés de Teixido 65,
  118
San Isidro 133
Sanfermines 52
Sant Jordi 126
Santa Compaña 105
Santiago de Compostela
  63, 85
Santo Domingo 19
Sardana 61
Sargprozession 67
Säulen des Herakles 126
Schalk 74
Scheidung 192
Scheißerle 71
Scheiterhaufen 109
Schinken 224
Schinkenfest 22
Schleifentänze 30
Schmalzküchlein 72
Schmutz 192
Schreckenskammer 135
Schule 184
Schulwesen 165
Schutzheilige 19, 89
Schutzpatron 19, 79, 133
Schwarze Madonna 97,
  127
Schwertertänze 30
Seguridad Social 181

Seidel, Collado 111
Semana Santa 47, 80
Sensationsgier 233
Separatisten 168
Sevilla 48, 100
Sevillana 30
Sexualität 194
Sherry 226
Sicherheit 240
Siesta 196
Silvester 77
Sonntagsausflüge 176
Sozialistische Arbeiter-
 partei 153
Sozialleistungen 160
Sozialversicherung 181
Spielsucht 197
Spitznamen 235
Sport 197
Sportverein 199
Sprache 169, 202, 260
Stadt 206
Stadtfeste 87
Stehlampen 46
Steinestemmer 57
Stelzenläufer 24
Steuern 240
Stierkampf 17, 33, 54, 261
Stierkampfgegner 38
Stierzucht 35
Stocktänze 30
Stolz 99, 207
Straßenkampf 167
Supermärkte 178
Symbolik 34

T

Tablao 29
Tabus 194
Tamborradas 18
Tänze 29
Tapas 219
Taschendiebe 240
Telefon 245
Terrorismus 155, 165
Terrorismuspolitik 167
Teruel 132
Teufel 108
Teufelstanz 30
Thronfolger 172
Tierfeste 42
Todesküste 104
Todestanz 62
Tomatenschlacht 17, 86
Torero 36
Toros de Fuego 16
Tourismus, grüner 189
Tradition 15, 32, 49
Transición 153
Trauben 77
Traubenstampfen 23
Treffpunkte 207
Trödelmärkte 178
Trommelparade 18, 79
Tuna 208

U

Überalterung 180
Überschuldung 209
Umweltschutz 159, 187
Unabhängigkeit 166
Universidad de Navarra 14
Universität 115
UNO-Beitritt 150

V

Valencia 31, 44, 82, 99, 170
Vaquillas 41, 53
Verfassung 153, 172
Verhandlungen 168
Verkehr 241
Verletzungen 37
Vermietung 228
Versicherung 231
Veruntreuungen 185
Virxe da Barca 66
Volksglauben 99
Volksheroen 37
Volkstanz 61
Vorbildfunktion 171
Vornamen 233
Vorschule 184

W

Waffenruhe 168
Waffenumzüge 27
Wahrheitsgehalt 117
Wallfahrten 22, 50, 198
Wallfahrtsorte 98, 117
Wandern 197
Wangenküsse 175
Warteschlange 239
Wassergericht 31
Wasserrechte 31
Wegekreuze 104
Weihnachten 89
Weihnachtsbaum 75
Weihnachtslotterie 68
Weihnachtsmarkt 75
Weihrauchwerfer 65
Wein 74
Weinfest 22, 24
Weltausstellung 154
Weltkrieg, Erster 149
Weltkrieg, Zweiter 150
Weltkulturerbe 100
Wetten 60

Wikingerfest 67, 86
Wirtschaft 152
Wirtschaftswachstum 157
Wirtschaftswunder 151
Wohnen 180, 210

X

Xenophobie 164

Z

Zahlungen 211
Zahnarzt 182
Zamora 49
Zapatero, José Luis Rodríguez 156
Zeitschriften 262
Zeitungen 233

Zensur 171
Zigeuner 28, 212
Zizur Mayor 56
Zucker 224
Zweitwohnsitz 227

Der Autor

Andreas Drouve, Dr. phil., Jahrgang 1964, hat rund 70 Reise- und Kulturbücher verfasst. Dazu zählen einschlägige Titel zu Spanien, u. a. „Geheimnisse am Jakobsweg", „Rätselhaftes Spanien", „Abenteuer Jakobsweg" und das im REISE KNOW-HOW Verlag erschienene Handbuch „Nordspanien und der Jakobsweg".

Drouve ist studierter Völkerkundler, Germanist, Hispanist, außerdem ausgebildeter Zeitungsredakteur und Autor zahlreicher Reportagen für über 50 Zeitungen und Zeitschriften. Darüber hinaus hat er Lexikabeiträge über das spanische Weltkulturerbe geschrieben sowie das wissenschaftliche Werk „Erich Kästner – Moralist mit doppeltem Boden".

Seit Jahren lebt er als freiberuflicher Autor und Journalist in Spanien und hält Vorträge über Kultur und Alltagsleben seiner Wahlheimat. Zwischenfazit seines Lebens in der Fremde: Kaum ein Tag vergeht ohne einen kleinen Kulturschock …

Der Autor im Internet: www.andreas-drouve.de (mit Kontaktformular für Auftragsanfragen).